深圳市人文社会科学重点研究基地成果
国家高端智库综合开发研究院（中国·深圳）出品

INSTITUTIONAL INNOVATION RESEARCH ON THE CONSTRUCTION OF THE GUANGDONG-HONG KONG -MACAO GREATER BAY AREA

粤港澳大湾区建设制度创新研究

文雅靖　王万里◎著

U1015493

中国经济出版社
CHINA ECONOMIC PUBLISHING HOUSE
北 京

图书在版编目（CIP）数据

粤港澳大湾区建设制度创新研究／文雅靖，王万里著．-- 北京：中国经济出版社，2023.10（2025.4 重印）

ISBN 978-7-5136-7272-6

Ⅰ.①粤… Ⅱ.①文… ②王… Ⅲ.①城市群-区域经济发展-制度建设-研究-广东、香港、澳门 Ⅳ.①F299.276.5

中国国家版本馆 CIP 数据核字（2023）第 068060 号

责任编辑　赵静宜
责任印制　李　伟
封面设计　久品轩

出版发行　中国经济出版社
印 刷 者　北京艾普海德印刷有限公司
经 销 者　各地新华书店
开　　本　787mm×1092mm　1/16
印　　张　15
字　　数　228 千字
版　　次　2023 年 10 月第 1 版
印　　次　2025 年 4 月第 2 次
定　　价　98.00 元
广告经营许可证　京西工商广字第 8179 号

中国经济出版社　**网址** www.economyph.com　**社址** 北京市东城区安定门外大街 58 号　**邮编** 100011
本版图书如存在印装质量问题，请与本社销售中心联系调换（联系电话：010-57512564）

版权所有　盗版必究（举报电话：010-57512600）
国家版权局反盗版举报中心（举报电话：12390）　服务热线：010-57512564

多视角研究粤港澳大湾区的重要意义（序）

中国经济改革研究基金会国民经济研究所所长
综合开发研究院（中国·深圳）院长
樊　纲

作为我国开放程度最高、经济活力最强的区域之一，粤港澳大湾区在国家发展大局中具有重要战略地位。粤港澳大湾区面积5.6万平方千米，人口7000多万，经济总量超过10万亿元，是目前中国最大的湾区。展望未来，2050年，粤港澳大湾区人口将达到1.2亿～1.4亿，将成为世界上最大体量的湾区。从我国实际和未来发展趋势看，建设粤港澳大湾区的意义和价值，至少集中体现在以下三个方面：城市群发展、创新要素的整合，以及港澳与内地的融合发展。

一、大湾区与城市群

以城市群为主要特征的城市化，将是下一阶段中国经济增长的主要推动因素。粤港澳大湾区中的大城市、小城市互补性强，相互之间能够交融互动，形成合力，就是一个典型的城市群。粤港澳大湾区是中国城市化进程中城市群发展的样本，值得研究和观察。

（一）“城市化”不是“城镇化”

在一定意义上，“城市化”与“城镇化”并无差别，但作为战略，二者在指导思想和政策落脚点上有所不同。按照城镇化的指导思想，我国长期严格控制大城市规模，限制人口向大城市集中，优先发展中小城市和小城镇，防止所谓的“大城市病”发生。但这种指导思想与城市化的基本逻辑和现实进程有所背离。

城市化的本质是人的迁移，是人口在空间上的集聚，其基本效果是获得产业聚集和人口聚集所带来的规模效益。而人们在选择如何迁移、向何处迁移时，会进行趋利避害的理性选择，他们所考虑的主要因素包括就业机会、收入水平、生活条件、公共服务、社会交往等。

中国的城市化与西方的历史背景有所不同。西方国家的城市化进程较为缓慢，大都经历了一两百年的时间。在城市化初期和中期，欧美等西方国家也是大量人口流向大城市，小城镇人口流失，到城市化后期，小城镇才迎来发展机会。与日本、韩国等后发国家类似，我国在短短几十年内进行了快速工业化，在一两代人的时间里人口集聚较多，而人口回流较少，城市化和大城市化的比率更高，这是由当前我国所处的发展阶段决定的。

（二）城市群：城市化发展新阶段

中国城市化进程已经进入城市群发展的新阶段，城市群发展上升为国家战略。所谓城市群，就是通过综合交通、就业创业、公共服务等便利化措施和政策，使得一个区域的大中小城市互相补充，实现城市群的生活状态。就像美国纽约城市群，曼哈顿的金融精英住在康涅狄格州，每天通勤一小时。伦敦、东京都是这种生活状态，粤港澳大湾区深港、珠澳、广佛、深莞等城市之间也出现了这种状态。

推动城市群发展，是因为城市再大也有边界。城市群在一定程度上是城市发展空间和生存状态的裂变：一方面，单个城市不再局限于看得见的行政界线，而是通过发达的交通网络，与周边地区互联互通、相互交融；城市的要素资源整合不仅限于管辖区域，而是在城市内外乃至远在“飞地”展开，通过大区域、广覆盖的资源配置，生成可持续发展新动力。

另一方面，城市不再单打独斗、各自发展。纽约、东京、伦敦都不是作为单个城市而存在，这些城市之所以具有全球地位和影响力，归根结底取决于其所依托的城市群的实力。在经济全球化出现一定程度的发展方向漂移、利益诉求多元的形势下，依托城市群发展城市，成为全球顶尖城市的首要选择；打造城市群，就是打造城市的国际综合竞争力，也是一个国家或区域提升竞争力和影响力的重要支撑。以城市群的方式加速城市化进程，将提供巨大的发展机遇和空间。

（三）大湾区城市群具有集聚效应和市场规模效应

从发展趋势来看，城市群会以更加集中的方式提供各种要素资源，从而集聚大量的产业和企业，形成更专业化的分工和完善的产业链，具有显著的集聚效应和规模效应。粤港澳大湾区城市群也不例外。

大湾区城市群将在公共服务方面集聚优质的教育、医疗等公共资源，拥有完善的基础设施配套体系，能够提供良好的生活条件和公共服务；具备更加公平的市场竞争环境和通畅的上升通道，能为年轻人提供更多实现梦想的机会；人口的集聚，更有利于服务业和文化时尚产业的发展，成为潮流和时尚的前沿，对年轻人具有较强的吸引力。因此，大湾区城市群将承载更多的人口和经济活动。

大湾区城市群将形成巨大的一体化的消费市场。大湾区居民具有较高的人均可支配收入，强大的消费能力和意愿，多样化的消费需求，是消费经济的主力。大湾区城市群以城际交通为纽带，带动周边地区的发展，获取城市化所带来的市场集聚效应与规模效益。

二、大湾区与创新要素的整合

创新要素的整合与发展是大湾区的一个重要使命。大湾区是中国国际化水平最高的城市群，既有全球金融中心香港和世界旅游休闲中心澳门，也有综合性门户城市广州和国家创新型城市深圳。城市的多元性将促进创新要素的整合与发展，有利于大湾区国际科技创新中心和综合性国家科学中心建设。

（一）技术进步成为经济增长的要素

近几十年，增长理论发生了很大变化。增长的要素已经由最初的劳动和资本，拓展到技术和制度。先是用技术进步解释计量模型中无法被劳动和资本所解释的“残值”，即“全要素生产率”。后来，随着制度经济学的发展和人们对现实中制度改进导致效率提高的认识的深化，越来越多的理论把制度分析纳入经济增长问题的分析中。

从技术和制度角度看，落后国家或发展中国家与发达国家之间的差异，主要是要素禀赋结构差异。落后国家可能劳动力不少，但居民受教育程度较低，所以“人力资本”并不多；落后国家收入低，资本积累的水平就低，也就是“没钱”。更重要的是科学技术水平和创新能力上的差别，以及市场机制配置资源效率的差别。

落后国家之所以落后，是因为增长要素结构落后，优质要素较少。收入水平低、产业结构落后是表面现象，要素结构落后才是深层次的原因。要想有更好的、更高级的经济结构，需要努力发展优质要素，改善要素结构，包括技术水平、体制效率、人力资本结构、资本积累水平等，只有这样才能够真正获得持久的增长。

（二）创新需要开放

落后国家或发展中国家的“追赶”主要经历了四个阶段：第一阶段是纯粹依靠比较优势；第二阶段是比较优势和后发优势叠加，学习模仿，努力实现知识外溢；第三阶段是继续学习模仿和加大自主创新；第四阶段是作为后来者融入并维护开放的世界体系。

中国改革开放 40 多年，也经历了上述各阶段。第一阶段是充分利用比较优势，即充足、廉价的劳动力优势。第二阶段是“比较优势 + 后发优势”，即利用前人已经发展起来的技术，并借鉴别人取得的经验教训，以较低的成本，获得别人积累起来的各种知识，享受知识的“外溢效应”。中美贸易摩擦、美国对中国科技创新的打压，将倒逼我们进入第三阶段。在这个阶段，我们在很多领域接近创新前沿，部分领域领先，应该加大自主创新，也有一定能力加大自主创新。只有加大自主创新，才能摆脱被“卡脖子”，突破技术封锁。但同时也要看到，我们在一部分领域是较为落后的，还需要继续模仿学习，不能什么都自主创新。

最重要的是，创新不是靠政府组织、政府补贴就能实现的，必须以市场化、法治化的方式，促进创新要素高效整合与发展，如建立以知识产权为核心的投资机制、激励机制等。此外，作为后来者，我国还需要维护一个开放的世界体系。在这个体系中，不可能一个国家、一个企业做所有的东西，要合作互利，互有专业分工、互通有无，在全球化体系中实现各国、各地区、各城市的更有效率的发展。

（三）大湾区创新与扩大中国产业链（包括制造业）

大湾区就是借助创新成为全球经济发展的主流趋势，利用世界一流电子信息硬件配套能力，吸引全球高端科技要素资源汇聚，成为全球科技创新成果转化的首选地和全球高端科技的汇集地。在开放的环境中，注重以集聚海外创新资源为宗旨，以引进海外高科技项目和高端人才为目标，以全球选点建设海外创新中心为手段，汇集全球创新资源。

大湾区具备各种条件，应主动担当，成为中国在第四次工业革命“弯道超车”的转型力量主体，成为第四次工业革命的重要策源地之一。大湾区是科技原发、源头创新及集成、组合创新的集成平台和“中国硅谷”，应把握第四次工业革命尚处于孕育之中的战略机遇，推动世界工厂向高端制造跃升，扭转多产业关键技术、核心技术及关键元器件受制于发达国家的局面，紧盯世界科技前沿，融入世界创新网络；着力打造“全球科技产业创新中心”，成为全球创新网络的组织中枢。

大湾区是我国制造业门类最全、产业链最丰富、市场化最活跃的城市群。产业链发展与制造业密切相关，我国大量的制造业，包括一般制造业、传统制造业，仍然有很多短板。中国有全世界产业门类最齐全的制造业，但很多产业尚处于中低端，很多产品我们还没有，因此应该积极发展所有的制造业，推进传统产业升级改造。

大湾区可依托现有产业集群，创造新产品、新需求、新业态，延伸产业链、丰富创新链、提升价值链，建设全球重要的高端制造业中心，推进产业布局全球化、创新平台国际化、科技成果产业化，加快推动向高端制造业转型升级，形成具有全球竞争力的产业新体系。

三、港澳与内地融合发展

港澳在粤港澳大湾区建设中具有重要地位。大湾区由“一国两制”框架下三个不同的关税区组成，构成上的丰富性、复杂性、独特性在世界上无出其右，因此“建设粤港澳大湾区，既是新时代推动形成全面开放新格局的新尝试，也是推动‘一国两制’事业发展的新实践”，是支持港澳融入国家发展大局的重大战略和重要举措。

（一）大湾区建设的核心是改革开放

粤港澳大湾区在国家发展中的重要功能，突出表现为改革开放。国家面临进一步对外开放、构建全面对外开放新格局的问题，大湾区的建设过程，就是进一步开放的过程。中国改革开放已走过了 40 多年的辉煌历程，今后如何持续改革，大湾区肩负着率先探路的职责使命。大湾区有香港、澳门两个特别行政区，有不同的货币，不同的关税，还有前海、横琴、南沙三个自贸试验区，这些都是进一步改革开放的平台和杠杆。大湾区建设在促进中国更加开放、中国经济体制朝着自由市场经济迈进方面具有重要意义。

（二）建设大湾区的“三个意识”

一是“大都市群”意识。大湾区各区域、各城市应有全局意识、协同意识、一体意识，不宜各自为政，不应各自封锁，要融合发展，融入发展，分工协同，合作共赢。

二是港澳意识。建立大湾区的目的之一是更好地发挥港澳作用，促进港澳融入国家发展大局。要关注如何强化港澳在大湾区建设中的地位和功能，注重利用港澳的各种有利条件，协助港澳解决内部问题。

三是改革创新意识。要用改革的意识来发展大湾区，建立相应的制度安排，如通关、教育、医疗、社保等，逐步实现便利互融。

（三）建设大湾区的三大举措

一是推进大湾区要素跨境流动的便利化。包括人员往来、货物通关、资金融通、信息流动等方面。

二是形成“2+3”自由贸易区联盟。大湾区有香港和澳门两个自由港，有前海、横琴、南沙三个自贸试验区。如果这五个区域能够形成一个联盟，不仅能够促进自贸试验区的发展，还能促进整个地区的发展。直接在大湾区实现自贸试验区比较困难，但是可以用自贸试验区对接自由港，以此促进大湾区的发展。

三是明确制度框架。因为粤港澳之间暂时无法实现要素的自由流动，因此需要一个制度框架，便于大家在管理上、在规章制度上有章可循，以解决经济交往过程中的诸多问题。只有这样，才能使居民生活和经济发展真正融合，制度框架决定着一个区域各种经济行为的融合。

中国（深圳）综合开发研究院长期关注香港、澳门及粤港澳区域合作，粤港澳大湾区建设等问题，长期研究并重点关注经济和社会民生领域的发展及区域合作体制机制创新、制度建设等。本书作者立足于粤港澳大湾区建设的独特宪制秩序和法政结构，并以欧盟等域外经验为启发，紧扣实践案例，聚焦大湾区建设中凸显出来的现实问题，检视了要素流动的规则衔接、营商环境完善、法治统合推进、体制机制优化、标准认可等重点方面和重点领域，在深入分析的基础上提出了一些有益的法制建构意见和建议，希望能为这一领域的深入研究提供参考。

是为序。

目　录

第一篇　理论与借鉴

第二篇　制度创新与粤港澳大湾区建设

第三篇　法制保障与粤港澳大湾区建设

第四篇 调查研究

第一篇
理论与借鉴

推进粤港澳大湾区建设的法制保障，关键在于探索如何克服在“一国两制”条件下粤港澳三地建设主体之间存在的巨大法制差异以及由此形成的“法制壁垒”或“法制鸿沟”，以法治化方式促进、引领和支撑三地经济社会朝一体化方向发展。在这方面，学者们关于区域合作中法律一体化及其有关实践的研究，具有重要启示意义。本篇主要对已有相关研究进行梳理，并就欧盟经验进行探讨，同时辨析粤港澳大湾区建设所处的“一国两制”特殊宪制结构，以阐明大湾区建设法制保障问题的理论背景、实践启示和宪制框架。

第一章　制度创新、法制保障与粤港澳大湾区建设

粤港澳大湾区建设是习近平总书记亲自谋划、亲自部署、亲自推动的重大国家战略。粤港澳大湾区具有“一个国家、两种制度、三个关税区”全球罕见的独特性，因此生产要素跨境流动面临一定的制约，不利于推进粤港澳大湾区市场一体化发展。应在“一国两制”框架下，以制度创新为主导理念，推进规则衔接、机制对接，努力消除化解三地“法制鸿沟”，为三地协同发展提供法制保障，纵深推进粤港澳大湾区建设。

一、粤港澳大湾区建设与“一国两制”新实践

（一）粤港澳大湾区的演进过程

粤港澳大湾区建设是习近平总书记亲自谋划、亲自部署、亲自推动的重大国家战略，既是新时代推动形成全面开放新格局的新尝试，也是推动“一国两制”事业发展的新实践。粤港澳大湾区经历了从湾区到湾区经济，到粤港澳大湾区城市群规划，最后上升为国家重大发展战略的过程。

粤港澳大湾区的发展历程可分为三个阶段：

第一阶段（2005—2014 年），从湾区到湾区经济。粤港澳三地政府官方文件中多次提出湾区概念。2005 年，广东省政府在《珠江三角洲城镇群协调发展规划》中明确划分“粤港澳跨界合作发展地区”，并要求把发展湾区列入重大行动计划。之后，湾区发展被陆续写入 2008 年国家发改委《珠三角

地区改革发展规划纲要》、2009 年粤港澳三地政府共同参与的《大珠江三角洲城镇群协调发展规划研究》、2010 年《粤港合作框架协议》等文件。2014 年，深圳市政府工作报告提出聚焦湾区经济，构建区域协同发展新优势。由此可见，早在 10 年前，地方政府已经开始重视湾区建设和湾区经济的发展。

第二阶段（2015—2018 年），湾区建设上升为国家战略。国家层面，在规划制定、区域统筹等方面推进重大战略部署，构建粤港澳大湾区的顶层设计体系。2015 年，“粤港澳大湾区”首次出现在国家有关部委联合发布的《推动共建丝绸之路经济带和 21 世纪海上丝绸之路的愿景与行动》中。2016 年，国家“十三五”规划纲要提出“支持港澳在泛珠三角区域合作中发挥重要作用，推动粤港澳大湾区和跨省区重大合作平台建设”。2017 年 7 月 1 日，在习近平总书记见证下，国家发展改革委和粤港澳三地政府在香港共同签署《深化粤港澳合作　推进大湾区建设框架协议》。习近平总书记作出重要指示，要求把这件大事办好。2017 年 10 月，粤港澳大湾区建设被写入党的十九大报告，提出研究制定粤港澳大湾区城市群发展规划。国家发改委牵头负责规划编制工作，粤港澳大湾区正式从设想迈入实际规划和布局阶段。

粤港澳大湾区上升为国家战略，与以往相比有两大特点：一是强调与港澳融合。在以往提出湾区概念的广东省政府《珠江三角洲城镇群协调发展规划（2004—2020 年）》《珠三角地区改革发展规划纲要（2008—2020 年）》等文件中，均未在名称上直接突出港澳，而这次明确把港澳地区加进来，目标在于推进粤港澳的深度合作，促进粤港澳的融合发展，保持港澳的繁荣稳定。二是国家主导，推进力度大。以往大多是在粤港澳三地政府的层面上提出，在推动落实上存在体制机制协调的困难，而现在是中央主导下的区域规划，是体现国家战略的发展规划，是新时代国家追求高质量发展对粤港澳提出的新要求的体现。

被确认为国家战略后，大湾区建设开始进入规划编制阶段。2017 年 7 月 1 日，在习近平总书记见证下，国家发改委、广东省、香港、澳门在香港共同签署《深化粤港澳合作　推进大湾区建设框架协议》。2018 年，国务院总理李克强做《政府工作报告》时指出，出台实施粤港澳大湾区发展规划，全面推进内地同香港、澳门互利合作。与 2017 年相比，2018 年《政府工作报告》的表述有两个变化：一是“粤港澳大湾区城市群发展规划”变为“粤港澳大湾区发展规划”，更加突出湾区的概念，并且“研究编制”变为“出台实施”，表明已经到了规划落地的阶段；二是首次将其放在区域战略部分表述，与“京津冀区域一体化”和“长江经济带”并列，可以看出，国家更注重粤港澳大湾区在区域战略方面的布局安排。2018年3月，习近平总书记在参加全国人大广东代表团座谈会时指出，“粤港澳大湾区建设是党中央作出的一项重大决策。广东要抓住这一重大机遇，携手港澳，把粤港澳大湾区建成国际一流湾区和世界级的城市群”。2018年5月，中共中央政治局常委、国务院副总理韩正在深圳主持召开扩大开放工作座谈会时指出，“粤港澳大湾区建设是习近平总书记亲自谋划、亲自部署、亲自推动的国家战略。要立足三地优势，加强三地联动，高质量高起点做好大湾区规划建设，打造国际一流湾区和世界级城市群”。表明国家对粤港澳大湾区建设的高度重视和殷切期许，强调三地联动，高质量、高起点做好大湾区的建设，目标是打造国际一流湾区和世界级城市群，粤港澳将成为引领中国湾区经济发展的示范区。

第三阶段（2019年至今），《粤港澳大湾区发展规划纲要》正式发布，大湾区建设正式进入实施落实阶段。

（二）建设粤港澳大湾区的重要意义

粤港澳大湾区发展规划是国家战略，是我国发展到一定阶段的历史方向选择，背后隐含着国家重大发展逻辑。粤港澳大湾区发展的核心是服务国家发展大局，为国家在新时代发展探寻模式和积累经验。从这个角度而言，建设粤港澳大湾区的重要意义体现在以下五个方面：

一是促进港澳地区融入国家发展大局。港澳地区是粤港澳大湾区最重要、最特殊的因素。以粤港澳大湾区来推进港澳地区融入国家发展大局，一方面要充分把握“国家所需，港澳所长”服务国家发展，另一方面要以粤港澳大湾区为直接载体和平台，拓展港澳地区发展空间，解决港澳地区发展问题，确保“一国两制”行稳致远。

当前，香港和澳门经济社会发展面临一系列挑战。近年来，香港面临产业结构失衡、房价和生活成本高企、阶层固化、就业供给和需求严重不平衡、居民收入增长几乎停滞等问题，陷入“深层次问题”的泥淖，综合竞争力下降，政治与社会撕裂且不稳定。此前，香港特别行政区政府及各界虽也努力解决，但收效甚微。澳门博彩业“一业独大”的失衡格局没有根本改观，多年来提出的适度多元发展仍然在探索当中。因此，解决香港和澳门的上述相关问题，仅靠港澳自身难度极大。

香港和澳门以粤港澳大湾区为最直接平台，融入国家发展大局，将进一步激活“一国两制”制度资源，发挥“一国”优势，推动粤港澳大湾区要素资源的优化高效配置。借助粤港澳大湾区建设，香港可进一步强化国际金融、航运、贸易与现代服务等产业优势，与内地科技创新、高端制造、物流等产业互补融合；澳门可以拓宽与内地特别是珠江西岸城市的产业合作、空间开发合作，密切人才交流与交通网络，进一步提升旅游休闲、中葡经贸合作平台、国际金融等的竞争力，逐步促进经济适度多元发展。

二是打造“一带一路”建设重要枢纽。党的十九大报告提出，要以“一带一路”建设为重点，坚持“引进来”和“走出去”并重，遵循共商共建共享原则，加强创新能力开放合作，形成陆海内外联动、东西双向互济的开放格局。中国坚持对外开放的基本国策，坚持打开国门搞建设，积极促进“一带一路”国际合作，努力实现政策沟通、设施联通、贸易畅通、资金融通、民心相通，打造国际合作新平台，增添共同发展新动力。“一带一路”倡议是新时期我国全方位对外开放的旗帜和主要载体，同时也是推动经济全球化深入发展的重要平台。对外开放是“一带一路”的核心，是国内沿线区域与国外沿线国家或地区通过现代运输方式和信息网络连接起来的相互开放战略，将会以新型的全球供应链方式改变经济发展模式。

粤港澳大湾区作为全球领先的湾区经济体，在全球治理中同样可以依托“一带一路”倡议发挥重要作用。首先，粤港澳大湾区的地理与交通优势在“一带一路”中有能力成为重要的门户枢纽。湾区是我国城市群最靠近沿线市场的地理节点，与东南亚地区隔海相望，基础设施最便利，已形成海陆空港多维立体的交通网络，港口集装箱年吞吐量、机场旅客年吞吐量等已跻身国际一流湾区行列。其次，粤港澳大湾区作为沿海地区起步早，开放程度高，特别是有港澳两个自由港和自由贸易试验区（广东）前海、南沙、横琴片区，国际规则和制度接轨程度也是最高的。粤港澳大湾区在参与“一带一路”沿线地区国家的合作中，更能发挥对外开放的引领作用。最后，粤港澳大湾区有能力成为“一带一路”最重要的供应链枢纽，粤港澳大湾区供应链网络极其发达，在电子、建筑、能源、金融、电信等行业处于国内领先地位，与其他地区相比，其在国际价值链中处于相对较高的地位，更有利于成为“一带一路”的供应链枢纽。

三是为国家创新驱动发展战略提供支撑。总体而言，我国经济发展正由要素驱动、投资驱动转向创新驱动。党的十八届五中全会明确了“创新、协调、绿色、开放、共享”五大发展理念，创新位于五大发展理念之首。习近平总书记多次强调创新之于国家发展的重要性，强调“坚持创新发展，就是要把创新摆在国家发展全局的核心位置，让创新贯穿国家一切工作，让创新在全社会蔚然成风”。党的十九大报告提出“加快建设创新型国家”的明确要求，指出“创新是引领发展的第一动力，是建设现代化经济体系的战略支撑”。可以说，创新驱动发展战略是完成国家“两阶段发展目标”的重要保障。实施创新驱动发展战略，需要载体和平台支撑。粤港澳大湾区发展基础良好，经济实力雄厚，开放程度较高，产业结构高端，交通网络发达，生活环境优良。从创新机制、创新活力、创新主体和市场力量来看，粤港澳大湾区无疑是国家实施创新驱动发展战略最好的支撑。

四是全面打造国家对外开放升级示范区。改革开放以来，我国坚持“以开放促改革”的发展思路，未来仍将延续，但是需要新突破。自 2013 年实施自贸区战略以来，国家已经在自贸区这一层级上积累了足够的经验并吸取了教训。下一步如何进行对外开放升级，是摆在国家发展全局中的一个重要命题。

粤港澳大湾区一直是我国对外开放的前沿阵地，始终走在改革开放的前列。2017 年 4 月，习近平总书记对广东工作作出重要批示，要求广东“四个坚持、三个支撑、两个走在前列”，其中要“为全国推进供给侧结构性改革、实施创新驱动发展战略、构建开放型经济新体制提供支撑”。2018 年 3 月“两会”期间，习近平总书记在广东代表团座谈时表示，“开创广东工作新局面，最根本的还要靠改革开放”。因此，从国家战略和全局高度，粤港澳大湾区理应为国家对外开放升级继续探路。

五是发挥辐射带动功能，解决不平衡不充分的问题。党的十九大报告指出：目前我国发展不平衡不充分的一些突出问题尚未解决，发展质量和效益还不高。解决发展不平衡不充分的关键是缩小区域发展水平差异。广东的整体经济发展迅速，以广州、深圳为首的珠三角地区城市成为全国的焦点，大量的人口和资金流入使得该区域经济非常活跃。但是非珠三角地区发展非常不平衡。2017 年广东 GDP 高居全国第一，人均 GDP 高达 12009 美元。但 21 个地级市中，有 12 个地级市的人均 GDP 低于全国平均水平。GDP 最高的深圳是 GDP 最低的云浮的 26 倍。就区域而言，2017 年粤东、粤西、粤北的 GDP 占全省比例仅为 20.3%，其中东翼、西翼、山区分别占 6.8%、7.5%、6.0%。粤港澳大湾区建设应强化对粤东、粤西、粤北的辐射，带动其加快转型升级发展。

此外，粤港澳大湾区建设还应对“泛珠三角”地区发展产生辐射带动作用。2016 年 3 月国务院《关于深化泛珠三角区域合作的指导意见》要求，构建以粤港澳大湾区为龙头，以珠江—西江经济带为腹地，带动中南、西南地区发展，辐射东南亚、南亚的重要经济支撑带。粤港澳三地利用由不同发展历史形成的特殊文化、制度资源，积淀而成的不同的创新理念和操作方式，共同带动更大区域的发展。

（三）粤港澳大湾区的发展愿景

与纽约、旧金山、东京三大世界级湾区相比，粤港澳大湾区虽已是世界级湾区，但还不是世界一流湾区。大湾区建设的重中之重是提高发展质量，“建设富有活力和国际竞争力的一流湾区和世界级城市群，打造高质量发展的典范”。

概括而言，粤港澳大湾区的发展愿景如下：

第一，打造国际科技创新中心。大湾区国际科技创新中心是国家综合性科学中心、国家大科学装置布局、香港国际科技创新中心等重大举措的集合。其目标为构建国际化、开放型区域创新体系，涵盖四条主导路径：一是构建新机制，推动科技创新要素资源便捷流动，建立开放型科技创新体系。二是培育新主体，培育国家级科研工程中心和高等院校，培育高研发投入的民营企业和科创型企业，培育机制灵活、创新活跃的社会机构和团体。三是拓展新空间，构筑科技创新走廊和科技产业带，建设科创平台，成立城市创新科技联盟。四是打造新动能，打造无缝对接的大湾区信息基础设施，打造数字经济等新兴产业。

第二，构建协同发展的现代产业体系。协同发展的现代产业体系是大湾区核心竞争力、综合竞争力的实体支撑。包括构建以金融为核心的现代服务业产业体系，构建以高科技为引领的先进制造业产业体系，打造制造与研发、软件与硬件有机整合的共享、高端产业价值链，发展新经济新业态等。大湾区将建设“科技 + 金融”核心圈，打造世界级先进制造业基地，打造世界级现代服务业基地，发展海洋经济，打造粤港澳海洋经济合作圈。

第三，构筑“一带一路”建设的重要支撑区。大湾区将“加快构建与国际接轨的开放型经济新体制，建设高水平参与国际经济合作新平台，构筑‘丝绸之路经济带’和‘21世纪海上丝绸之路’对接融汇的重要支撑区”。将加快建设开放型经济新体制先行区，打造高水平对外开放枢纽，推动金融领域开放率先突破等，充分发挥港澳自由港和单独关税区的特殊优势，利用港澳优质资源，为中国资本和中国企业“走出去”提供综合服务，推动“一带一路”项目落地。

第四，共建优质生活圈。大湾区将“以改善民生为重点，提高社会管理和公共服务能力和水平，增加优质公共服务和生产生活产品供给，打造国际化教育高地，完善就业创业服务体系，加强人文交流、促进文化繁荣发展，推进区域旅游发展，支持澳门打造旅游教育培训基地，共建健康湾区，完善生态建设和环境保护合作机制，建设绿色低碳湾区”。将率先探索生态文明体系和绿色发展路径，率先构建绿色发展体系，着力打造绿色生态湾区；将发展高端旅游业，建设世界级旅游区；在城市建设管理中应用大数据、云计算、物联网等信息技术，建设智慧城市；将建设国际社区和人才高地，打造国际人才、海归人员创业就业的首选之地。

第五，推进基础设施互联互通。基础设施互联互通是大湾区建设的基本前提。其中，世界级空港群涉及空中航线的开拓，世界级海港群涉及远洋航线的整合；构建高通达性综合交通运输网，以轨道交通为核心打造通勤都会区将成为大湾区交通建设的重点，高铁、城轨、地铁的有机衔接成为重中之重；面向“泛珠三角”区域的公路大通道建设，城市间交通衔接，口岸通关便利化等将被提上日程。此外，稳定安全的能源和水供应体系不可或缺，区域能源和供水合作将进一步深化。

第六，加快重大合作平台建设。重大合作平台是大湾区建设实现政策创新和突破的重要空间。未来，大湾区将重点加快前海蛇口自贸片区暨前海深港现代服务业合作区、广州南沙自贸片区、珠海横琴自贸片区、落马洲河套深港科技创新特别合作区、东莞滨海湾新区、东莞松山湖高新技术产业开发区、江门大广海湾经济区、中山翠亨新区（中山粤澳全面合作示范区）、惠州百里滨海现代产业带、佛山禅南顺（三龙湾）高端创新集聚区等重大合作平台建设。

二、粤港澳大湾区建设、制度创新与法制保障

（一）“建设好大湾区，关键在创新”

2018 年 11 月 12 日习近平总书记会见香港澳门各界庆祝国家改革开放 40 周年访问团时的讲话提出，“更加积极主动融入国家发展大局。香港、澳门融入国家发展大局，是‘一国两制’的应有之义，是改革开放的时代要求，也是香港、澳门探索发展新路向、开拓发展新空间、增添发展新动力的客观要求。实施粤港澳大湾区建设，是我们立足全局和长远作出的重大谋划，也是保持香港、澳门长期繁荣稳定的重大决策。建设好大湾区，关键在创新。要在‘一国两制’方针和基本法框架内，发挥粤港澳综合优势，创新体制机制，促进要素流通。香港、澳门也要注意练好内功，着力培育经济增长新动力”①。

粤港澳大湾区制度差异导致的障碍，需要以制度创新进行调整。通过制度创新，让要素顺畅流动，资源优化配置，形成有机整体以提升效率、释放

① 习近平．在 2018 年 11 月 12 日会见香港澳门各界庆祝国家改革开放 40 周年访问团时的讲话．

更强功能，把制度差异的独特性变成发展优势和竞争优势，这是粤港澳大湾区建设的挑战所在，也是久久为功、需要持续努力的方向。制度创新做不好，独特性就会成为发展障碍；制度创新做得好，独特性就会成为发展动力。2018 年 5 月，韩正副总理在广东调研时要求，要抓住制度创新这一核心，“对一切不符合新发展理念的思想观念都要坚决摒弃，一切不符合高质量发展要求的体制机制都要大胆改革，一切制约创新的管理方式都要促其改变”[①]。

（二）法制保障是粤港澳建设的必然要求

党的十九大报告指出要“坚持依法治国、依法执政、依法行政共同推进，坚持法治国家、法治政府、法治社会一体建设”。韩正副总理在粤港澳大湾区建设领导小组第一次全体会议上强调，要注重用法治化市场化方式协调解决大湾区合作发展中的问题。以法治化方式推进粤港澳大湾区建设，是新时代中国特色社会主义“坚持全面依法治国”基本方略在落实国家区域经济社会一体化战略中的必然要求和集中体现。

建设粤港澳大湾区要通过构建区域经济社会一体化，支持香港、澳门融入国家发展大局，增进香港、澳门同胞福祉，保持香港、澳门长期繁荣稳定，是大湾区建设的重要目标之一。为此，经济方面要形成粤港澳大湾区区域经济共同体，社会方面要形成粤港澳大湾区区域社会生活共同圈。两个要求可以浓缩为两个字——“通”和“同”。通，指生产要素高效便捷流通，达致市场通；同，指居民身份及其附带的社会待遇同等化，达致人心同。要实现这种“通”和“同”，与要素流动和同等待遇有关的法律规则衔接和法律制度对接是重要支撑，同时也需要更加有利于促进规则衔接制度对接的统筹决策及协调执行的体制机制，并将这些体制机制予以法定化和法制化，提升其权威性和稳定性。

---

① 韩正提出大湾区建设方向 制度创新是高质量发展关键［N］. 文汇报，2018-05-24（A4）.

（三）相关研究借鉴

在具体实践中，“一国两制”下粤港澳大湾区独特的法制结构对大湾区建设特别是规则衔接制度对接提供机遇的同时也带来不小挑战，需要通过制度创新，特别是法制创新予以克服，为大湾区建设的深入推进提供引领、促进和保障。在这方面，学者们关于区域合作中法律一体化及其有关实践的研究，具有重要启示意义。

1. 法律协同、统一规则与区域合作关系研究综述

一般认为，统一的法律、规则和标准对经贸合作具有促进作用。欧盟及世界其他国家或地区一体化进程显示，公共政策和法律法规的系统性制度安排是改善和提升要素流动状况的重要手段。英国脱欧后，英国与欧盟其他国家的系统性制度安排切割将使要素流动自由度无法达到从前，再一次例证了系统性制度安排与生产要素流动之间的相关性。系统性制度安排，本质上是法律协调问题。当区域一体化发展到法治一体化时，要素流动将不存在任何壁垒。

C.S.Yue（2013）研究表明，在开始一体化进程后，东盟成员国家间的贸易量占本国贸易总量的比重由 1990 年的 17.0%（一体化前）上升至 2011 年的 25.0%。M.J.Dennis（2014）认为，统一的国际合同法对于建立欧盟国家间的共同规则起到重要作用。这些通用的专业词汇与法规为有关国际合同法的学术讨论奠定了基础，并使不同司法管辖区的国内法院和仲裁庭在合同法解释方面保持统一，从而显著地降低了国家间的贸易壁垒。A.Efrat（2016）认为，不同国家间商业法的差异会对贸易往来造成阻碍，而相似的法律法规能够降低商业活动的不确定性和衍生费用，从而刺激贸易。单一规则的统一往往也能起到促进作用。M.J.Bloomfield 等（2017）研究表明，在会计规则统一后，会计行业的跨境劳动力转移与其他行业相比显著增加。研究结果表明，标准的多样性构成了国际劳动力流动的经济障碍，而会计规则的协调可以对跨境移民产生有意义的影响。C.Blum（2018）指出，国家间实行一体化的税收与退休金发放政策可以有效降低重复征税的可能性并减少行政负担，从而便利在职或退休人员的跨境流动。

与此相对，区域合作中法律、规则和标准的不统一会带来不同程度的负面影响。B.Bickel（2014）认为，不同管辖主体间不一致的法规会大幅降低效率，使政策的执行变得无效，并最终导致行业失去管制。例如，对于金融服务业低效的监管与互相矛盾的规定就是2008年美国次贷危机的一个非常重要的诱因。特别是在金融监管领域，统一的金融监管规则十分必要。J.M.Meier（2019）研究表明，21世纪初，欧盟推出了金融服务行动计划（FSAP），对国际资本市场进行监管整合，为金融服务和资本建立了共同的欧洲市场。在该计划实施过程中，整合后的监管使上市公司的外部融资、投资和就业大幅增加。这些结果凸显了国际资本市场的监管一体化对于企业融资决策和实际成果的重要性。研究东盟的学者逐渐发现法律、规则统一对区域合作的重要性。C.Lee 和 Y.Fukunaga（2014）研究认为，制定并施行统一的竞争政策是东盟（ASEAN）国家经济发展的一大进步。贸易的自由化降低了关税水平，减少非关税壁垒和其他促进区域一体化的新方案也正在制定中。J.Menon 和 A.C.Melendez（2017）研究表明，东盟成员国由于在各类事件与经济活动方面的敏感程度不同，即使处于同一个货物、资本与人员自由流通框架下，对应的流程处理速度也有较大差异，使该区域的经贸一体化协议的作用大打折扣。因此，东盟国家若想要实现完全且有意义的整合，需要考虑修订国家的相关法律法规（乃至宪法），使其与联盟其他成员保持一致。

2. 我国关于立法协调与区域一体化发展关系的研究

我国关于区域立法协调的研究始于2006年，区域一体化已经成为我国学术界的热门话题，一个基本的共识是：法制（立法）协调是区域一体化中不可或缺的保障要素。当前，我国区域一体化地方立法协调研究侧重于以下几个方面：

一是对地方立法协调的价值、取向、作用，立法协调在法制协调系统中的地位、动因、内涵，地方立法协调的法律性质、法律效力等进行探讨。基本结论是，在区域一体化的大背景下，区域立法协调具有时代价值与促进作用。如胡健（2006）提出了区域立法协调的法制示范意义，认为“区域内部经济的互动态势和市场要素的流通必然引起法律关系的复杂性和法律主题的多样性。因此离不开地方立法的创新、发展和协调”。吴乐乐（2011）提出，应以民主参与为核心的立法利益协调为原则，构建宪政框架之内的利益格局。石佑启和潘高峰（2014）提出，区域经济一体化中政府合作的立法协调是弥补人大立法协调不足，提升区域立法质量，解决立法中疑难复杂问题，促使立法及时立、改、废，统一立法规划的需要。

二是按区域划分，对我国长三角、京津冀区域立法协调进行研究，提出各区域立法协调模式特点和具体运作机制。如石佑启和杨治坤（2007）从立法、执法与司法协调三个方面论证了法制协调机制对中部地区崛起提供了良好平台。

三是梳理区域一体化地方立法协调推进的难点。陈俊（2013）认为，利益之争是区域内立法协调活动推动的重要掣肘，如地方发展GDP考核、地方发展画地为牢式的小而全、战略性不足、地方立法长期互不隶属等。

四是区域法制协调的解决路径。诚然，区域法制协调因行政壁垒等难以推进，为了实现区域协调发展，很多学者从不同角度提出解决方法。如何渊（2009）提出整合“经济区”与“行政区”关系，先市场调节、后行政协调、再立法协调的区域法制协调路径。戴建华（2010）提出“强化和完善行政契约制度、加强地方立法和地方规章的制定和清理、扩大公众参与和加强重视咨询评估工作”等建议。

五是特殊领域立法协调。当前，对区域一体化立法协调研究已转向更具体的领域。如李丽红和杨博文（2016）从京津冀区域碳排放权交易立法协调机制角度进行研究，提出“在京津冀区域协同发展的大背景下，率先在京津冀地区实行区域性的碳排放权交易，构建区域性碳排放权交易立法协调机制，设立立法协调机构，实现排放总量控制，并在不同区域间交易，联合监督管理与执法，给区域性碳交易提供制度保证，实现‘1+1>2’的区域协同碳减排效果”。

3. 粤港澳大湾区法制保障研究

《粤港澳大湾区发展规划纲要》公布前后，学者对大湾区各个领域的研究成果丰硕。学者多从粤港澳大湾区法制协同、法制保障、法律合作等研究视角进行研究，也有学者从法制一体化等方面进行探究。如邹平学和冯泽华（2018）认为，粤港澳法律合作的挑战主要包括跨境府际合作缺乏牢固法律基础、刑事司法协助的覆盖面欠佳、民商事司法协调亟须增强、法律服务业全面合作进程有待深化、大湾区法律冲突协调机制有待突破五个方面，提出未来广东一方面要明确自身在粤港澳法律合作中的主体地位、夯实连接内地与港澳法律合作的桥梁以及法治建设先行者的政治站位，另一方面要力求观念与理念先行，率先探索“一国两制”三法域环境下跨境府际合作的制度创新与法律基础，拓宽法律合作和机制对接等进路。如朱最新（2018）认为，在遵守“一国两制”，遵循粤港澳大湾区协调发展规律，坚持平等互信、协商共赢原则，通过中央授权为粤港澳大湾区区域立法提供合法性前提的基础上，建立健全机构与机制相统一的以区域立法协调工作机制为基础，以开放协调的示范法机制为引领的多元化区域立法制度。如叶一舟（2018）提出，建设粤港澳大湾区协同立法机制的必要性，是我国治理能力与治理体系现代化以及“一国两制”进入新时代在制度文明方面的需求所决定的。在基本路径上，粤港澳大湾区协同立法机制的建设可以政府推进为主、社会演进为辅。在事务范围上，粤港澳大湾区协同立法可先针对具体性的大湾区共同事务进行实践，随后再逐步拓展到一般性的大湾区共同事务。如张亮、黎东铭（2018）提出，应当采取中央立法与地方立法相结合的立法进路，既要制定全国统一适用的“区域合作法”，对区域合作的内容、效力和程序等基本问题作出规定，使粤港澳大湾区于法有据、有法可依，从整体上形成立法对制度的引领作用，又要在具体规划过程中重视地方立法的优势，允许地方立法在宪法和法律的框架下充分发挥自主作用，以有效应对区域合作中可能出现的各种潜在问题，亦保证制度运作中基本的效率优势。总之，自粤港澳大湾区建设推进以来，探索三地法制保障的研究成果丰硕，难以一一罗列论述，拟后文论述展现。

第二章　从制度创新、法制保障看欧盟实践

推进跨法域的经济社会一体化发展，全球最为丰富、成效最为突出的实践经验体现在欧盟的建构过程中。欧盟通过长期持续致力于统一的法律制度构建，有力有效地促进和保障了欧洲政治、经济和社会一体化演进。欧盟探索积累的法律制度统合创新实践经验，可以为粤港澳大湾区在“一国两制”下的跨法域融合发展的法制保障问题提供有益的启示。

一、推动法律一体化

法律一体化是经济全球化和区域化大背景下的产物。商品、服务贸易及资本的跨国界流动必然要求统一的法律制度予以保障，消除各国因法律差异所造成的贸易壁垒。可以说，法律的趋同或一体化，是经济全球化的客观要求，是不可或缺的制度要素，也是巩固和推动经济一体化的有效工具。欧盟是当前最成功的法律一体化案例，欧盟公司制度等一体化经验表明，不同法系国家之间、不同发展程度国家之间，乃至于大国和小国之间，法律制度一体化是可能的、可行的。

从实践轨迹看，欧盟法律一体化既指共同体内部统一法令规则的制定和执行，又指成员国法律相互影响、不断融合的过程，主要包括法律协调和法律统一两个阶段。法律协调是国际私法的传统方式，通过协调成员国冲突规则解决法律冲突，法律统一是各成员国通过谈判制定新规则取代原有分歧性规则从而适用统一的规则。目前欧盟法律在公司法、劳动法、产品责任法、

银行与证券法、电信、工业产权保护等领域高度协调统一。

从法律治理模式看，欧洲一体化过程中，法律治理发挥了核心作用。通过强有力的硬法治理（包括基础条约及欧盟立法）以及开放灵活的软法治理，逐步推动各项基础性法律制度一体化。谷川（2014）提出，欧盟法律一体化的实现，有赖于产生它的基础性条约、与成员国权能的协调以及所处法系法律秩序的运作实践。通过对欧盟法律一体化的条约基础、权能配置以及法律秩序运行等不同维度的考察及分析，可以看出欧盟法律在实现一体化过程中具备的求“同”存“异”的协调、沟通之能，同时亦为中国参与区域经济一体化活动提供了借鉴和参考。

欧洲法院对促进欧盟法律一体化作出重大贡献。Carrubba 和 Murrah（2005）认为，欧洲法院的初步裁决制度在促进欧洲一体化方面发挥了重要作用。同时已经发现的证据表明，跨国经济活动、公众对一体化的支持、一元或二元传统、司法审查以及公众的政治意识会影响初步裁决系统的使用。Kelemen 和 Schmidt（2012）提出，欧洲法院（ECJ）在推动欧洲一体化方面发挥了不可或缺的作用。欧洲法院一次又一次地证明了其独立性和权威性，使欧洲一体化的范围和深度超出了欧盟立法者的意图。然而近年来，欧盟法律的扩展已导致其对政治上更敏感的问题产生影响。聂爱轩（2018）指出，欧盟立法机构运用欧洲标准和欧盟法律在规范上的互补性，实现了欧洲标准与欧盟法律的融合，并建立了多样的融合方式。特别是，欧盟立法机构基于和欧洲标准化组织相似甚至共同的目标进行合作，探索出欧盟法律间接引用欧洲标准的新融合方式，并通过“委托书”与合格评定等一系列融合机制有效地促进了欧洲标准和欧盟法律的高效实施，完善了欧洲法治。

二、促进要素流动

（一）促进人员自由流动

从 20 世纪 50 年代至今，随着欧盟成员国范围的扩展、社会经济发展需求的变迁，欧盟对一系列的政策和法规作出调整，分阶段逐步实现了欧盟公民在成员国内的自由就业及权益保障。

人员跨境流动首先面临的问题是：人员流动是否会对本地市场造成冲击？如是否对本地劳动力市场造成冲击、城市承载力是否可以承受等。从欧共体经验看，人员流动首先解决的是劳动者流动问题。为了协调劳动者跨境流动与当地劳动力市场之间的平衡，分阶段推进人员自由流动十分必要。第一阶段实施许可证制度，工人流动需要先获得成员国许可；第二阶段实施附期限的同等待遇，且本国工人享有就业优先权；第三阶段实现同等待遇，本国优先权和工作许可均废除。分阶段推动劳动者自由流动的积极性在于：第一，给予本地劳动力市场适应期和过渡期；第二，审时度势，给予本国政府按照实际需要和实际情况政策调整的空间；第三，给予不同地区劳动者逐渐融合的时间和空间。

1957 年，《罗马条约》确定了公民在欧洲经济共同体内自由就业、居住的权利，但适用对象仅限于已获得目的国工作岗位的、非政府公共部门的雇员。1968 年，《欧共体 1612/68 号条例》确定了跨国就业者享有与目的地国籍就业者的同等社会和税收优惠、接受职业教育和购买房产等同等权利，并第一次把适用对象扩展至就业者的家庭成员。同年，《欧共体 360/68 号指令》简化了就业者的出入境手续，以身份证或有效护照代替了原本的签证和其他相关证明材料的要求，同时对持有长期合同的就业者给予 5 年以上，自动续期的居留许可，而对于 3 个月以下的短期就业者则不要求办理居留许可，1975 年起自由职业者亦被纳入以上权益适用对象，并在 1991—1993 年的一系列指令中将学生、退休人员和失业人员等非经济活动人员及其家属也纳入适用对象（但非经济活动人员需具备全面的疾病保险，且证明自己具有避免社会经济负担的资源）。

1993 年，《马斯特里赫特条约》正式提出了欧盟公民身份，并实现了从促进经济活动人员的自由流动，到面向更广泛适用对象，全面赋予欧盟公民自由流动权益的转变。1997 年，欧洲执委会推出了《就业者自由流动行动计划》，提出要进一步修订欧盟法律框架，并建立欧洲就业服务平台，建设更高效的欧洲就业市场。《欧盟 55/2013 号指令》完善了成员国内职业资格互认办法，就业者可向有关部门提交职业资格认可申请，有关部门将在一个月内作出回复，4 个月内批准或拒绝出具职业资格认定。而对于少数紧缺专业的办理时间缩短为三周完成并出具通用的欧洲专门职业证 EPC。

上述一系列法规和指令，有效消除了欧盟公民在成员国间就业、生活的障碍。但在个人税收协调、社会福利共享和劳务派遣人员的权益保障等方面仍存在制度完善空间。欧盟一体化的制度安排见表 2–1。

表 2–1　欧盟一体化的制度安排

时间	法律法规或司法判决	具体规定
1951 年	《巴黎条约》 1. 建立煤钢共同体； 2. 排除国籍和报酬、工作条件、专业和资格条件的限制，促使工人在各成员国内自由流动	
1957 年	《建立欧洲经济共同体条约》 1. 明确国民待遇原则； 2. 建立针对流动劳动者的福利配套制度	1. 工人的流动自由应在共同体内部得到保障； 2. 明确了人员自由流动的国民待遇原则； 3. 建立针对流动劳动者的社会保险制度、统一法律保障、欧洲社会基金为劳动者提供物质保障等
1968 年	第 68/360 号《关于消除成员国劳动者及其家庭流动和居留的各种限制的指令》 规范入境与停留的权利	在出示有效身份证和护照后，成员国必须给予（其他成员国公民）进入其领土的权利
1971 年 / 1972 年	第 1408/71 号《关于适用于薪金雇员和自由职业者及其家属在共同体内流动的社会保障制度的条例》；第 54/72 号《关于上述条例的适用方法的条例》 明确劳动者及其家属有权获得定居准许	无论是否为成员国公民，劳动者的家属都拥有定居权
1974 年	索特格诉朵以持 · 宝德波斯案 ［Case152/73（1974）ECR 153.］ 禁止国籍歧视，落实同等待遇	《欧共体条约》第 12 条明确规定："在本条约的适用范围内且不违反特殊规定的前提下，禁止因国籍而产生的歧视。" 欧洲法院认为，意大利邮政工人为德国邮政工作，但在所获离家工作的居住津贴方面与德

续表

时间	法律法规或司法判决	具体规定
1974 年	索特格诉朵以持 · 宝德波斯案 [Case152/73 (1974) ECR 153.] 禁止国籍歧视，落实同等待遇	国劳动者相比处于劣势地位是不合法的。法院认为为同一个机构付出同样劳力的人，可能仅因为国籍差异而导致收入的差别，与欧盟人员自由流动所依据的原则不相符。同样这种歧视不仅来源于国籍，还包括其他隐性因素，如税收、居住地点和工作时间的计算，等等
1982 年	案件号：53/81，勒文诉斯塌安瑟科泰勒斯 · 梵 · 加斯提提案 [(1982) ECR 1035.] 扩大自由流动主体范围	无论出于何种雇佣的目的，只要从事“真实、有效”的工作，自然人就被认为享有自由流动权。兼职人员、领取少量必需物质报酬的社团工作者，以及到某一成员国寻找工作者都可以被称作雇员
1985 年 / 1990 年	《申根协定》 从系统上取消了边界人员控制（除机场外）	用来消除共同边界的边境手续并使其签证手续趋同；该协议包括欧盟成员国的所有国民，无论是否属于申根协定地区。所有人在穿过申根协定地区之外的边境时都必须接受相同的检查，而一旦在申根地区内则使用自由流动的原则，穿越内部边界的传统手续也会被废除
1986 年	《单一欧洲法令》 再次强调建立一个没有内部边界的统一大市场，实现货物、人员、服务与资本的自由流动	
1992 年	《欧洲联盟条约》 1. 为自然人自由流动提供了更进一步的国际法基础； 2. 出现了“联盟公民”的说法；自由流动开始涉及劳动者家庭成员	1. 欧盟公民有权在各个成员国的领土内自由迁徙和居住； 2. 因家庭团聚而出现的人员自由流动； 3. 解决人员自由流动过程中衍生的问题，要求成员国在避难政策、预防和打击恐怖主义及人员跨越成员国边界及第三国国民的政策方面进行国际合作
1997 年	《阿姆斯特丹条约》 最终确立有关劳动者自由流动的基本性立法	该条约不仅明确无歧视地保护劳动者的自由流动权，而且明确了劳动者自由流动权的范围及其例外

资料来源：根据公开资料综合整理。

（二）促进货物自由流动

欧盟海关联盟的单一关税区覆盖欧盟28国，以及土耳其、安道尔和圣马力诺三国，其海关监管着全球15%的价值3.5万亿欧元的货物贸易。2018年欧盟海关获得进出口税250亿欧元，相当于欧盟预算支出的14%。作为全世界最重要的贸易区块之一，其治理与协调具有法律支撑体系庞大，以多方参与的治理体系周期式、渐进式地实现协调，最大限度地便利商业主体等特色。

1. 法律体系支持

欧洲经济共同体在1968年实现共同体内关税取消，1988年实行统一通关单证并在同年出台统一的区域法，即《自由区保税仓库条例及其实施条例》。1994年《欧共体海关法典》及其实施条例生效，极大地统一了各成员国的海关制度。《欧共体海关法典》对自由区的设立、运营和货物的海关法律地位，区内货物可进行的操作作出全面规定。2016年《欧盟海关法典》实施，在《欧共体海关法典》的基础上作出简化和现代化改进。目前，以《欧盟海关法典》为中心，欧盟海关的治理和协调已具备一套庞大复杂的法律制度群作为支持，包括具有硬效力的立法和软法规则共计约900条。按立法层次示例如表2-2所示。

表2-2　欧盟海关法律体系示例

立法层次	立法功能	法律文件
一、条例	1. 海关基本法	2013年《欧盟海关法典》
	2. 商品分类目录与税则方面的基本法	1987年《关于税则和统计的商品分类目录和共同海关税则的（EEC）第2658/87号理事会条例》
	3. 知识产权保护	2003年《针对涉嫌侵犯特定知识产权的海关执法行为及针对侵权货物的处理措施的（EC）第1383/2003号理事会条例》
	4. 其他海关事务条例	2013年《海关中期行动方案与计划类条例（2014—2020）》
二、指令与决定	1. 针对具体海关事项的指令	1979年《有关放行进入自由流通的原进境加工货物适用优惠税率的委员会指令》、2014年《欧盟联合的海外国家与区域联合的2013/755/EU号决定》、1993年《将从成员国非法出境的文物返还的理事会指令》

续表

立法层次	立法功能	法律文件
二、指令与决定	2. 周期性海关行动计划	Custom2000（1996—2000）、Custom2002（2001—2002）、Custom2007、Custom2013 等
三、欧盟所缔结的海关事务类国际条约	1. 优惠协定	如原产地规则或关税优惠
	2. 运输及进口许可	《关于在国际公路运输手册担保下进行国际货物运输的海关公约》《伊斯坦布尔公约》
	3. 行政互助协定	如与瑞士、中国关于海关方面行政互助的协定
	4. 国际协调	《协调制度公约》《简化和协调海关制度的京都公约》
	5. 其他特定成员国和非成员国之间基于国际条约内容与标准缔结的协定	《中欧 AEO 互认安排》《与贸易有关的知识产权协定》
四、欧盟软法类规则与其他文件	1. 建议和决议	《打击知识产权侵权的欧盟海关行动计划》 对更为紧密的海关合作，进一步保护有效的国内市场所做出的决议
	2. 通告	欧盟委员会向欧盟理事会和欧盟议会就《海关联盟演进战略》所做的通告
	3. 方案与指南等文件工具	2012 年《对于转运欧盟的货物特别是药品的知识产权海关执法指南》、2011 年《经授权的经济经营者指南》、不定期修订的《海关蓝图》

资料来源：根据公开资料综合整理。

2. 多方参与的治理体系

欧盟海关联盟以《欧盟海关战略》确立其共同的治理目标，最新目标包括：对欧盟及成员国财政和经济利益的保护；保护贸易的安全公平性和促进合法贸易的便利性；通过与执法机构合作，确保欧盟内的社会和环境安全。欧盟执委会依据该目标进行欧盟层面政策协调工作。

迄今为止，大多数政策协调工作由欧盟执委会于 53 年前组建的海关政策小组完成，海关政策小组集合海关各监管机构的负责人，但不具备正式的政策决策权。同样参与决策咨询的还有各成员国海关总署负责人组成的“俱乐部”会议机制，同样不具备正式效力。欧盟执委会同时接受其他相关领域专家团体的咨询，如欧盟贸易联络小组。

欧盟执委会每两年就海关工作情况和改革框架向欧盟理事会和欧盟议会作出报告。其他的周期性评估框架还包括对各成员国对欧盟海关各项战略目标的实现情况作出具体考察评估的“欧盟海关联盟表现评估计划”（Customs Union Performance），以及评估各成员国针对《欧盟海关战略》中海关风险管理目标的实现情况的“海关风险管理框架”。

周期渐进式的协同推进有利于成员国间的相互政策学习和整体协调目标的调整。但值得注意的是，部分渐进式改革同时也是预算限制的结果，如《欧盟海关法典》所需的信息系统已在《海关 2020 计划》中使用 3.38 亿欧元预算，各国更换相应基础设施的预算将远高于此数字，因此一部分成员建议采取“混合式基础设施架构”，允许各国暂时使用原有解决方案，然而这将势必削弱欧盟层面的海关治理效力。

3. 有效提升企业竞争力的贸易便利化措施

《欧盟海关法典》致力于平衡贸易安全性和合法贸易的便利性，其制定的主要贸易便利化措施和采用的工具包括：

（1）经贸经营者注册和识别编号系统（EORI）。所有在欧盟从事贸易活动的企业必须具备统一的 EORI 登记号码以进行任何海关相关的手续办理。这一单一编号登记制度极大地提高了海关监管的安全性和处理速度。

（2）“经认证的经营者”制度（AEO）。AEO 制度由世界海关组织在《全球贸易安全与便利标准框架（SAFE）》（以下简称《标准框架》）中提出并倡导使用。《标准框架》中定义：“以任何一种方式参与货物国际流通，并被海关当局认定符合世界海关组织或相应供应链安全标准的一方，包括生产商、进口商、出口商、报关行、承运商、理货人、中间商、口岸和机场、货站经营者、综合经营者、仓储业经营者和分销商”，即获得 AEO 资格，可以享受绿色通道，快速通关。

AEO 包括海关简化资格（AEOC）和通关安全资格（AEOS），企业可以同时获得两种资格。AEO 认证制度有效优化海关监管的资源配置，提高了海关风险管理的能力，已在全球范围内建立了广泛的互认制度。

（3）无纸化通关。2017 年欧盟海关实现了 99% 的无纸化申报，随着《欧盟海关法典》提出的电子海关系统日益完善，无纸化申报将被应用于更多的商业运营，预计大部分进口申报处理时间可降至1小时以下。

总之，欧盟海关联盟目前已有50余年历史，形成了精密、庞大的协调系统，但仍存在协同目标不明确、缺乏权威高效的协调机制、协调成本高昂等问题。

（三）单一通行证

欧盟国家实现金融市场协调、促进单一市场的工具主要为欧盟金融通行证和“对等原则”准入机制。英国是单一金融市场的主要受益国，脱欧前提下的英国金融机构和金融市场可能面临重塑。

欧盟金融通行证，又称“单一通行证”，即一家金融机构在欧盟某一成员国的监管机构获得牌照后，即可在整个欧洲市场设立分支机构，或提供跨境服务。欧洲推行金融通行证的假设基础是欧盟内国家遵循同等的金融监管制度，保持高度协同监管活动，因此获得金融通行证的金融机构可以享受更低的准入许可和简化的监管程序。而金融通行证不面向欧盟外发行，即便某欧盟外的金融机构获取了某一国的准入许可，该许可也仅在该国生效，因此欧盟金融通行证的存在为欧盟构筑了较高的监管门槛。

金融通行证共分九种，分别对应不同的金融服务，如银行存储业务、证券交易业务、资产管理、支付和电子货币业务等。每一种通行证均有相应的欧盟条例或指令作为法律支撑。

金融通行证制度使得金融机构可以在欧盟范围内自由选择注册地点而不影响其服务的跨国输出，同时使欧盟境内注册的金融机构较欧盟外金融机构而言具有明显的制度优势。目前其他金融单一市场框架在便利度和覆盖面上均无法与金融通行证制度相提并论。

而对于在欧盟开展业务的第三国金融机构而言，其所受法律监管框架遵循“对等原则”，由欧盟执委会在欧盟层面，或各国相关部门在国家层面，基于第三国法律的设立目的和执行结果（而不需要原封移植欧盟法律），以及第三国与欧盟国家的司法互认情况，评估第三国的市场监管水平是否达到欧盟的同等标准，评估方面包括监管制度、市场基础设施和数据保护标准等。通过“对等原则”评估的第三国没有复制欧盟法规或始终保持现有法规不变的义务。成功通过“对等原则”评估的第三国，其境内注册的金融机构将获得一定程度的制度便利。例如，欧盟金融机构在与被认定符合同等审慎银行监管原则的国家的企业发生业务往来时，可做较低比例的风险资本准备。

目前可使用“对等原则”解决的法律框架覆盖面仍然有限，欧盟最重要的银行业规章、银行核心业务的监管依据《第四号资本需求指令》缺乏相应的“对等原则”评估机制。现有“对等原则”评估过程耗时长达数年之久，且受政治不确定性影响，出台的协调框架也未能完全执行，因此对单一金融市场的促进远不及欧盟金融通行证。

三、促进跨境就业和社会保障对接

（一）促进跨境自由就业

受欧洲劳动市场一体化的趋势和 20 世纪 90 年代中期欧洲对提高就业率的普遍需求影响，欧洲就业计划在 1997 年《阿姆斯特丹条约》中正式达成共识，其最新的指导方针是 2007 年确立的三项优先目标：增加劳动供给和推行社会保障机制现代化；增强就业者和企业的适应性；增加人力资本投资，加大教育和技能培训投入力度。其内容涵盖就业促进政策、创业和自由职业支持政策、移民就业政策、青年就业政策、劳动者权益、劳动市场改革重组、社会保险改革、公共就业服务和欧盟就业政策学习计划。目前，欧洲就业计划作为《欧盟 2020 发展战略》的一部分，通过四步举措推进就业政策的协调：

第一，制定促进就业指导方针，由欧盟执委会向社会伙伴和民间组织咨询后会提出就业政策的优先问题和目标，经各国政府同意后由欧盟理事会采纳。

第二，由欧盟执委会基于各成员国的就业环境、就业指导方针推行情况，统计当期各成员国的就业和社会经济指标，整理发布《联合就业报告》，供欧盟理事会参考。

第三，各国政府向欧盟执委会提交本国改革方案，由其评估改革进展与《2020欧洲增长计划》中相应目标的完成情况。

第四，欧盟执委会针对各国情况公开发布各国就业情况报告，并对各国分别提出政策建议。

欧洲就业计划与以往就业促进计划的不同之处在于其对“开放式协调”机制的引进，首先，在由欧盟层面以建议的方式向各国提出政策调整方案的同时进行周期性的评估和完成情况公布，通过各国之间相互比较和“从优”效应，促进各国将欧盟的指导方针纳入本国政策法规体系。在增强欧盟超国家层面行动合法性的同时，更好地尊重了各国劳动者与产业关系，以及市场系统的多样性。其次，社会伙伴咨询机制的引入，使各国除了立法以外，还可以选择以国家集体协议的方式贯彻欧盟法令，被授权社会伙伴之间达成的协议也可以在合适的情况下被纳入欧盟法律，成为“硬法”。与此同时，政策协调过程中，欧盟执委会和成员国、政府部门和社会伙伴在各层面的高效沟通和周期性的讨论，赋予了“开放式协调”内在的迭代属性，也为欧盟范围内政策的相互认知和学习提供了具体机制。

（二）促进社会保障对接

欧盟社会保障机制的协调起步于1958年，并随着人员自由流动保障体系的发展逐步扩展覆盖项目和适用对象范围。2004年起，随着中东欧国家陆续加入欧盟，欧盟迎来了区域内社会保障发展水平悬殊、劳动力流动大幅增加的新背景，旧有的由欧盟层面独立出台法规、自上而下的治理模式已无法解决区域内的社会保障衔接问题，相应地，“开放式协调”机制被纳入社会保障体系的衔接，与硬性法规配合使用。2010年，欧盟社会保障体系完成了最新一次的重大改革，颁布了新的社会保障对接条例（《欧盟883/2004号条例》）及其执行程序（《欧盟987/2009、988/2009号条例》）。

在当前的衔接体系下，各成员国的社会保障体系仍由各国自主制定，协调法规仅用于判定跨国工作或生活的欧盟居民使用哪一国家的社会保障体系，目前使用对象包括跨成员国居住的欧盟公民及其家属，以及跨成员国合法居住的第三国公民及其家属。法规依循四项基本原则：第一，同等待遇原则，对于来自成员国的移民，居住满一定时限（一般为一年）后，享有和目的国公民同等的社会保险权利和义务；第二，累计原则，在多个成员国工作并参保的劳动者，退休后将根据其在不同国家的参保年限分段计算，按比例累计支付；第三，单一法律适用原则，在同一投保时期，每个劳动者只能纳入某一个成员国的养老计划，避免重复参保或重复收益；第四，便携性原则，除了失业保险和养老保险，劳动者可在欧盟内任何国家支取社会保障福利。而养老保险的发放遵从“暂时冻结”原则，在输出国未达到退休条件的缴费记录在输出国暂时冻结，待回流后可继续累计，或在目的国退休后按比例累计，由退休前工作的最后一个成员国结算支付。此外，《欧盟 987/2009、988/2009 号条例》引入了“现代协调方案”，对推行“社会保障信息电子交互系统”作出硬性要求。

欧盟社会保障体系的开放式协调方式，以养老保险为例，分四步循环性的目标：第一，约定欧盟层面上的养老保险政策目标，渐进式地推进各成员国养老金政策的趋同；第二，制定欧盟层面统一的行动方针，列出成员国实现短期、中期以及长期目标的时间表，重点保障养老金财务体系的可持续性；第三，各成员国定期向欧盟委员会提交本国养老金改革和发展战略的年度报告；第四，由各成员国组成的同济评审会对各国提交的养老保险发展报告展开相互监督和评估比较。

“开放式协调”和硬性法规相结合的欧盟社会保障协调，促使各成员国向欧盟确定的社会保障目标模式逐步靠拢，为流动劳动力的社会保障携带提供了解决办法，“社会保障信息电子交互系统”有效降低了流动劳动力的迁徙成本。同时，结构化的政策学习也推动了欧盟成员国的社会保障制度改革，绝大多数国家实施了法定养老计划与收入挂钩的养老金改革，法定退休年龄逐步标准化，调整了未来人口变动趋势和增长预期变量。但其带来的高福利东道国社会保障体系压力的增加，以及为极少数的“福利移民”提供灰色空间，引起了一定的争议，这对后来在部分成员国内出现的支持和反对自由流动的意见分歧具有不可忽视的影响。

四、英国脱欧后的政策调整

截至2020年底，英国脱欧后的有关政策调整包括以下四个方面。

（一）英国脱欧协议中的金融相关安排

78%的欧盟资本市场活动在英国发生，MiFID框架下金融通行证使用总量的76%发生在总部设于英国的机构。主流媒体预估，如失去金融通行证待遇，以英国为总部的金融机构年收入的20%（约90亿英镑）将面临风险，英国将流失约1万个金融业工作岗位。如缺乏有效协调，英国金融业可能面对严重的监管不确定性后果。

专家曾分析，最终脱欧方案从“软”到“硬”大致可分为以下三种方案。在最终方案久不能决的情况下，为了应对“无协议脱欧”的可能性，英国财政部于2019年7月24日发布了一项临时条例《2018年欧盟金融通行证权利脱欧临时条例》，允许英国审慎监管局（PRA）和金融市场行为监管局（FCA）届时以“临时管理制度”（TPR）运作：发放经营许可；许可发放的适用条件将保持与脱欧前欧盟金融通行证制度一致；TPR暂定自2019年3月29日起生效，有效期三年。TPR适用对象包括《2000年金融服务及市场法》附件3、附件4范围内的在欧盟使用金融通行证或跨国经营的机构，以及《电子货币指令》和新修订的《支付服务指令》中规定的金融通行证适用对象。针对电子支付机构和投资机构的管理方法将另作修订。TPR主要内容包括：根据英国《2000年金融服务及市场法》第4A欧盟金融通行证极大地便利了英国金融机构面向欧盟出口服务和设立分支，同时便利欧盟各国的金融机构在英国设立分支机构，因此最大限度地保留该框架对英国金融产业规模的保持最为有利，但受制于英国对法规制定自主权的保留，英国对数据保护规则的差异和政治等因素，最终协议的前景仍不明确。一旦英国在欧盟所获得的单一市场待遇被撤销或削减，英国金融机构的经营布局和业务战略将面临重塑。而与达成最终脱欧协议同等重要的是，为过渡时期的英国金融市场制定临时措施和权变方案，尽可能减小交易成本增加、法律责任转变等一系列问题累积的负面效应。

（二）关税政策调整

2020 年 5 月 19 日，英国政府公布了全新的最惠国关税制度——英国全球关税制度（UK Global Tariff，UKGT），该制度于 2021 年 1 月 1 日脱欧过渡期结束后正式取代欧盟统一对外关税制度。作为近 50 年来首次发布的独立的关税制度，UKGT 为英国经济量身打造，体现了英国政府倡导自由贸易、降低及消除贸易壁垒、反对贸易保护主义的贸易政策。根据英国的新关税制度，自 2021 年 1 月起，60% 的进口产品（价值约 4250 亿英镑）将按照世贸组织规则和其他现行优惠政策免征关税进入英国，而目前这一比例仅为 47%；平均关税税率则从 7.2% 下降至 5.7%。与欧盟统一对外关税制度相比，UKGT 提供了更优惠的关税待遇、更简便的关税计算方法并将以英镑而非欧元作为计价单位。具体而言，英国新关税政策包括三大重点：一是简化关税，根据英国新关税制度，英国政府将取消所有税率低于 2% 的关税，将税率高于 2% 的关税向下取整到最接近的标准关税区间，并逐步简化农产品复杂的清关措施。简化关税制度的目的是让企业更易于理解和使用，并减轻行政负担。二是关税放开，取消了近 2000 种产品的关税，降低生产商和消费者的进口成本。三是关税维持不变，对部分原材料类产品、关键行业部门的产品保留了关税，包括农产品、陶瓷产品、汽车等。同时，对主要从发展中国家优惠进口（如普惠制）的产品，UKGT 也保留了相应产品的关税。①

（三）贸易政策变化

（1）认证变化。英国从2021年1月1日正式开始使用英国合格评定（UKCA）认证标志。UKCA 标志是一种新的英国产品标志，将用于在英国（英格兰、威尔士和苏格兰）市场上销售的产品，涵盖了大部分以前需要 CE 标志的货物。UKCA 标志不适用于北爱尔兰市场上销售的货物。英国 UKCA 标志实

---

① 参考文献：潘灵灵，吕阿龙.浅析英国新全球关税制度［EB/OL］.（2020-05-26）.锦天城律师事务所，https://www.allbrightlaw.com/CN/10475/3f230a807a9e2eb1.aspx.

施后，原来仅需要 CE 认证的产品出口欧盟和英国将需要 CE 和 UKCA 分别认证。

（2）通关变化。原来欧盟统一的海关体系下，货物进出欧盟无须进行重复通关和纳税手续。脱欧后，英国和欧盟之间将是独立的海关运作体系，货物经由双方进出通关手续会比以前复杂很多。船公司 ONE 已经发布公告关于英国脱欧相关安全申报注意事项：对于所有进出口至英国、经英国中转的货物，必须发送入境摘要（ENS）。在英国登船的货物，ENS 需在船靠岸 48 小时前发送。目前英国海关已经为接收 ENS 信息建立了安全和保障（S&S）平台。自 2021 年 1 月 1 日起，英国海关将继续要求来自欧盟以外的在英国港口卸货、转运的所有货物的 ENS 声明。自 2021 年 7 月 1 日起，从欧盟内部出发至英国（北爱尔兰除外）的货物需要强制执行 ENS 声明。

此外，脱欧之后，英国（GB）的 EORI 号码（经济营运者注册和识别号）将在欧盟失效。英国脱欧前，欧盟国家的 EORI 号码是通用的，许多商家以前只申请了 GB 开头（英国）的 EORI 号码就可以解决整个欧洲的清关问题。英国脱欧后，GB 开头的 EORI 号码不能在欧盟国家继续使用，因此需要在欧盟其他国家如法国、意大利、西班牙、德国等，另外申请一个 EORI 编号用于欧盟清关。

EORI 号码用于跨境贸易清关，是欧盟国家内清关必备的欧盟税号，特别针对国际进出口贸易企业及个人必备的一个登记税号。EORI 制度自 2009 年 7 月 1 日起在欧盟范围内使用，EORI 号码由相应的欧盟海关登记发给申请单位，在欧盟范围内使用一种通用的识别号码对经营体（即独立交易商、合伙企业、公司或个人）和海关当局而言效率更高，其目的在于更好地保障欧盟安全修正案及其内容的有效实施。欧盟要求所有成员国实施这个 EORI 计划方案，成员国里每个经济运营商都有一个独立的 EORI 号在欧盟用来进口、出口或中转货物。经营体（即独立交易商、合伙企业、公司或个人）需要使用它们唯一的 EORI 登记号参与海关及其他政府机构来申请进出口货物运输。

（3）税负问题。自 2021 年 1 月 1 日起，英国和欧盟关于进口货物以及欧盟境内部分符合特定情况的货物的增值税规定发生变更。英国市场将施行一套新的增值税法规，以确保来自英国境外的货物与已经在英国境内的货物承担相同的增值税。

（4）售后问题。欧盟新规《市场监管和商品合规性法规》于 2021 年 7 月 16 日生效，这项新法规要求带有 CE 标志的商品需要有位于欧盟境内的人员作为商品合规性联系人（下称“负责人”）。届时带有 CE 认证的商品需要有相应的商品标识，还需要有欧盟负责人的联系信息。此外，与英国脱欧相关联，自 2021 年 1 月 1 日起，欧盟代表 / 售后服务地址不再适用英国市场，在英国市场必须是“英国代表”而不是“欧盟代表”。

（四）出入境政策

英国政府宣布，从 2021 年 10 月起，想要进入英国的欧盟公民需要使用护照签证入境，并表示不接受持欧盟公民卡或身份证入境。只有爱尔兰人和直布罗陀公民可以免签。除欧盟公民外，瑞士、冰岛、挪威和利希滕斯坦公民也将受到影响。英国和欧盟各成员国互相免签时长为 90 天，只要停留时间不超过 90 天，仍旧无须办理签证。英国护照脱欧前在欧盟和其他国家的申根自由流动区中有效，直至护照到期为止。但是，从 2021 年 1 月开始，前往欧盟的英国护照至少需要有超过 6 个月的有效期。另外，英国护照可以使用长达 10 年零 9 个月的时间，而不是标准的 10 年，因此，护照持有人认识到当旧护照还有剩余时间时可以进行续签。但是，欧盟在决定护照是否有效时，不认可额外的 9 个月以及续签的最后 6 个月。

第三章　粤港澳大湾区要素流动的制度创新、法制保障

大湾区建设是以促进港澳融入国家发展大局、形成区域经济社会一体化为重要目标指向，故生产要素在三地之间高效便捷流动是关键所在。然而，大湾区三地法律制度的差异导致规则不衔接、不对接，生产要素跨境顺畅流动一直未能完全实现。这已经成为大湾区发展面临的最大挑战。应在“一国两制”框架下，充分考虑大湾区的特殊性，强化模式创新，促进大湾区规则衔接，推动大湾区全面对接国际高标准市场规则体系，建设国际一流湾区。

一、粤港澳大湾区独特的法政结构

在“一国两制”原则下，一方面，国家宪法和港澳基本法为香港、澳门特别行政区构筑了新的宪制基础，两个特别行政区的法律制度因而成为国家宪法秩序和国家整体法律体系特殊的组成部分；另一方面，香港、澳门特别行政区原有的资本主义法律制度基本保持不变，即香港实行资本主义的普通法制度，澳门实行资本主义的大陆法制度，而广东实行的是中国特色社会主义法律制度，从而形成了“一个国家、两种制度、三个法域（三种法律制度）”的独特法政结构。在这种法政结构下，粤港澳三地各自拥有不同的法律体系和法律管辖权，大湾区发展所急需的要素自由流动和社会公共服务共享等在事实上面临一种法制“割据”状态。主要表现为：

一是法制结构的差异性。在“一个国家、两种制度、三个法域”的宪制

大框架下，粤港澳三种法律制度拥有不同的法律理念、不同的立法体制、不同的司法体系、不同的执法模式、不同的法律渊源和不同的空间适用范围，可谓存在巨大差异。粤港澳三地同属直辖于中央政府的一个地方行政区域，但是，在“一国两制”原则下，根据国家宪法和港澳基本法的授权，港澳实行港人治港、澳人治澳、高度自治，享有行政权、立法权、独立的司法权和终审权；而广东省属于内地省级行政区域，不具有高度自治权，只享有省级行政权、立法权和司法权，其与港澳的经济社会合作，很多事务涉及中央事权乃至国家立法权，其解决和推进需要遵照下级服从上级、地方服从中央的组织原则处理。大湾区广东省内部9个城市之间的法律主体关系也差异很大。有深圳、珠海2个具有经济特区立法权的城市，有广州、深圳2个副省级权限的城市，也有珠海等7个具有地市级立法权的城市，内部协同及内部一体与港澳协同，均具有决策权、执行权等巨大差异需要统筹协调。

二是法治水平的非均衡性。由于历史原因，粤港澳三地在法治水平上存在差异。香港、澳门属于法治现代化地区，特别是香港，其法治水平世界公认。广东的法治在内地走在前列，但与港澳相比仍存在不小差距。广东省内部处于大湾区地理范畴的9个城市之间，法治水平也参差不齐，深圳、广州明显靠前，其他城市相对靠后。根据2017年4月广东省法学会重点法治基地“华南理工大学法治评价与研究中心”发布的国内首个粤港澳大湾区城市群法治指标体系和法治评价结果，香港、澳门、深圳、广州总得分分别位居粤港澳大湾区城市群前四位，港澳为深度法治城市，深广为中度法治城市，其他城市为浅度法治城市。

三是法律权利义务的相互涉外性。首先表现为相互之间的涉外性。内地涉外法律法规均规定涉港澳同类事项参照适用。例如，香港、澳门特别行政区的公司和个人在内地开办独资企业需要参照外资企业办理。港澳居民在内地就业实行境外人士就业许可证制度。又如，最高人民法院明确，涉及香港特别行政区、澳门特别行政区的民事关系的法律适用，参照最高人民法院《关于适用〈中华人民共和国涉外民事关系法律适用法〉若干问题的解释（一）》的规定办理。这就提出了港澳居民和企业在内地法律身份的国民待遇问题。香港、澳门特别行政区对内地法律关系的规范和处理也多参照对外国的法律关系处理原则办理，这特别体现在司法协助领域。以香港为例，根据《外地判决（交互强制执行）条例》（香港法例第319章），对香港以外地区的司法判决可以通过登记予以承认和执行，但有关判决仅限于英联邦国家或地区的判决或与香港有互惠关系的外地判决。由于香港与内地尚未达成相互承认和执行判决的安排，内地判决不能基于该条例在香港得到承认和执行，在实践中只能按照普通法制度处理。在香港普通法制度下，对于不能依成文法执行的外地判决，胜诉债权人可向香港高等法院以外地判决为诉因重新提起一个债务诉讼，香港法院将外地判决作为证据重新审查并作出判决，最终依香港法院作出的判决来执行。此外，根据港澳基本法规定，港澳可以在一定条件下单独参加国际组织、缔结国际协议，比如祖国内地与港澳同为世界贸易组织、亚太经合组织等国际组织成员，因而相互经贸合作需遵循有关国际条约的规制。

四是法制效果的阻隔性。基于差异性，三地属于不同的法律管辖区和不同的关税区，各自实行相对独立的海关、出入境管制，客观上对人员、资金、货物、资讯等的自由流动形成制度性壁垒。而且由于法治水平不均衡，港澳特别是香港法律界或多或少对内地法治缺乏足够信赖，成为与内地法律合作进展缓慢的一个重要因素。这集中体现在司法协助领域。港澳与内地迄今尚未达成刑事司法协助安排，民商事司法协助的范围在相当长时间里也极为有限，司法判决难以自由流通，市场一体化的司法支撑远远不够。由于涉外性，三地法律主体难以在对方司法领域享有当地法律主体的同等待遇，社会治理难以有效融合，公共服务难以互享。

二、粤港澳大湾区需要法制建设促进要素流动

大湾区经济社会一体化的重要前提和标志是区域内人员、货物、资金和信息等生产要素实现高效便捷的跨境流动，但由于三地法制巨大差异造成规则不衔接、制度不对接，对要素流动形成种种阻滞。这些问题是大湾区法制建设需要面对并切实予以解决的首要问题。

（一）人员流动方面

人员跨境流动是要素流动的引领。总体来看，粤港澳大湾区人员跨境流动监管呈现“单向性”特点，即内地（广东）居民进出港澳受到频次和停留时间的限制，港澳居民进出内地（广东）较为自由，但在享受同等待遇方面，由于内地现行规则和制度与港澳差异较大、较难对接，港澳居民在内地工作、生活和居住不够便利。

1. 内地居民往来港澳受签注政策限制

内地居民赴港澳需持有内地公安部门颁发的《往来港澳通行证》，分因私和因公两种，向公安部门申请赴港澳签注。公安部门主要根据内地居民赴港澳目的、人群特征等划定签注种类，签注种类则决定了内地居民赴港澳的频率、逗留时间、申请签注时间间隔等。此外，赴港澳签注还因申请对象和所在城市有所不同。

目前，内地居民持因私通行证赴港澳办理签注比较方便，但在港澳停留时间最多为 7 天，其中赴澳签注的申请时间间隔必须在 2 个月以上。持因公通行证赴港澳，目前按照因公出国（境）管理，比较严格。按照现行规定，党政机关、事业单位副处级以上干部（登记备案人员）因公赴港澳学习交流在审批环节存在审批严格、手续烦琐、耗时较长的问题；在办理环节，经常存在不愿办理的情况；因公通行证件由所在单位进行保管。公务人员因私赴港澳属于因私出国（境）的范围，审批比较严格。根据深圳市委组织部、深圳市公安局 2012 年下发的《关于印发〈处级以上领导干部因私出国（境）管理工作问答〉的通知》（深组通〔2013〕133 号），深圳市党政机关、事业单位副处级以上干部（登记备案人员）因私出国（含赴港澳）原则上一年不得超过两次，每次只准申请一次有效签证（注），不能办理多次签证（注）[①]。

2. 港澳居民在内地发展存在“无形”门槛

港澳居民可持内地公安部门签发的《港澳居民往来内地通行证》（俗称“回乡证”）进出内地，没有“回乡证”的港澳居民可以持临时的《出入境

① 新冠疫情暴发以来，内地往来港澳的签注政策有所调整。

通行证》前往内地，几乎没有出入频率、逗留时间、申请间隔的限制，较为方便。由于两地在专业资格、税收、社保、数据、证件、公共服务等方面的规则与制度差异较大，港澳居民在内地工作、读书、创业、生活等方面遇到不少困难，尚无法完全享受同等待遇。如把签注政策视为内地居民赴港澳的“有形”限制，那么港澳居民进入内地发展则存在“无形”门槛。虽然内地提供了一系列开放措施，但港澳居民在内地发展仍遇到“大门开、小门不开”的问题。

3. 信息难共享等问题制约人员通关效率

内地口岸要素资源不足影响通关效率。尽管粤港澳通关效率和通关便利化有了长足进步，但在大数据时代，仍有较大提升空间。粤港澳口岸内地一侧目前的主要问题之一是查验人员、设备和空间不足，部分口岸查验部门人手捉襟见肘，对口岸开放和管理的制约十分突出。粤港澳居民通过一线旅检口岸跨境往来频繁。尽管口岸监管部门采取了一系列应对措施，但监管工作仍然存在较大压力，尤其在监管设施、人力监管资源等方面都面临着瓶颈。以海关为例，海关队伍不断精简与业务日益复杂构成的矛盾逐步凸显。目前深圳口岸查验部门监管资源极其有限，增口岸、延长通关时间但不增编制，导致口岸人力监管资源与口岸数量和规模严重不匹配，如果编制问题不能得到有效解决，很难满足当前口岸通关服务要求。此外，深圳口岸配套设施有待完善，部分口岸基础设施陈旧、配套设施滞后，严重影响通关效率。

（二）货物流动方面

货物流动在规则、监管和法律上的对接以及通关效率等方面还存在较多问题，需要在明确货物流动的规则、制度之间差异的基础上，进一步促进大湾区货物高效便捷流动。

1. 海关法律法规难以对接

我国海关设立和执法的主要依据是《中华人民共和国海关法》（以下简称《海关法》），这是大湾区货物流动最基础的法律依据。大湾区内地城市在《海关法》下开展货物进出管制。香港、澳门是特别行政区，适用不同于内地的海关法律制度。内地与港澳双方货物流动的规则、法律冲突涉及面广而繁杂。在贸易管制、关税政策、外汇管制等方面对货物流动的法律规定，均存在明显差异。港澳实行自由贸易政策，加之基本没有关税、外汇管制等，其货物流动更加接近《贸易便利化协定》（以下简称《协定》）的要求，《协定》对货物流动通关信息的公布和实施、货物通关程序、货物通关监管机构合作等方面都作了具体规定，其中便利、标准、协调等是对货物流动的核心要求。相对而言，港澳的货物流动已经具备贸易便利化的高标准要求，非常便捷高效，基本实现了货物自由流动。

2. 货物通关规则难以衔接

大湾区内地货物流动的规则是在我国有关法律的框架下制定的，如《海关进出口货物商品归类管理规定》《海关认证企业标准》等，这些规则对货物流动的规则、监管等都作出了明确的要求。近年来，在这些法律法规的引导下，粤港澳大湾区货物流动的通关便利化改革措施也在不断完善与推进，包括无纸化通关、“三个一”通关模式、通关一体化试点、简化报关单证、优化流程等。但在具体规则衔接上，仍然面临许多问题。例如，大湾区内不同口岸之间的货检设备和管理存在差异，个别口岸信息化程度低，硬件落后，轮候时间较长。即便具备高质量硬件和软件的口岸，也因三地口岸信息互换机制不健全，导致货物检验难度较高。随着湾区内货物流量进一步增加，若仍按照当前通关模式，货物流通效率低下问题将更加凸显。

3. “研发小物流”绿色通道尚未搭建

建设国际科技创新中心是粤港澳大湾区的重要目标之一，当前对于研发设备、标本、辅材等科研货物，尚未设立专门的绿色通道，科研货物通关程序等同于一般货物。对于容易受温度、湿度等影响的科研货物（如血液样本），当前通关检验效率可能对其造成巨大损耗，不利于科学实验或研发的推进。

4. “电子口岸”建设规则制度尚未对接

“电子口岸”是国际贸易“单一窗口”的重要平台，没有覆盖范围广、运作水平高、实时响应快的电子口岸，国际贸易“单一窗口”建设就难以落实。目前，电子口岸仅仅实现企业从同一入口登录和部分海关数据统一申报，检验检疫和财税等还没有实现数据统一报批，查验单位也不能在同一平台上实现数据交换和资源共享，很多业务单证无法实现无纸化，难以满足企业通关便利化需求。同时，内地与港澳的“电子口岸”对接尚未取得实质性突破，难以满足企业通关便利化需求。

此外，大湾区内地城市货物流动的管理部门在一定程度上存在着各自为政的现象，难以统一管理。港澳的管理系统牵头机构明确，各部门职责明确，几乎没有交叉，整个口岸管理体系统一性较强。并且大湾区内地口岸管理部门级别不一，有的直属中央，有的属地管理，存在条块矛盾，部门之间协调成本高、难度大。港澳是一级政府，口岸管理的决策部门与执行机构协调性较强。

（三）资金流动方面

英美法系下金融监管的“实事求是”和大陆法系下金融监管的“鞭打快牛”形成鲜明对比。这是大湾区金融领域规则衔接、制度对接面临的根本性问题。总体来看，大湾区内地尚不能充分利用港澳的成熟市场来增强资本形成效率。在现有的金融监管体系下，内地对港澳金融机构的设立、审批程序、外资比例、经营业务等方面还存在一定的前置条件和门槛；境外资金进出的限制较多；境外企业和投资者参与境内金融市场的便利性不足，金融市场的基础设施安排与国际市场也有一定差异。另外，由于粤港澳三地在金融环境、会计制度、业务经营范围、企业信用信息、财税政策等方面存在差异，相关的资讯、政策宣传、交流平台等金融服务配套设施相对不足，尚不能做到信息充分交流共享。

此外，大湾区内缺乏跨境金融交易平台体系。根据外汇管理相关规定，接受外汇交易的平台无法在全国统一的银行间外汇市场框架下设立外汇交易子平台，且未经国务院相关部门批准不得设立从事保险、信贷等金融产品交易的交易所，致使金融资产、再保险、航运、黄金等领域缺乏便利高效的跨境交易平台，影响金融要素在大湾区内有效流动。

跨境资金流动目前在科研资金领域有所突破，根据2018年2月科技部与财政部印发的《关于鼓励香港特别行政区、澳门特别行政区高等院校和科研机构参与中央财政科技计划（专项、基金等）组织实施的若干规定（试行）》（以下简称《规定》），香港特别行政区和澳门特别行政区的高等院校和科研机构（以下简称港澳机构）可通过竞争择优方式承担中央财政科技计划项目，并获得项目经费资助，也可以联合内地单位，按照指南要求牵头或参与申报中央财政科技计划的相关项目，并根据香港特别行政区和澳门特别行政区科研活动的实际支出情况提出项目经费需求。作为新突破和新尝试，《规定》将实现中央财政支撑的科研资金的跨境流动，打破了过往由于机制体制原因导致的港澳地区研究人员很难以香港特别行政区和澳门特别行政区为单位使用内地的科研经费的困境。

但是，目前《规定》中申请主体范围过于狭窄，仅限于高等院校和科研机构，企业无法成为主体，且《规定》没有明确港澳机构是否可以独立申报项目。此外，对于内地资助的科研资金使用，《规定》并没有根据港澳机构特殊的体制作出特别规定，这直接影响科研资金跨境使用的便捷程度。

（四）信息流动方面

法治安排不同以及法制建设进度差异决定了港澳地区信息技术流通程度高于其他 9 个城市。一些流行于港澳的境外平台（如 Facebook、Twitter、YouTube 等）在内地无法正常登录，以至于港澳居民一旦进入内地城市就与原来的生活圈子形成“断交”状态，客观上降低了港澳居民进入大湾区就业和生活的意愿。大湾区通信服务尚未实现“同城化”，移动通信到港澳地区存在港澳漫游费，通信成本提高。

尽管大湾区各城市都致力于发展智慧城市，但粤港澳三地的智慧城市建设系统并不联通。作为宜居宜业的都市生活圈，大湾区智慧城市建设未能对标国际一流湾区和世界城市群。当前大湾区内逐步采用了新一代信息技术以促进产业发展、改善民生服务以及优化政府治理等，市民逐步可以通过手机、互联网等方法进行日常生活缴费和办证申请等，但与此同时也面临着大量居民信息外露、个人信息安全不能得到有效保护等问题。大湾区内 9 个城市与港澳间的智慧信息系统仍未联通，在大湾区内地城市生活的港澳居民办理本地业务（如更换身份证或缴纳保险费）需回港澳办理，费时耗力。

三、渐进突破法制建构促进要素流动

在粤港澳合作的实践中，在现有法制框架内对规则衔接、制度对接的推进方式做了不少有益的探索。通过对这些实践经验的总结提炼，可提出处理大湾区规则衔接、制度对接，促进要素高效便捷流动的具体方式。这些方式为法制建构积累了宝贵经验和素材，是未来大湾区法制建设，特别是在重点领域渐进推进路径下，应当重点探索并予以优化、提升和保障的对象。

（一）渐进推进路径的实践基础

1. 行政协议

行政协议是内地有关部门与香港、澳门特别行政区政府为促进和保障相关领域的合作，经过友好协商，签署合作协议法律文件，构建制度化政策协调的方式，是当前内地与港澳解决跨境合作问题广泛采用的基础性规范方式。港澳回归以来，中央政府及内地地方政府与香港、澳门特别行政区政府已在贸易投资、税收、环保、民航、司法协助等领域签署了一系列合作安排，有力地促进和保障了三地社会经济更紧密联系（见表 3–1）。

表 3–1　内地与香港行政协议模式政策举要

领域	签署主体	时间	政策文件
经贸合作	中央人民政府与香港特别行政区政府	2003 年	《内地与香港关于建立更紧密经贸关系的安排》及相关附件
		2014 年	《关于内地在广东与香港基本实现服务贸易自由化的协议》
		2015 年	《服务贸易协议》
		2017—2019 年	《投资协议》《经济技术合作协议》及相关附件修订
司法协助	最高人民法院与香港特别行政区律政司	1999—2019 年	在“一国两制”方针和《香港基本法》第 95 条规定指引下，最高人民法院与香港特别行政区签订七项司法协助安排。具体包括相互委托送达民商事司法文书的安排、相互执行仲裁裁决的安排、就

续表

领域	签署主体	时间	政策文件
司法协助	最高人民法院与香港特别行政区律政司	1999—2019年	当事人协议管辖的民商事案件判决的认可和执行问题安排、关于内地与香港特别行政区法院相互认可和执行婚姻家庭民事案件判决的安排、就民商事案件相互委托送达司法文书和调取证据的安排、关于内地与香港特别行政区法院相互认可和执行民商事案件判决的安排及关于内地与香港特别行政区法院就仲裁程序相互协助保全的安排
民航	中国民用航空总局与香港特别行政区政府经济局	2000年	《内地和香港特别行政区间航空运输安排》
	中国民用航空总局空中交通管理局与香港特别行政区政府民航处	2001年	《中国民用航空总局和香港特别行政区政府民航处有关三亚飞行情报区（责任区）与香港飞行情报界线设定的问题协议书》
	中国民用航空总局与香港特别行政区政府民航处	2009年	《中国民用航空局与香港特别行政区政府民航处关于相互接受零部件制造人批准书的合作安排（实施程序细则）》
教育	教育部与香港特别行政区教育统筹局	2004年	《内地与香港关于相互承认高等教育学位证书的备忘录》
海事	中国海事局与香港特别行政区海事处	2002年	《关于STCW95公约实施后内地高级船员在香港注册船上工作的认可的合作安排》
税收		2006—2015年	《内地和香港特别行政区关于对所得避免双重征税和防止偷、漏税的安排》及附件
“一带一路”	国家发改委与香港特别行政区	2017年	《关于支持香港全面参与和助力“一带一路”建设的安排》

资料来源：根据公开资料综合整理。

从行政协议签订法律主体看，中央人民政府有关主管部门、国家司法机关、地方政府及相关行政部门都可以成为协议签署的主体。需要注意的是，中央政府本身不宜作为与特别行政区政府签署协议的主体，特别行政区政府作为直辖于中央政府的地方行政区域的政府，与中央政府是直属上下级关系，不是能够与中央政府签署行政协议的适格法律主体。内地以中央政府主管部门为主体与特别行政区政府签署的协议，适用范围一般覆盖内地整体，以地方政府为主体签署的协议，适用范围一般为特定省、市或特别合作区域。当前三地签订的行政协议文件形式主要有经贸安排、合作备忘录、合作框架协议、合作协议、合作意见等，合作范围可广可狭、条款设计可详可略。

行政协议虽可列为广义上的法律文件，但不是严格意义上的法律法规。行政协议直接约束的是签约方政府，不直接对各自辖区的行政相对人产生权利义务的法律后果，且行政协议的内容缺乏法律责任的承担方式和争议的解决机制，对协议方的约束不具有法律强制性，主要靠协议各方的行政诚信来落实执行。如果有关协议内容要对行政相对人产生直接的法律约束力，在内地需修改相关法律或制定新的法律才能实施；在港澳方面需转化为（港澳）本地立法后才能落实实施。当然，如果协议内容仅涉及双方政府职权和政府政策事宜，亦可不必立法，由政府在权限范围内推行落实。尽管行政协议不具有直接的强制性，但具有规范性质，制定主体多样化，创造方式灵活，是在三地协同立法具有刚性制约情况下，有效解决规则衔接、制度对接等合作深层次问题的重要方式。

2. 通道创制

针对特定领域或特定项目，创设特定监管机制和运作模式，在限定条件内允许适用不同规则、监管及法律，形成类似通道的特殊制度领域，该领域内的生产要素在内地与港澳市场之间自由流动。通道创制的典型应用是在内地与香港证券市场互联互通方面。所谓证券市场互联互通机制，是指我国内地证券交易所和他国或地区证券交易所建立技术连接，使两地投资者可以通过当地证券公司或经纪商买卖规定范围内的对方交易所上市的股票，最终实现境内外资本、资金、金融业务、机构、金融人才的彻底互联互通。①

通道创制的要点：一是通过制度创设构建一个通道领域；二是为实现通道领域内的要素自由流动，对其创设特殊的跨境监管规则适用制度。其中，以“沪港通”“深港通”为典型，有关分析详见第六章。

3. 单向认可

单向认可指中央或地方政府单方直接认可港澳规则、标准、资质和监

① 刘远志 . 强化证券市场互联互通监管合作［J］. 中国金融，2019（12）.

管等在内地具备同等效力，是一种无须与港澳特别行政区政府进行协商和达成一致意见的单方开放行为，只涉及内地有关法律和政策，不需要港澳作出对应认可（见图 3–1）。单向认可模式是打破原有三地规则、标准、资质和监管各自分立、互不相认的局面，把港澳规则、标准、资质和监管纳入并成为广东省的有效组成部分。由此，逐渐实现粤港澳大湾区规则、标准、资质和监管法制一体化。

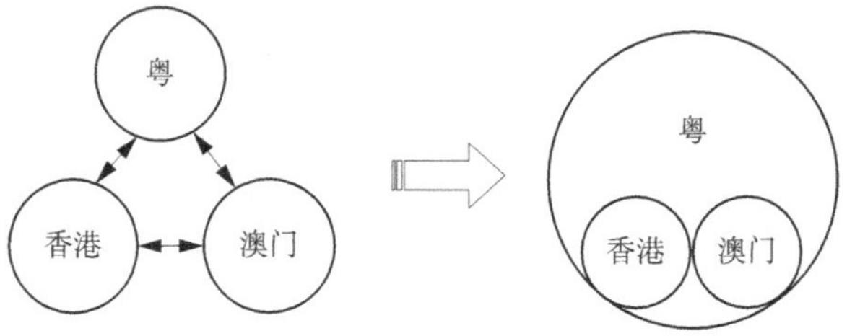

图3–1　单向认可模式结构示意图

单向认可首先可应用于对港澳专业资格政策，大湾区内地城市单方面认可港澳医师、建筑师等专业人士执业资格，允许获得港澳专业资格的人士在广东直接从业，进一步拓宽港澳专业人士在大湾区的发展空间。目前，《粤港澳大湾区发展规划纲要》及地方关于推进粤港澳大湾区发展也作出相应的制度规定。有关单向认可的详细分析及典型案例详见第七章。

4. 技术推动

在现有跨境监管法律规则总体不变的前提下，充分利用大数据、人工智能等现代先进技术和工具，极大改进和提高生产要素跨境流动效率和水平。技术推动尽管并非以推动规则、监管和法律对接衔接为主要目的，但可以达到规则、监管和法律对接衔接所能产生的积极效果。5G、AI、人脸识别、E 证通、电子围网、“合作查验、一次放行”的通关模式都是技术推动模式的典型应用。

5. 系统集成，综合应用

港珠澳大桥跨越伶仃洋海域，东接香港特别行政区，西接广东省珠海市和澳门特别行政区，是中国目前规模最大的公路跨海通道，也是集中体现并集中探索解决粤港澳三地规则衔接、制度对接的，由 2009 年开工建设到

2017年完工通车的一个最为典型的跨境超大型项目。项目由粤港澳三地政府共同投资、共同建设、共同管理和共同运营，在设计理念、建造技术、施工组织、管理运营等方面进行了一系列的创新，在规则、标准、资质、监管和体制机制等的衔接对接方面作出了重要探索，在项目的推进中系统集成和综合运用了多种保障和促进的方式方法。关于港珠澳大桥的分析详见第十一章。

（二）渐进法制建构路径的基本策略

渐进重点突破的法制建设，可根据实际情况，基于这些方法灵活组合，并在这些存量模式的基础上进行增量体制创新，并逐步推进法制建构，解决现实症结性问题。为此，渐进突破路径的法制建构应把握以下基本推进策略：

1. 抓住牛鼻子，先点再面

科学确定粤港澳大湾区建设中渐进法制建构的先行领域和重点所在。根据大湾区建设支持港澳融入国家发展大局的目的及规划纲要明确的重要任务，可以确定以下一些先行重点领域，包括但不限于：港澳居民在内地发展的同等待遇问题、大湾区国际科技创新中心建设涉及的体制机制及相关法律制度衔接问题、跨境金融业务规则监管制度问题、大湾区建设同等优质的法治化市场化营商环境问题等。这些领域又可在其内部分解出若干细分领域和环节，根据实际需要深入研究，逐项提出解决办法，并上升为政策举措乃至法律法规。如同普通法体系的建构历程，通过一个规则一个规则、一个制度一个制度的一点一滴积累，逐渐在某个领域、某个方面形成比较完善的法制支撑体系。

2. 由易到难，先政策再立法

渐进法制建构的样式多元，不属后文所论述的统一框架性立法，而是要在某个领域某个方面或者几个领域几个方面，根据必要性和可行性，采取单行立法、行政法规、地方性法规等方式予以规范。但在实际操作中，一步到位就进行立法程序不太现实，应先探索研究制定相关政策举措，待政策举措实践成熟，再以这些政策规范为基础进行提炼升级优化完善，制定相关法律法规。这样做，一方面比较灵活，有利于相对迅速简化地解决实际问题，推进大湾区建设进度；另一方面有利于提升后续相关立法的质量，使立法更具科学性和可操作性，更容易推行实施。

3. 先行先试，先地方再中央

在大湾区法制建构中，应充分发挥地方的积极性。地方在建设的第一线，掌握实际情况，了解实际需求，熟悉实际问题，通过地方发现问题、解决问题，最后上升到中央层面将地方的做法复制推广到更大范围。为此，可以更好发挥大湾区内地核心城市的功能和作用，特别是将大湾区建设与支持深圳建设中国特色社会主义先行示范区有机结合，综合授权深圳市用好经济特区立法权，在深港合作领域先行先试，探索积累立法经验和素材。比如，可授权深圳在引进香港医疗机构、教育机构等服务机构，港澳居民市民待遇，单向认可港澳专业资格，争端解决机制衔接等方面率先立法，确立与香港相关领域的资质标准和监管制度等衔接对接。

4. 除弊兴利，先存量再增量

先对现行法律法规及相关政策举措系统梳理研究，将阻碍大湾区要素高效便捷流动的规则制度该废止的废止，该调整修改的调整修改，将现行法律规则和政策体系的弊端逐步消除。在此基础上，根据大湾区建设向前推进的需要，不断创新，建设更新更优的规则体系及体制机制，增加和优化保障支撑大湾区建设的法制产品供给。

（三）粤港澳规则对接的思路

应当强调的是，规则本身没有绝对的优劣之分，只是通过优化实现在不同规则“割据”局面下的资源要素便捷流动，主要有以下三个思路。

1. 填补规则空白，建设有利于实践的趋同体系

三地存在规则“空白”，需要通过及时的漏洞填补，打造趋同的规则体系。由于历史的原因，粤港澳三地在法治水平上存在差异。香港、澳门已属于法治现代化地区，特别是香港，其法治水平为世界公认。广东的法治水平虽在内地走在前列，但与港澳相比仍存在不小差距。广东省内部处于大湾区地理范畴的 9 个城市之间，法治水平也参差不齐。内地城市在改革开放初期就已大胆学习和借鉴香港先进经验。以深圳为例，其获立法权之初，国内的法律很少，很多领域都存在立法空白，而与深圳一河之隔的香港经过 100 多年的发展，已经建立起完备的法律体系，共有法律 700 多部，其中常用的

600多部，涉及各行各业、方方面面。在取得特区立法权之初，深圳制定的一系列法规，多以香港法规作为蓝本，学习借鉴甚至是“移植”过来的。如1979年广东省起草《广东省经济特区条例》，香港爱国爱港人士深度参与其中，广东省接受香港人士的建议，将《广东省经济特区条例》提交全国人大以立法的方式固定下来。再如，《深圳经济特区欠薪保障条例》就移植借鉴了香港欠薪保障立法的规定，在内地率先设立“欠薪保障金制度”，有效地破解了欠薪难题，保障了工人权益，并被全国多个省市所借鉴。大湾区建设推进以来，湾区内地城市持续以港澳对接国际的规则体系借鉴，不断补充完善自我。如为建设“廉洁示范区”，深圳前海持续加强与香港廉政公署的合作及与国内外同行机构的交流，结合前海实际出台了《关于推进前海建设“廉洁示范区”工作意见》，为打造与香港趋同的营商环境作出“软环境”支撑。

2. 三地规则标准，应就高不就低

三地都有相关规则，但是规则对交易行为或交易主体的要求严格程度不同，从而造成“高低差异”，实践中，也被称为“标准差异”。知识产权保护即为典型。粤港澳三地对知识产权保护立法、司法、行政执法以及守法等层面存在重大差异，内地城市知识产权（特别是专利保护）司法保障长期面临“举证难、赔偿低、周期长”问题。特别是赔偿问题，内地绝大多数知识产权侵权案件审判时主要适用“法定赔偿”作为赔偿标准，“惩罚性赔偿”极少适用。比较而言，港澳地区对知识产权的侵权成本除经济赔偿外，还可能被刑事监控。[①] 为了对接港澳知识产权保护水平，2020年广东省深圳市中级人民法院制定出台了《关于知识产权民事侵权纠纷适用惩罚性赔偿的指导意见》，规定了关于知识产权惩罚性赔偿制度的操作规则，细化了“故意”和

---

① 例如，香港终审法院于2007年5月18日驳回一项上诉，案中上诉人曾利用BitTorrent(BT)点对点档案分享程式将侵权电影上载至互联网，被裁定罪名成立，判入狱3个月。这是全球首宗利用BT程式在网上分发电影侵权复制品，而被告人亦被判入狱的执法个案。该判决重申，根据香港特别行政区政府规定通过BT点对点档案分享程式将侵权复制品上载至互联网供其他网友下载，即属刑事罪行。根据《版权条例》，任何人士未取得版权拥有人特许而分发侵权复制品，即使并非为贸易或业务目的，倘若达到损害版权拥有人权利的程度，即属犯罪。最高刑罚为判处每件侵权复制品罚款5万元及监禁4年。

"情节严重"的具体情形、惩罚性赔偿基数的计算方法及考量因素、惩罚性赔偿倍数的确立原则和具体依据、惩罚性赔偿与行政罚款及刑事罚金的关系等。[①]2021 年 2 月，广州市出台《关于强化知识产权保护的若干措施》，从"严保护、大保护、快保护、同保护、保障机制"五个方面，明确提出 25 项具体举措。目前，《广东省知识产权保护条例》立法起草工作也已经启动。

3. 在保持原有规则差异的前提下，内地小切口放宽重点领域的政策

出于金融安全、出入境管理等因素考虑，三地需要在保持原有规则制度差异的前提下，通过"小切口"进行衔接对接。"小切口"在实践中主要表现为内地依托合作平台和试点承载特殊政策，目的在于对标港澳，相关特殊政策涉及税收优惠、重点领域的针对性突破（如金融、科技创新领域）等。"小切口"初步阶段大多在广州南沙、深圳前海、珠海横琴三个自贸片区进行，如利用三个自贸区"人才试验区"试点探索针对境外高端人才的 15% 税收政策优惠、在深圳市前海深港现代服务业合作区率先探索允许香港建筑师负责制、在珠海横琴新街坊设立澳门街坊总会广东办事处等。通常而言，"小切口"改革取得良好成效后会在大湾区内地 9 市复制推广。典型如 2019 年 3 月财政部、国家税务总局联合印发《关于粤港澳大湾区个人所得税优惠政策的通知》，就是覆盖横琴、前海两地的个人所得税优惠政策。

① 《深圳建设中国特色社会主义先行示范区综合改革试点实施方案（2020—2025 年）》明确要求，深圳要打造保护知识产权标杆城市，建立知识产权侵权惩罚性赔偿制度。《深圳建设中国特色社会主义先行示范区综合改革试点首批授权事项清单》在清单事项第 17 条关于开展新型知识产权法律保护试点任务中，进一步明确要求建立惩罚性赔偿制度，归纳"恶意"情形，将"情节严重"视作确定惩罚性赔偿金倍数的依据，赔偿数额充分反映知识产权市场价值。为此，深圳知识产权法庭积极推进授权清单事项的落地落实，抢抓机遇，勇于探索，于近期出台了《关于知识产权民事侵权纠纷适用惩罚性赔偿的指导意见》。资料来源：深圳中院规范知识产权侵权惩罚性赔偿制度［N］. 人民法院报，2020-12-23.

第二篇
制度创新与粤港澳大湾区建设

港澳回归以来，在基本法的规范下，经过多年渐进探索，积累形成了一些制度创新、模式创新的经验做法，成为逐步推进规则衔接的“可选模式”和“案例库”，为未来逐步法制化予以进一步推进和保障打下了基础。本篇选择五种制度创新模式以及数个典型案例，我们可以据此把握大湾区制度创新的实践脉络、问题挑战、前进方向和推进路径。

第四章　粤港澳大湾区合作体制机制创新

粤港澳大湾区建设实质上是异质区域之间的深度合作，其区域异质性既有优势的一面，也有阻滞的一面。只有通过不断探索优化和改革创新合作的体制机制，克服制度性壁垒，保障决策的协同性和执行的高效性，才能发挥好“一国两制”框架下区域异质合作发展的优势。

一、已有决策及执行体制机制

《粤港澳大湾区发展规划纲要》(以下简称《规划纲要》)实施以来，中央以及粤港澳三地建构了一系列决策实施体制机制。这些体制机制的理念逻辑充分体现了各方协商一致以及中央政府主导统筹协调的精神。

(一)中央政府设立粤港澳大湾区建设领导小组

根据《规划纲要》，国务院于 2018 年设立统筹指导决策和实施的粤港澳大湾区建设领导小组。组长由任中央政治局常委的国务院副总理担任，广东省委书记和国家发改委主任分别任副组长，成员包括国务院港澳办、香港中联办、澳门中联办、广东省政府、国务院有关部委等负责人，以及香港特别行政区行政长官、澳门特别行政区行政长官。这是首次有两个特别行政区行政长官参与国家决策领导机构。粤港澳大湾区建设领导小组办公室设在国家发展和改革委员会，由国家发展和改革委员会地区经济司承担具体职责。

（二）粤港澳三地分别构建相应体制机制

广东省设立推进粤港澳大湾区建设领导小组，省委书记任组长，省长任常务副组长，省相关部门为成员单位，办公室设在省发展和改革委员会。广州、深圳、珠海等大湾区广东 9 市也分别成立各市推进粤港澳大湾区建设领导小组及其办公室。

香港特别行政区设立粤港澳大湾区建设督导委员会，负责全面统筹香港参与粤港澳大湾区的建设工作，制定目标、政策措施和工作计划等。粤港澳大湾区建设督导委员会由行政长官担任主席，成员为包括所有司局长在内的政府主要官员。香港特别行政区政府亦在政制及内地事务局成立粤港澳大湾区发展办公室作为支援部门，并开设发展专员职位。

澳门特别行政区设立融入国家发展工作委员会（以下简称委员会），统筹澳门特别行政区参与助力国家“一带一路”建设及参与粤港澳大湾区建设的短期、中期、长期的总体设计及工作部署，并推动展开相关研究，以制定有关政策。委员会隶属行政长官运作，并由其担任主席；成员包括行政法务司司长、经济财政司司长、保安司司长、社会文化司司长等。委员会可下设若干工作组，以开展其职权范围内的特定工作；工作组由委员会指定的一名成员负责协调。政策研究和区域发展局向委员会提供运作所需的行政、技术及后勤支援。

（三）三地之间强化日常联络协调机制

根据《深化粤港澳合作　推进大湾区建设框架协议》关于完善协调机制和健全实施机制的要求，粤港澳三地政府及国家发改委每年定期召开磋商会议，协调解决大湾区发展中的重大问题和合作事项。四方每年提出推进粤港澳大湾区建设年度重点工作，由国家发改委征求广东省人民政府和香港、澳门特别行政区政府以及国家有关部门意见达成一致后，共同推动落实。广东省人民政府和香港、澳门特别行政区政府共同建立推进粤港澳大湾区发展日常工作机制，发挥广东省发展和改革委员会、香港特别行政区政府政制及内地事务局、澳门特别行政区政府行政长官办公室在合作中的联络协调作用，推动规划深入实施。

（四）存在的问题

应然情况下，领导小组负责重要事项的决策统筹，专责小组负责专门领域的执行落实，配合日常联络办公室，形成推动规则衔接的有效决策、协调、执行机制。然而，由于内地与港澳合作领域的事权大多在中央，特别是涉及生产要素跨境流动的规则和制度，决策权在出入境、海关、金融监管和信息监管等中央部门，省市地方政府层面权限不足，难以探索创新。重大规则衔接改革事项需要中央主管部门牵头，但一项政策措施往往“牵一发而动全身”，需要多个部门协调完成，且中央主管部门在制定促进要素跨境高效便捷流动有关政策措施时，往往高屋建瓴，偏于原则性表述，需要地方根据实际情况再制定实施细则予以落实，增加了制度形成的成本。而各地的实施细则又往往各具特色，难以协同一致。因此，每一项粤港澳大湾区规则衔接工程的落地都十分不容易。

二、联席会议与联合专责小组

（一）联席会议

此前，粤港澳以广东省为主导，已建立了粤港合作联席会议制度和粤澳合作联席会议制度。为促进粤港合作，广东省和香港特别行政区自 1998 年起建立粤港合作联席会议制度，每年一次，轮流在广州和香港举行，由两地行政首长共同主持，旨在全面加强粤港的多方面合作，改善两地在贸易、经济、基建发展、水陆空运输、道路、海关旅客等事务的协调，其下开设 15 个专责小组。为实质性推进粤澳、深澳两地特定领域交流合作组建的跨区域、跨部门机制，2003 年广东省与澳门特别行政区在“粤澳高层会晤制度”基础上，建立“粤澳合作联席会议制度”，定期就粤澳合作的方向、重点及重大经济社会问题进行磋商和决策，粤澳合作联席会议下设“粤澳合作联席会议联络办公室”。在三地行政首长联席会议制度下，三地建构了一些重点部门之间的联席会议制度，如法律部门、金融部门、科技部门等；同时，一些重点城市，如深圳、广州、珠海也分别与港澳建立了高层会晤制度。这些粤港澳过往形成的协商体制机制在推进粤港澳大湾区建设的新形势下继续有效运作，并发挥着新的重要作用。

（二）联合专责小组

深港两地政府成立了由深圳市副市长和香港创新及科技局局长共同领导的专责小组，负责河套地区深港科技创新合作区规划、建设、政策设计及需要争取中央支持事项的协调。香港方面，科技园公司成立了附属公司——港深创新及科技园有限公司，负责河套地区港深创新及科技园上盖建设、营运、维护和管理。2018 年 3 月，香港特别行政区政府预留 200 亿港元用于河套地区港深创新及科技园第一阶段发展，包括土地平整、基础设施、上盖建设和早期营运等。创新及科技局按程序向立法会申请拨款，并与香港业界和国际科研机构保持沟通，了解其看法和期望。深圳成立了高规格的市建设合作区领导小组及 4 个专责小组。市发改委已牵头编制合作区总体规划和先行先试政策，科技产业规划、空间规划、交通规划及对港协调机制等重点工作也已初步完成（见图 4–1）。

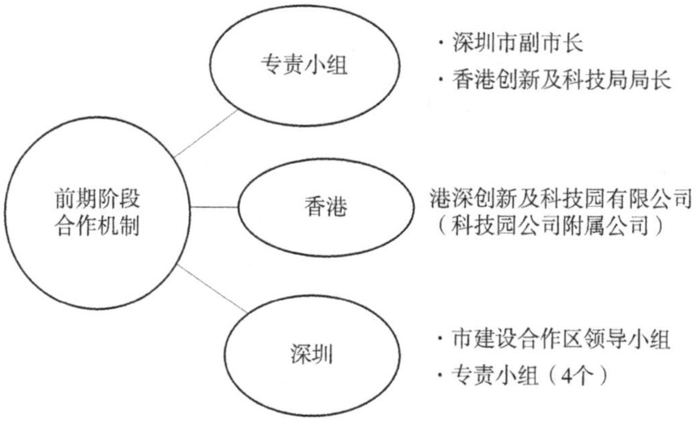

图4–1　深港科技创新合作区合作机制

深港科技创新合作区协调机制参考借鉴国内外经验，以“专责小组 + 合作会议制度”强化保障双方合作。一是在粤港澳大湾区发展协调机制下，以“港深创新及科技园联合专责小组”为基础，成立合作区联合专责工作组，统筹协调需要中央予以支持的事项，及时研究解决规划建设发展过程中遇到的问题。二是定期召开会议，完善深港两地政府高层次、常态化对话与合作机制，持续促进和推动合作区各项具体任务，积极探讨新的合作领域，强化两地合作共识。三是合作区坚持整体规划、分步建设、统筹推进、市场运作的原则，汇聚社会各方力量与资源，有序推进合作区开发建设。深方区域——成立深方片区开发建设领导小组，率先启动深方科创园区建设。由市委市政府主要领导任组长，下设领导小组办公室，编制开发建设路线图和进度表，推动各项工作任务有计划、按步骤地全面落实；港深创新及科技园区域——由香港特别行政区政府主导建设，在香港创新及科技局指导下，由香港科技园公司成立全资子公司港深创新及科技园有限公司，负责落马洲河套地区建设、营运、维护和管理。

自 2017 年 2 月以来，专责小组已累计召开 8 次会议，研究了皇岗口岸及“一号通道”跨境基础设施改造、跨境货运调整组织、科创合作及便利创新要素流动举措等系列重大问题。港方组长为创新及科技局局长，成员包括香港发展局、政制及内地事务局、教育局、商务及经济发展局、创新科技署、土木工程拓展署等；深方小组组长为分管副市长，成员单位包括市发展改革委、规划和自然资源局、科技创新委、教育局、法制办、港澳办、福田区政府等。在河套联合专责小组机制下，组成“一区两园”项目工作组，统筹“科学园落户深圳”专组、“联合政策”专组以及“联合推广”专组，搭建全方位常态化沟通协商机制。为互通信息，联动发展，深港两个园区公司创造性地互派董事，港深创新及科技园公司董事局人数设定为 10 名，其中港方提名 4 名，深方提名 3 名，余下 3 名由双方共同提名；香港园区开发公司行政总裁则以观察员身份参与深圳园区开发公司董事会运作。

（三）存在的问题

深港合作推进过程中，两地政府不断丰富与香港有关部门直接沟通和协作的合作体制机制，积累合作经验，但也存在需要改进和提升的问题，主要体现在以下三个方面：

一是上下统筹力度不足。应然情况下，领导小组负责重要事项的决策统筹，专责小组负责专门领域的执行落实，配合日常联络办公室，形成有效的决策、协调、执行机制。然而，由于内地与港澳合作领域的事权大多在中央，特别是涉及生产要素跨境流动的规则和制度，决策权在出入境、海关、金融监管和信息监管等中央部门，省市地方政府层面权限不足。深圳市虽然拥有特区立法权和综合改革授权，但重大改革事项往往“牵一发而动全身”，需要多个部门协调完成，增加了制度形成的成本。

二是深港政府间合作实效性不足。深港合作机制在一定程度上存在形式大于内容的现象。由于此前香港奉行“积极不干预”的施政政策，政府相对较弱，作为空间较小，跨境合作机制很难实质性推动深港合作的有效进展。例如，近年来前海深港现代服务业合作区与香港高层级、常态化、集成式、点对点的沟通交流机制几乎空白，务实性联络沟通制度、定期通报、信息公开制度、政企交流制度都有待完善，总体呈现碎片化、基层化的特点，目前多为前海管理局处室自行对接香港方资源。又如，河套深港科技创新合作区建设过程中，虽然深港两地政府成立了联合专责小组，但主要是一般性的信息沟通、进度通报和常规协调功能，合作区政策设计、相关规划、项目导入、运营管理等，基本上还是各干各的，没有形成真正的、实质性的协同联动。

三是缺乏“关键机制”。深圳参与有关涉港澳合作的各类合作机制 20 多个，但在处理涉港澳规则创新等关键问题上，多数合作机制能够起到的实质作用有限。如深港合作中两地政府同意成立多个工作专班以全方位推进深港合作，但专班职能划分以及与原有合作机制的协调等也是未来需要解决的问题。此外，专责小组或专职小组的形式，侧重项目管理，但弱于产业研究，缺乏宏观和中观的把握，无法统揽全局。

三、法定机构及议事机制

（一）前海管理局

2010 年 8 月 26 日，国务院正式批复《前海深港现代服务业合作区总体发展规划》，2011 年成立前海深港现代服务业合作区管理局（以下简称前海管理局）法定机构。

前海管理局是深圳市政府的直属派出机构，按照法定机构运作模式，实行事业单位法人登记、企业化管理的模式。按照相关法律文本，前海管理局是实行企业化管理，但不以营利为目的的公共机构，享有完整的区域管理权限（主要指经济管理权限，享有非金融领域的副省级城市管理权限），而其他社会管理职能如消防、公安等仍归深圳市南山区政府和深圳市相关政府部门管理。前海管理局的主要职能是统筹协调前海开发建设和管理的重大问题。前海管理局实行局长负责制，局长由市政府任命，任期 5 年，全面负责前海管理局工作。

作为法定机构，前海管理局按“企业化管理、市场化运作”的原则，建立了一整套运作机制，集开发建设、运营管理和公共服务等职能于一体。为了提升前海的管理成效，一系列审批服务也直接下放到管理局，使其在城市规划、建设工程施工许可、合作区内投资项目管理、劳动人事管理等方面获得更直接的审批权限，同时还有省级以上主管部门下放或委托前海管理局的审批权限。依照《深圳经济特区前海深港现代服务业合作区条例》，前海管理局在非金融类产业项目审批管理方面行使计划单列市管理权限。同时，根据市政府授权，前海管理局依法履行区内行政审批和行政服务管理职权。

（二）前海深港合作五大机制

前海有部际联席会议、深港合作会议、前海咨询委员会、前海深港联合工作组以及粤港合作联席会议五大合作机制（平台）推动前海开发建设。前海五大合作机制（平台）职能及架构如表 4–1 所示。

表 4–1　前海五大合作机制（平台）职能及架构

名称	职能及架构
部际联席会议	2011 年 9 月 27 日，联席会议第一次会议暨成立大会在京召开，标志深圳前海深港现代服务业合作区建设部际联席会议制度正式建立。联席会议负责统筹协调前海建设工作，研究和协调《前海总体发展规划》实施过程中遇到的重大问题，加强对《前海总体发展规划》实施工作的指导、监督和评估；协调解决前海建设中在政策实施、项目安排、体制机制创新等方面需要中央政府予以支持的事项等。2014 年 1 月 28 日，

续表

名称	职能及架构
部际联席会议	经国务院同意，建立促进广东前海南沙横琴建设部际联席会议制度。成员单位增加至39个。包括国家发展改革委、科技部、工业和信息化部、公安部、财政部、人力资源和社会保障部、国土资源部、环境保护部、交通运输部、商务部、文化部、卫生部、人民银行、海关总署、国家税务总局、工商总局、质检总局、知识产权局、港澳办、银监会、证监会、保监会、国家开发银行等部委单位及广东省政府、香港特别行政区政府、深圳市政府的相关部门
粤港合作联席会议	广东省和香港特别行政区自1998年起，每年一次，轮流在广州和香港召开粤港合作联席会议，由两地行政首长共同主持。目的在于全面加强粤港多方面合作，改善两地在贸易、经济、基建发展、水陆空运输、道路、海关旅客等事务的协调
深港合作会议	深圳市和香港特别行政区自2004年起，每年召开一次深港合作会议，由两地行政首长共同主持。目的在于全面加强深港多方面合作，协调和解决深港两地经济、社会、民生、环保等方面的问题
前海咨询委员会	咨询委员会为前海合作区开发建设重大决策提供咨询意见、参考建议或预案。咨询委员会设主任委员1名、副主任委员若干名、秘书长1名、委员若干名。咨询委员会下设秘书处，为咨询委员会日常办事机构。咨询委员会建立定期活动制度，原则上每年召开一次全体委员大会，交流工作，研讨问题。咨询委员会可根据咨询事项需要召开不定期专题会议
前海深港联合工作组	2012年9月，根据《前海部际联席会议深港联络沟通制度》，在前海部际联席会议制度框架下建立深港两地更加紧密合作机制，确保深港两地建立便捷顺畅的交流沟通渠道，加强前海深港现代服务业合作区管理局与香港政制及内地事务局在前海开发建设中的沟通和协作。与港方共同研究制定促进深港合作共同发展的政策措施，共同解决前海开发开放中需要双方合作协调的问题，不断拓宽双方合作领域，创新合作模式

资料来源：根据公开资料综合整理。

（三）存在的问题及借鉴

一是性质异化与职权混杂问题。前海管理局同时肩负开发建设、行政管理及公共服务职责，行政色彩浓厚，兼具政府、事业单位、法定机构、企业等特点。虽是借鉴香港法定机构模式，但运行中行政化色彩远大于市场化。二是承接能力不足和人员短缺问题。前海管理局一些职能部门在自身不具备承接能力的情况下，仓促承接上级政府向前海管理局下放的审批事项，难以高效开展审批服务。作为企业化管理的法定机构，前海管理局各内设部门遵循精简高效、机制灵活原则，员额数量受到严格控制，随着行政审批权限下放数量递增，审批多、人员少的矛盾凸显。三是内设机构职责边界不清问题。部门间职能交叉和管理真空问题同时存在，且前海管理局与市属部门的关系、与派驻单位的关系未能完全理顺。四是行政权力与利益主体不分的问题。前海管理局下属三大控股公司享受特殊政策优惠，在某些领域甚至处于垄断地位，行政权力与利益主体结为一体，为前海公平竞争市场环境埋下隐患。

目前，内地法定机构改革仍在路上，国外不同法定机构模式在一定程度上能够提供借鉴参考，但无法直接复制移植。如何在内地既定行政管理架构和特色发展背景下，进一步优化改善法定机构架构、职能等，更好服务于内地与港澳重要合作平台，迫切需要研究。前海当前对港服务业吸引力、集聚力仍待加强。前海管理局借鉴了香港法定机构的组织保障机制，运作管理中也借鉴了香港一些成熟的管理经验。但从合作紧密度看，深港两地并未形成互利共生的合作闭环，甚至某种程度上出现“深热港冷”情况。前海作为促进港澳融入发展大局，构建香港经济新增长极的重要深港合作平台，“筑巢”过程接近尾声，而“引凤”效应并未得到很好体现，迫切需要激发香港方面的合作动力，推进香港服务业落地。

四、共商共建共管共享的新体制

作为促进澳门经济适度多元发展的新平台、便利澳门居民生活就业的新空间、丰富“一国两制”实践的新示范以及推动粤港澳大湾区建设的新高地，横琴粤澳深度合作区（以下简称横琴深合区）将作为大湾区内地城市与港澳规则机制深度对接的首要平台，承担着推进制度型开放的重要责任。2021 年 9 月 5 日，中共中央、国务院印发《横琴粤澳深度合作区建设总体方案》（以下简称《横琴方案》）。横琴粤澳深度合作区的设立，为横琴加快推进粤港澳规则机制深度对接奠定了基础。

《横琴方案》的主体内容是“四新”，即发展促进澳门经济适度多元的新产业、建设便利澳门居民生活就业的新家园、构建与澳门一体化高水平开放的新体系、健全粤澳共商共建共管共享的新体制。与几乎同时发布的《全面建设前海深港现代服务业合作区改革开放方案》相比，《横琴方案》政策创新力度更高，面临的挑战更大，需要解决的问题更难。一定程度上，《横琴方案》可能更加接近粤港澳规则机制深度对接的痛点、堵点、难点问题。“四新”及19个重点（见表4-2），相当于率先推进粤澳规则机制深度对接的任务清单。推进这些任务落实，就相当于推进粤港澳规则机制深度对接。

表4-2 《横琴方案》的“四新”和19个重点

板块	要点
发展促进澳门经济适度多元的新产业	1. 发展科技研发和高端制造产业
	2. 发展中医药等澳门品牌工业
	3. 发展文旅会展商贸产业
	4. 发展现代金融产业
	5. 完善企业所得税优惠政策
	6. 促进境内外人才集聚
建设便利澳门居民生活就业的新家园	7. 吸引澳门居民就业创业
	8. 加强与澳门社会民生合作
	9. 推进基础设施互联互通
构建与澳门一体化高水平开放的新体系	10. 货物“一线”放开、“二线”管住
	11. 人员进出高度便利
	12. 创新跨境金融管理
	13. 建立高度便利的市场准入制度
	14. 促进国际互联网数据跨境安全有序流动
健全粤澳共商共建共管共享的新体制	15. 建立合作区开发管理机构
	16. 组建合作区开发执行机构
	17. 做好合作区属地管理工作
	18. 建立合作区收益共享机制
	19. 建立常态化评估机制

资料来源：根据公开资料综合整理。

决策和执行机制就是合作模式的主题和关键部分。由于合作区建设的合作层次较深、合作事项繁复，涉及较多中央事权、跨境合作事项，决策和执行机制设计需要更多考虑合作方（特别是澳门方）之关切。根据《横琴方案》，合作区创新性实施粤澳共商共建共管共享新体制。在粤港澳大湾区建设领导小组领导下，粤澳双方联合组建合作区管理委员会，在职权范围内统筹决定合作区的重大规划、重大政策、重大项目和重要人事任免。合作区管理委员会实行双主任制，由广东省省长和澳门特别行政区行政长官共同担任，澳门特别行政区委派一名常务副主任，粤澳双方协商确定其他副主任。成员单位包括广东省和澳门特别行政区有关部门、珠海市政府等。合作区管理委员会下设执行委员会，履行合作区的国际推介、招商引资、产业导入、土地开发、项目建设、民生管理等职能。执行委员会主要负责人由澳门特别行政区政府委派，广东省和珠海市派人参加，协助做好涉及广东省事务的协调工作。粤澳双方根据需要组建开发投资公司，配合执行委员会做好合作区开发建设有关工作。当前，横琴新体制处于磨合阶段，合作效果有待进一步检验。

五、跨境园区合作机制比较

（一）中新苏州工业园区

中国—新加坡苏州工业园区于 1994 年 2 月经国务院批准设立，行政区划面积 278 平方千米，其中中新合作区 80 平方千米，是中国和新加坡两国政府间的重要合作项目。

1. 特点

一是建立不同级别的合作机制。首先，建立国家层面的合作机制。中新两国政府成立由中新两国副总理担任主席的联合协调理事会，负责协调园区开发建设和借鉴新加坡经验的重大问题。国家发改委、科技部、商务部等部门和新加坡有关部门及江苏省和苏州市政府的负责人为理事会成员。其次，园区建立了中新双边工作委员会。由苏州市市长和新加坡裕廊镇管理局主席共同主持，并由苏州市政府和园区管委会及新加坡有关部门和机构负责人组成，定期召开会议，向理事会双方主席报告工作。最后，设立联络机构，由新加坡贸工部软件项目办公室和苏州工业园区借鉴新加坡经验办公室负责日常联络工作（见表 4-3）。

表 4-3　苏州工业园区的合作机制

合作机制	主要职能
中新两国政府成立联合协调理事会	负责协调园区开发建设和借鉴新加坡经验工作中的重大问题
中新双边工作委员会	双方定期召开会议，就开发建设中的重要问题和借鉴新加坡经验工作进行协商，向理事会双方主席报告工作
联络机构	由新加坡贸工部软件项目办公室和苏州工业园区借鉴新加坡经验办公室负责日常联络工作

资料来源：根据公开资料综合整理。

二是园区管理主体行政级别高、管理权限大。苏州工业园区管理委员会是园区的管理主体，是苏州市政府派出机构，为副地市级建制，下设 15 个职能局（办），对工业园区及周边地区依法行使管理职能（见表 4-4）。管委会经贸局、规划建设局、财税局等 7 个机构对口市里近百个职能部门与管理机构，如经济贸易发展局对口苏州市 22 个职能部门。

表 4-4　苏州工业园区管委会的主要职能

类别	主要职责
行政经济职能	根据国家法律法规和上级行政部门的授权，自主行使园区周边地区行政管理和经济管理权
借鉴经验职能	自主地、有选择地借鉴新加坡经济和公共管理经验
规划监督职能	制定并组织实施园区周边地区经济和社会发展规划、监督检查工业园区经济发展规划的实施
社会管理职能	加强社会管理职能，创造良好的社会发展环境，保证工业园区经济和建设的正常运行

资料来源：根据公开资料综合整理。

苏州工业园区被授予许多具有唯一性的特殊政策，形成了“不特有特、特中有特”的政策优势。国务院下发相关文件，分别在项目审批、财政税收、金融债券、公积金制度、外事管理、海关监管、保税物流、高新区政策共享及合作区域扩大等方面授予园区许多特殊政策与功能支持。如园区在行政审批、外事管理、物流通关等方面均拥有较大权限。

三是设立共同参与建设的开发公司。苏州工业园区在发展初期成立了中国—新加坡苏州开发公司，负责开发、经营和管理园区，新加坡方和中国方分别持有 65% 和 35% 的股份。新加坡方面是由几家新加坡政府关联公司及国际金融投资者构成，中方则由几家国有银行、国有企业以及国有代理机构组成，如表 4-5 所示。

表 4-5　中新开发公司机构组成表

苏州工业园区股份有限公司	新加坡—苏州园区开发财团
中国粮油食品进出口公司	吉宝企业有限公司、胜宝旺船厂
中国远洋运输集团总公司	实得力产业有限公司
中国化工进出口总公司	欣光投资新加坡私人有限公司
中国华能集团总公司	先得坊产业有限公司、新加坡置地有限公司
中国技术进出口总公司	城市发展有限公司、新加坡科技工业公司
中国长城工业总公司	发展银行置地有限公司、森昶国际有限公司
中国节能投资公司	裕廊环境工程私人有限公司
中国中央电视台	淡马锡控股私人有限公司
中国农业银行财务有限公司	KMP 私人有限公司、永泰控股有限公司
中国东方信托投资公司	亮阁控股有限公司、韩国三星公司
江苏省投资公司	林增控股有限公司、日本三菱 / 三井公司
苏州工业园区经济发展有限公司	职总合作社苏州投资有限公司
苏州市基础设施投资管理有限公司	荷兰罗丹克公司、百藤置地私营有限公司
苏州新区经济发展集团总公司	新加坡经济发展局投资公司、新加坡劳工基金国际公司、美国通用电气公司
35% 股份（14 个成员）	65% 股份（24 个成员）

资料来源：中国科学技术大学商学院案例中心. 活力苏州——中国科学技术大学商学院MPA苏州工业园区调研报告集［M］.北京：中国科学技术大学出版社，2005：2-3.

2. 问题

一方面，由于苏州方面相对“重硬件轻软件”，更加关注引进企业数量、项目带来的投资以及兴建基础设施等，与当初推广新加坡的软件管理经验的初衷有所背离，影响了新方投资的积极性。园区中新开发公司中新方所占股比有所降低。另一方面，苏州工业园区附近设立了国家级高新技术产业开发区——苏州高新区，与苏州工业园区形成一定的竞争，一定程度上影响了新方的投资与参与。

3. 借鉴

一是决策层面上，设立国家级的协调机制，确保园区发展重大战略及重大事项高效推进，澳门是我国的特别行政区，涉及经济社会发展问题的事权大多在中央层面，因此，设立国家级协调机制，有助于提高行政效率及突破创新政策。二是开发主体上，可探索设立双方共同参与建设的开发公司，建立健全利益共享机制，确保双方合作意愿的积极性。三是学习借鉴澳门的社会管理、公共服务等软件经验。澳门在商贸、旅游、金融、科技以及城市社会管理服务等方面有许多值得内地学习借鉴的领域，如在国际旅游人才培养方面，澳门的酒店管理、旅游管理教育等方面都具有比较大的优势，澳门可以结合苏澳合作园区及周边区域的优势，将旅游培训作为重要的合作领域开展。

（二）中新天津生态城

中新天津生态城是中国和新加坡合作开发的第二个重大项目。2007 年 11 月，两国政府在新加坡签署框架协议，生态城项目选址天津滨海新区。生态城联合协调理事会形式、成片开发方式、管理主体与开发主体分开等合作、管理体制，都参照了苏州工业园区的做法。如中新两国企业分别组成投资财团，成立合资公司，共同参与生态城的开发建设以及双方都成立了高级别的协调机制，组建了中新天津生态城管理委员会作为管理主体等。

1. 特点

一是在决策协调层面，中新双方成立了副总理级的“中新联合协调理事会”和部长级的“中新联合工作委员会”。联合工作委员会向联合协调理事会报告工作，研究解决与开发建设生态城有关的事项和问题。联合协调理事会每年召开一次会议，联合工作委员会会议不定期召开。天津市政府组建中新天津生态城管理委员会，代表市政府对生态城实施统一的行政管理。新加坡国家发展部设立天津生态城办事处，参与生态城的发展建设。

二是设立合资公司共同开发建设。成立天津生态城投资开发有限公司（以下简称投资公司），投资公司既是土地的收购、整理单位，又按市场运行方式转让土地，与新方股东合资成立中新天津生态城投资开发有限公司（以下简称合资公司）。投资公司与合资公司共同承担基础设施建设任务。投资公司承担公共设施的投资、建设、运营、维护。合资公司负责生态城内的商业开发。

三是建立多元化投融资机制。确立专项财政资金，保证生态环境保护与建设。支持企业发行债券和上市融资，通过申请国家专项资金、拓宽利用外资领域，探索建立区域环境补偿机制，拓展生态建设资金来源。鼓励各类投资主体参与生态城项目建设，通过授予企业特许经营权等政策，采取市场化手段，推进能源、市政、环保、环卫设施建设和运营的市场化运作。

四是建立市场化的管理主体。天津生态城设立了市场化的运营机构，确保生态城开发建设的高效性。性质上，管理机构属于法定机构。根据《中新天津生态城管理规定》，设立生态城管理委员会，作为在生态城履行相应行政管理和公共服务职责的法定机构，负责生态城区域开发、产业发展、投资促进、企业服务、城市管理等工作。管理权限上，管理主体具有更大的自主发展权。除依法应当由市政府管理或者需要全市统筹的重大事项以外，可将市级管理权限授权或者委托生态城管委会行使。运行机制上，实行企业化管理。市政府支持生态城管委会创新管理体制和运营模式，根据精简、高效的原则和市政府授予的权限，实行企业化管理，对生态城管委会负责人和高级管理人员实行竞争选拔制和任期目标制，推行全员聘任制，自主决定机构设置和岗位设置，建立岗位绩效工资体系。

2. 借鉴

一是设立灵活运作的管理主体。在管理主体方面，可探索设立管理委员会，赋予其较高的行政管理权限，提高审批效率，支持其自主决定机构设置和岗位设置，赋予其独立的人事权，建立具有市场竞争力的薪酬体系，以提高运行效率。二是拓展融资渠道。积极发挥政府、企业、民间等机构的积极性，通过财政投入、企业发行债券、上市融资、申请国家专项资金、授予企业特许经营权等方式拓宽融资渠道，确保园区建设发展的资金来源的稳定性。

（三）中新广州知识城

中新广州知识城是继苏州工业园、天津生态城之后，中新两国又一合作项目。2010 年 6 月 30 日，中新广州知识城启动建设，愿景是以知识经济为创新模式，汇聚高端产业与人才，打造一座经济、人文与生态高度和谐及可持续发展的城市。新加坡在苏州工业园和天津生态城的投资分别是其资本密集型经济模式和技术密集型经济发展模式的输出与改良，而中新广州知识城则是新加坡知识经济发展战略输出。

1. 特点

一是设立中新合资公司进行共同建设。中新广州知识城投资开发有限公司是广州开发区管委会与新加坡星桥腾飞集团共同投资成立的合资公司，双方股权各占 50%。作为中新两国战略合作重要平台，知识城合资公司协同股东双方开展南起步区 6.27 平方千米以及 178 平方千米后续各阶段项目的发展。

二是设立拥有省级权限的管理机构。根据广东省政府颁布的《广东省中新广州知识城管理委员会行使省级行政管理职权规定》，知识城管委会可以行使省政府及其部门下放或者委托的行政管理职权，包括法律、法规、规章规定由省政府及其部门行使的经济调节、市场监管、社会管理、公共服务等行政管理职权。中新广州知识城具有省级管理权限。

2. 问题

一是法律地位不明确，管理主体权限无从落实。知识城管委会享有省下放的省一级管理权限，但知识城下设机构均无行政审批权，导致下放的省一级管理权限没有承接主体。同时，知识城管委会还面临法律地位不明确所带来的诸多问题。由于我国尚未出台规范和明晰经济开发区管委会法律地位的全国性的法律法规，作为广东省政府的派出机构，知识城管委会尽管被授予省一级管理权限，但是管委会却不能作为执法主体来行使权力。二是职能交叉，权责不清。知识城管委会下设机构与广州开发区管委会合署办公，下设机构存在职能交叉问题，难以高效运作。

3. 借鉴

一是明晰园区管理主体的职能，避免内设机构职能交叉、不够清晰。在成立园区管理主体时，应科学合理设定机构性质、机构职能、机构设置与运行机制等。二是完善配套的政策支持。对于赋予管理主体的权限，应在法律上加以规范与明晰，在配套政策上加以完善，确保管理顺畅。

（四）中法武汉生态示范城

中法武汉生态示范城（以下简称示范城）是中法两国政府重大战略合作项目。2014 年 3 月，中法两国签署《关于在武汉市建设中法生态城的合作意向书》，根据两国签署的文件，中法武汉生态示范城项目将中法两国在城市规划设计、建造和管理领域的可持续发展技术与经验运用于示范城建设，贯彻低碳生态和产城融合发展的理念，致力于将该项目建设成为城市可持续发展方面的典范。

1. 特点

一是建立不同形式的协调机制。2015 年，经国务院批示同意，成立示范城中方协调组，协调园区发展的各项事务。同时，湖北省、武汉市、蔡甸区分别成立领导小组，设立中法武汉生态示范城管委会，与法国驻武汉总领事馆建立定期会谈机制，确保园区顺畅运营（见表 4–6）。

表 4–6　中法武汉生态示范城的协调机制

协调机制	概况
中方协调组	由住建部牵头，外交部、国家发改委、科技部、工信部、财政部、国土资源部、环保部、交通运输部、商务部、中国人民银行、国家税务总局、国家外汇管理局等 13 个国家部委及湖北省政府、武汉市政府共同组成
领导小组	湖北省、武汉市、蔡甸区分别成立领导小组
定期会谈机制	生态城管委会与法国驻武汉总领事馆建立了定期会谈机制，促成了中法交流密切展开，确保园区顺畅运营

资料来源：根据公开资料综合整理。

二是双方共同参与园区规划。在园区的规划阶段，中法专家经过两年的时间，联合编制完成了生态城总体规划。根据总体规划，编制完成了控制性详细规划、22 个专项规划和城市设计。其中水系、海绵城市等 7 个专项规划已经武汉市政府批准；交通市政控制性规划等 13 个专项规划已经蔡甸区政府批复。集总体规划、专项规划、城市设计、控制性详细规划于一体的生态城规划体系基本确立。

三是共同建设园区。生态城拟在后官湖300平方千米区域范围内，就城市建设、产业发展、生态建设、现代都市农业发展等方面，与法方开展全方位合作共建。结合法国的优势产业，双方共建的合作项目包括合作共建知音新城、合作共建八大产业园区、共建若干法式风情小镇等。

四是出台专门支持法国企业发展的政策。制定《中法武汉生态示范城关于支持法资企业发展的政策措施》，即“法企16条”，是全国首个专门针对法资企业的支持政策，主要面向法资企业总部和研发中心、高新技术企业、现代服务业等领域，着力将生态城打造成“政策洼地”和“人才高地”。

2. 问题

一是基础设施、交通配套还不完善，投资和入住成本较高。示范城建设还处于建设初期，虽有大量房地产楼盘先期启动，但是公共设施配套欠缺，公交不足，商业发展滞后，教育、医疗等公共服务缺乏，不利于招商引资和吸引外来居民。二是优质企业和人力资源缺乏。示范城目前大多是规模不大的技术性工厂和个体经济，只有少量的外资企业和中资500强企业，难以吸引高端人才，不利于园区产业集聚发展。

3. 借鉴

一是将“配套先行”的开发理念贯穿于园区合作建设过程中。为避免产城融合发展不足的现象，要将基础设施、公共服务设施建设等前瞻性共同做好规划，与园区同步建设，为吸引优质企业和高端人才奠定硬件基础。二是出台专门支持澳门企业发展的政策。苏澳合作园的重要发展目标之一是推动澳门经济适度多元发展，而澳门具有众多中小企业，受到本地空间、人才不足的束缚，难以发展壮大，因此，可以结合园区的优势，出台专门支持澳门企业及青年到园区发展的政策，以推动双方深度合作。

第五章　以技术手段推动要素跨境流动

大湾区人员、货物、资金和信息尚未实现自由流动（且短时间内难以实现），这是“一国两制”、粤港澳三地体制机制差异、三地社会发展水平不一等客观因素所决定的。在现有政策不变的前提下，提高大湾区生产要素跨境流动的效率，是促进和支持大湾区建设的关键。在一定意义上，以技术进步促进和改善生产要素跨境流动效率和水平，是大湾区建设至关重要的基础性工作。大数据技术的运用，能够根据不同国家或地区间的各种制度，为生产要素跨境流动奠定技术基础，大湾区也不例外。从当前的实践看，大数据技术应用于推进大湾区生产要素便捷流动前景可期。“合作查验、一次放行”“沪港通”“深港通”“澳康码”等，都是技术推动创新要素流动模式的典型案例，对促进粤港澳大湾区要素跨境便捷流动具有重要借鉴意义。

一、大数据技术与要素流动

（一）“互联网＋政务服务”与国家大数据战略

大数据技术的兴起正在颠覆各传统领域。全球范围内，运用大数据推动经济发展、完善社会治理、提升政府服务和监管能力成为大势所趋。各国已相继制定实施大数据战略性文件，大力推动大数据发展和应用。IBM、亚马逊等全球顶尖公司通过运用大数据而受益。《福布斯》杂志指出：“采用大数据、云计算和移动战略的企业发展状况，超过没有采用这些技术的同行

53%。”从全球大数据发展的趋势来看，大数据产业推动社会生产要素的网络化共享、集约化整合、协作开发和高效利用，将改变传统生产方式和经济运行机制，显著提升经济运行水平和效率。

大数据在“互联网+政务服务”方面的应用十分广泛。安全的数据平台、清晰的治理与智能访问协议能够保证数据的安全性，防止网络安全威胁。基于大数据技术提供的信息与数据传递的安全保障，政务外网、公共互联网、物联网等网络之间得以实现互联互通，政府管理与服务的电子化、智能化管理水平和效益大大提高，管理成本明显下降。大数据技术可以帮助城市政府精简行政管理流程，使得行政许可的批准与发放更加便捷。数字化与大数据分析，可以帮助城市管理者提升追踪绩效与结果的能力。相关政府机构通过接入社会与来源广泛的数据，可以提前发现犯罪。无人机、可穿戴设备、人脸识别、可预测视频等，在帮助执法部门打击犯罪、保护公共安全方面发挥了重要作用。计算机视觉领域的识别技术的精确度不断提高，在安防监控、网络交易等相关领域被广泛使用，等等。在一定意义上，信息技术、通信技术、网络技术的广泛应用，正在催生“互联网+政务服务”新格局，同时也在推动或者倒逼传统政府管理和公共服务改革。

（二）智慧社会建设与“互联网+政务服务”

党的十九大报告提出，要“加强应用基础研究，拓展实施国家重大科技项目，突出关键共性技术、前沿引领技术、现代工程技术、颠覆性技术创新，为建设科技强国、质量强国、航天强国、网络强国、交通强国、数字中国、智能社会提供有力支撑”。

尽管智慧社会的内涵和外延有待挖掘，但智慧社会在一定程度上可以视为智慧城市的扩大版和升级版。而从智慧城市实践来看，智慧社会将是包罗万象的庞大体系。智慧城市涉及提升市民生活品质、提升城市治理效率、发展绿色经济、提升网络安全等诸多领域，包括智慧经济、智慧生活、智慧出行、智慧安全、智慧环境、智慧教育等方方面面。智慧社会是建立在信息技术基础之上的更新、更高、更便捷、更有效率的社会形态，代表着社会的未来发展方向。英国、德国、新加坡、韩国等均已着手智慧社会建设。粤港澳大湾区（以下简称大湾区）生产要素便捷流动本质上是一种政务管理服务。因此其政策设计与管理管控，需要充分考虑智慧政务（“互联网 + 政务服务”）的发展现状，适应未来发展趋势，紧跟技术进步的步伐。唯有如此，才能适应大湾区建设发展的现实需求。

（三）大数据技术支撑粤港澳大湾区要素便捷流动

1. E 证通可以大幅提高人员通关效率

2018 年 3 月在“2018 中国（深圳）IT 领袖峰会”上，腾讯公司表示正着手搭建 E 证通，以推动粤港澳大湾区融合发展。E 证通是一个虚拟证件集合，包括身份证、回乡证、电子港澳通行证等。居民在手机上成功注册腾讯 E 证通后，便可结合 EID 等多种认证技术，在出行、住宿、消费、开户等多种线上线下场景中认证用户身份，实现扫码通关、线上身份认证等。E 证通可以通过一部手机认证多张证件，在用户忘记携带护照或护照丢失的情况下，可通过 E 证通解决用户应急身份信息认证与出入境问题。

有媒体将 E 证通解读为“粤港澳试点三地多证合一服务，往来港澳不再持用往来港澳通行证”，这纯粹是一种误读。E 证通改变的是通关证件的介质，即由证件的实物化改变为电子化，并没有改变通关的条件和程序。国家移民管理局也是申明这一点，即“内地居民往来港澳地区需事先办妥往来港澳通行证和签注，港澳居民来往内地时需持用有效的港澳居民来往内地通行证，办理出境、入境手续时应当主动出示证件，自觉配合边检部门的查验”，没有涉及，也没有否定 E 证通这一方式或介质。

腾讯方面表示，在符合国家法律法规的前提下，腾讯 E 证通将积极与各监管部门保持密切沟通，并希望获得其大力支持，继续探索和推动远程开通银行账户的创新体验，共同推动大湾区金融科技的创新，惠及粤港澳大湾区内的所有用户。

E 证通一旦投入使用，跨境通关将更加便捷。用户只需打开手机内的应用程序，扫描 E 证通二维码或身份认证，再进行人脸识别即可通关，届时通关就像乘坐地铁一样方便，将进一步促进港澳与内地居民的通关便利化，提升出入境体验，提升内地与港澳居民“无感”“无障碍”“非接触式”通关，大大提高人员通关效率。作为大数据技术的重要探索，E 证通非常值得期待。

2. 国际贸易“单一窗口”建设极大促进贸易便利化

按世界海关组织定义，国际贸易“单一窗口”是“一项跨境智慧设施，让从事贸易及运输的相关各方经单一入口提交标准化数据（主要是电子数据），以符合各项进出口及转运相关的规管要求”。第一阶段是 20 世纪 60—70 年代的海关自动化。第二阶段是“贸易点”入门网站，所有国家贸易点在全球电子网络中相互连接。第三阶段是贸易电子数据交换 / 增值网络开始形成，许多国家开始基于 EDI 技术处理贸易文件申报。第四阶段是有限度的海关“单一窗口”，即贸易企业与海关之间的单一接入点，如港口“单一窗口”是在港口层面向当局提供有关船舶的信息；地方“单一窗口”是以市或省为单位建立贸易社区信息系统。第五阶段是国家“单一窗口”，所有政府机构成为“单一窗口”的一部分，实现政府对政府（G2G）的连接；适用于企业对政府（B2G）的连接，同时提供企业对企业（B2B）服务。第六阶段是区域 / 全球“单一窗口”，随着更多国家“单一窗口”的创建，国家对国家（N2N）的信息交换开始出现，东盟单一窗口（ASW）是第一个寻求加强区域连通性的区域性举措，欧盟则致力于构建总税务和关税同盟（DG TAXUD）下的“单一窗口”和“海上单一窗口”。

香港作为贸易自由港和单独关税区，国际贸易“单一窗口”建设处于第五阶段，内地处于第三和第四阶段之间。目前香港很多有关 B2G 的贸易文件，是以传统纸本方式（经柜台或邮递等）提交，且无论是否有电子或其他服务可供使用，相关企业需在不同时间按需要与每个相关政府机构逐一接洽。目前香港正在就“单一窗口”建设进行公众咨询，希望通过“单一窗口”建设，让业界以一站式向政府递交所有 50 多项涉及报关、清关的贸易文件和数据，且能连接其他政府的系统和商营贸易信息平台。

内地也在大力推进“单一窗口”建设。国际贸易“单一窗口”建设模式主要有单一机构、单一系统和单一平台三种，我国将采取单一平台模式（即电子口岸模式）。但目前我国电子口岸整体建设水平和服务能力有待提升。2017 年，国际贸易“单一窗口”原产地证书申报功能在深圳检验检疫局（目前已与海关合并）上线，实现了一点接入、一次性提交满足口岸管理和国际贸易相关部门要求的标准化单证和电子信息，实现共享数据信息、实施部门职能管理，优化通关业务流程。类似的创新突破会相继出现。

3. 大数据技术支撑优质生活圈建设

智慧城市（社会）是粤港澳大湾区优质生活圈建设的重要组成部分。如前所述，智慧城市（社会）是通过综合运用现代科学技术、整合信息资源、统筹业务应用系统，加强城市规划、建设和管理的新模式，也是运用物联网、云计算、大数据、空间地理信息集成等新一代信息技术，促进城市规划、建设、管理和服务智慧化的新理念。大数据技术是推动智慧城市（社会）建设的核心力量。作为支撑智慧城市（社会）建设的基石，大数据是影响城市建设、管理决策的关键。智慧城市（社会）产生大数据，大数据反过来支撑智慧城市（社会）。大数据在智慧城市（社会）中的落脚点，是为智慧城市（社会）的各个领域提供强大的决策支持，大数据像血液一样遍布智能交通、智能医疗、智能生活等智能城市（社会）各个应用系统。

在优质生活圈建设框架下，大数据技术可以联通内地与港澳信息系统，便利港澳居民在内地发展。比如，当港澳居民在内地申请银行账户时，需要额外提供香港居住地址、内地居住登记证明等资料，原因在于内地银行系统无法查阅以及确认港澳居民信息。大数据技术可以通过两地信息系统对接，或内地信息系统单方采纳港澳居民信息，植入港澳居民信息，实现港澳居民信息认证。除了银行业务，直接带来的其他便利还包括实现跨境远程开户、扫码购票、扫码寄快递、扫码住酒店等。

总之，大数据技术的发展，为粤港澳大湾区要素便捷流动提供了更大的空间和更多的可能。即便是在现有政策不做较大的原则性调整的前提下，也可以通过大数据技术的应用，促进并实现粤港澳大湾区要素更加高效、便捷流动。

二、“一地两检”与“合作查验、一次放行”通关①

回归以来，香港与内地的紧密交往对简化通关流程、缩短通关时间、促进

---

① 本部分根据公开资料以及广东省自贸区五周年制度创新案例投资贸易便利化最佳案例“案例九：横琴口岸实施‘合作查验、一次放行’通关查验新模式”综合整理。案例查询网址：http：//ftz.gd.gov.cn/ztlm227/zjalzt/tzmyblhzjal/content/post_2985712.html#zhuyao，最后登录日期 2022 年 4 月 28 日。

要素流动有了更加实际而紧迫的需求。深圳湾口岸“一地两检”和横琴口岸“合作查验、一次放行”，创新内地与港澳通关模式，为内地与港澳通关提供新思路。

（一）并列安排、并置海关、一站式口岸等域外借鉴

并列控制（Juxtaposed Controls），是比利时、法国、荷兰和英国之间的互惠安排，据此进行边境控制是在某些跨海峡航线上，在登上火车或渡轮之前，而不是在下船后抵达时。并列控制旨在通过消除抵达时的移民检查和简化出发时的检查，提高在申根区和英国之间乘坐火车或渡轮旅行时边境检查的便利性和效率。

1. 英国与法国铁路穿梭的“并列控制”安排

国家之间实施在登上火车或渡轮前进行边境检查，被称为“并列控制”特殊边境管制安排。1991 年，法国和英国签署了《桑加特议定书》，该议定书规定法国将在英国肯特郡切里顿的欧洲隧道福克斯通码头设立边境检查站，英国将在法国科凯勒的欧洲隧道加莱码头设立边境检查站。该议定书于 1993 年 9 月在法国通过第 93-1136 号法令生效，于 1993 年在英国通过 1993 年英吉利海峡隧道（国际安排）令生效。从 1994 年开始，当乘坐欧洲隧道穿梭巴士（公路车辆列车）从英国前往法国时，法国的移民和海关检查均在离开欧洲隧道福克斯通码头之前而不是在抵达法国时进行，法国边防警察和海关官员有权携带枪支并在控制区内逮捕和拘留个人。法国边防部队不进行例行的出境检查。取而代之的是，欧洲隧道公司在预订或办理登机手续过程中收集乘客的旅行证件信息，并将其以电子方式发送给英国边防部队；绝大多数乘坐预订商业国际航空、海运和铁路路线离开该国的乘客将通过出境检查。符合标准的 16 岁及以下儿童的学校教练聚会将免于出境检查。[①] 乘坐欧洲隧道穿梭巴士从法国前往英国时，旅客必须在登上欧洲隧道加莱航站楼前通过法国出境检查以及英国入境移民和海关检查。英国边防部队官员有权在控制区内逮捕和拘留个人。

---

① 英国政府：《出境检查情况说明书》。

2. 比利时、法国和英国登船前边境管制

1993 年 12 月 15 日，比利时、法国和英国签署三方协议，该协议允许比利时官员在伦敦滑铁卢国际站进行登船前移民管制，英国官员可以在布鲁塞尔南站对乘坐伦敦和布鲁塞尔之间欧洲之星直达列车服务的乘客进行登船前移民管制。[①]

2000 年 5 月 29 日，法国和英国签署了《桑加特议定书》，该议定书规定法国将在英国的欧洲之星车站设立移民检查站，并规定由法国在英国设立移民检查站。该附加议定书随后通过 2001 年 5 月 11 日的第 2001-409 号法律在法国生效，在英国通过 2001 年英吉利海峡隧道（国际安排）（第 3 号修正案）令生效。2004 年 10 月 1 日，比利时、法国和英国签署了一项行政安排，将并列控制范围扩大到伦敦和布鲁塞尔之间的欧洲之星列车，这些列车在里尔停靠。根据这些协议，当乘坐欧洲之星从英国前往比利时或法国时，进入申根区的移民入境检查将在登上英国火车之前进行，而不是在抵达比利时或法国时进行。

3. 马来西亚与新加坡并置海关、入境及检疫设施

乘搭火车跨越马新边界的北上旅客，需于新加坡的兀兰火车关卡分别完成新加坡出境及马来西亚入境的手续；南下旅客需于马来西亚的新山中央车站完成马来西亚出境手续，待列车抵达新加坡的兀兰火车站后，再办理新国入境手续。因此，这一并置海关、入境及检疫设施安排仅适用于由新加坡出发的旅客。

4. 非洲一站式口岸

一站式口岸（One Stop Border Post，OSBP）主要用于非洲，由国际协力机构、美国国际开发署、欧洲联盟、世界银行及非洲开发银行出资，东部和南部非洲共同市场秘书处代表“COMESA-EAC-SADC 三方机制”进行管理。两国在一站式口岸各自设立口岸区，两国官员在口岸区的共同管制区执法，来往人员在目的地国口岸区接受两国共同检查。

---

① 2004 年第 2589 号《英吉利海峡隧道（杂项规定）（修订）令》的解释性备忘录。

（二）“一地两检”通关模式

“一地两检”是指抵达地和出发地的边境管制人员于同一地点或同一运载工具，分别办理跨境旅客的出入境和检疫等手续。深圳湾口岸是目前内地和香港之间唯一实施“一地两检”的口岸，香港政府向深圳租用土地作为口岸，在深圳境内实施香港法律。深圳湾口岸“一地两检”安排既满足了便利通关需求，更是推动香港对接国家高铁网络、融入珠三角一小时生活区的实际举措。深圳湾口岸“一地两检”通关安排，是“一国两制”新实践的新尝试。为推动深圳湾口岸“一地两检”目标，特区政府制定“三步走”计划，第一步与广东省人民政府签署《内地与香港特别行政区关于在广深港高铁西九龙站设立口岸实施“一地两检”的合作安排》（以下简称《合作安排》），第二步共同寻求全国人民代表大会常务委员会（全国人大常委会）通过决定批准及确认《合作安排》，第三步展开本地立法工作，以达到广深港高铁香港段在2018年第三季通车时可在西九龙站实施“一地两检”的目标。

1. 签署《合作安排》

2017年11月18日，香港特别行政区政府与广东省人民政府签署《合作安排》，主要内容如下：

（1）设立口岸。双方同意在香港特别行政区西九龙站设立口岸实施“一地两检”，由双方分别按照各自法律，对往来内地和香港特别行政区的出入境人员及其随身物品和行李进行出入境边防检查、海关监管、检验检疫等出入境监管。西九龙站口岸分为香港口岸区和内地口岸区。香港口岸区由香港特别行政区依据特区法律设立和管辖，实行过境限制区管理。内地口岸区由内地根据本《合作安排》和内地法律设立和管辖，实行口岸管理制度。内地口岸区的范围为西九龙站地下二三层的划定区域、地下四层月台区域及有关连接通道，包括内地监管查验区、办公备勤区、离港乘客候车区、车站月台和连接通道及电梯。

（2）确定内地口岸管辖范围在香港特别行政区境内的广深港高铁营运中的列车车厢（包括行驶中、停留中和上下乘客期间）亦视作在内地口岸区范围之内。除上述纳入内地口岸区范围的场地和高铁列车车厢，广深港高铁香港段的所有其他营运范围及设施（包括石岗列车停放处、路轨及行车隧道）均不属于内地口岸区范围。内地口岸区由香港特别行政区交予内地根据本《合作安排》使用和实施管辖。内地口岸区场地使用权的取得、期限及费用（包括内地口岸区内有关建筑物及相关设施的维修养护费用）等事宜，由双方签订合同作出规定。

内地口岸区的设立不影响广深港高铁香港段的建造权及施工权、服务经营权及营运和监管，亦不影响广深港高铁香港段相关资产（包括相关土地及土地上不动产或动产）及设施的权益，该等事宜仍由香港特别行政区依特别行政区法律处理及依照《合作安排》行使管辖权。

（3）内地口岸区的管辖权划分。内地出入境边防检查机关、海关、检验检疫机构对列车按照进出境运输工具进行监管，在内地口岸区办理相关出入境边防检查、海关监管、检验检疫手续。内地派驻出入境边防检查机关、海关、检验检疫机构、口岸综合管理机构和铁路公安机关（以下简称“内地派驻机构”），根据内地法律在内地口岸区履行职责，不进入内地口岸区以外的区域执法，在内地口岸区以外的区域没有执法权。

（4）香港特别行政区管辖事项。下列事项由香港特别行政区依据特别行政区法律实施管辖（包括司法管辖）：第一，有关特定人员，即持有香港特别行政区政府或广深港高铁香港营运商核发的有效证件进入内地口岸区或通过该口岸区进入西九龙站其他地点执行职务的工作人员，履行职务或与履行职务相关的事项，除以上情况外，该等人员在内地口岸区应遵守内地法律并接受内地派驻机构的监管；第二，有关建筑物及相关设施（包括消防、危险品贮存设施、升降机、自动梯、水管装置、废物及污水装置、扩音系统、通风、电力及能源效益等）的建设、保险和设计、维修养护标准和责任的事项，但内地派驻机构自行提供或依据本《合作安排》执行职务时专用的设施设备除外；第三，有关广深港高铁香港营运商及服务供应商的经营、相关保险、税务及其员工税务及雇佣责任和权益、保障和保险的事项，前述服务供应商不包括向内地派驻机构或广深港高铁内地营运商提供服务而又不在内地口岸区以外的香港特别行政区区域范围经营之服务供应商；第四，有关规管及监察广深港高铁香港段铁路系统安全运作及环境管制的事项；第五，下列在内地口岸区的机构或人士之间的合约或其他民事法律关系的事宜：广深港高铁香港营运商、西九龙站承建商、物料或服务供应商、上述单位的员工及广深港高铁乘客，但当事人以协议（包括书面、口头或双方实际行为）作出相反意思表示者除外；第六，由广深港高铁香港营运商及内地营运商签订的《广深港高铁运营合作协议》（包括日后的修改或补充协议）中规定由广深港高铁香港营运商负责的事项。

（5）铁路运输服务管理。西九龙站的铁路运输服务管理由香港特别行政区负责。有关铁路运输服务管理方面的制度由内地与香港特别行政区相关机构另行协商制定，并应包括以下内容：第一，香港特别行政区对高铁（包括广深港高铁香港段）乘客实行实名制售票，并进行实名制查验；第二，香港特别行政区对进入西九龙站离境的高铁乘客进行安全检查。

（6）对高铁香港段乘客的出入境监管。前往香港特别行政区的乘客离开内地口岸区前视为处于内地，由内地出入境边防检查机关、海关、检验检疫机构依照内地法律对其进行出境监管。符合内地法律的，依法允许其出境。违反内地法律的，由上述内地机构根据具体情况依法采取相应法律措施。前往内地的乘客进入内地口岸区后即视为处于内地，由内地出入境边防检查机关、海关、检验检疫机构依照内地法律对其进行入境监管。符合内地法律的，依法允许其入境。违反内地法律的，由上述内地机构根据具体情况依法采取相应法律措施。

（7）联络协调与应急处理机制。双方同意建立口岸协商联络机制，加强在通关协调、联合打私、治安消防、反恐防暴等方面的沟通与合作，确保内地口岸区安全、顺畅、高效运行和有效监管。双方同意建立应急处理机制，共同编制应急预案，以协助内地处理内地口岸区运行中可能出现的突发、紧急事件，包括突发公共卫生事件、重大水电供应事故、恐怖袭击、消防事故、严重暴力事件、危险化学品或爆炸品事件、传染病疫情、核生化事件、动植物疫病疫情、列车运行异常等。双方同意为此建立联络员制度，进行沟通并定期安排联合演练。为协助处理突发、紧急事件的目的，经内地派驻机构请求并授权，香港特别行政区有关人员可在内地口岸区协助进行相关活动，并享有如在香港特别行政区法律及内地法律规定的保障和豁免。双方同意在本《合作安排》确定的原则下，制定和签署关于西九龙站口岸运行管理的协作实施方案，规定双方在西九龙站口岸运行管理中的具体协作事宜。双方同意在内地口岸区进行任何活动和处理相关事项时，根据本《合作安排》和其他有关协议规定的原则，采取合理谨慎的措施，确保内地口岸区内人员和财产的安全。一方因违反上述规定导致另一方受到损害或损失的，需承担责任，包括合理的赔偿，并通过协商作出适当安排。

2. 全国人大通过决定批准及确认《合作安排》①

2017 年 12 月 27 日，十二届全国人大常委会第三十一次会议表决通过决定，批准《内地与香港特别行政区关于在广深港高铁西九龙站设立口岸实施“一地两检”的合作安排》（以下简称《合作安排》）。全国人大常委会在审议中充分考虑了香港特别行政区和内地有关方面对广深港高铁连接口岸设置及通关查验模式的意见。

根据《中华人民共和国宪法》和《中华人民共和国香港特别行政区基本法》，全国人大常委会决定：①批准 2017 年 11 月 18 日广东省人民政府与香港特别行政区政府签署的《合作安排》，并确认《合作安排》符合宪法和香港特别行政区基本法。香港特别行政区应当立法保障《合作安排》得以落实。②西九龙站内地口岸区的设立及具体范围，由国务院批准。西九龙站内地口岸区自启用之日起，由内地依照内地法律和《合作安排》实施管辖，并派驻出入境边防检查机关、海关、检验检疫机构、口岸综合管理机构和铁路公安机关依法履行职责，上述机构及其人员不在西九龙站内地口岸区以外区域执法。③西九龙站口岸启用后，对《合作安排》如有修改，由国务院批准，并报全国人大常委会备案。

建设广深港高铁并实现香港特别行政区与全国高铁网络的互联互通，有利于促进香港特别行政区与内地之间的人员往来和经贸活动，有利于深化香港特别行政区与内地之间的互利合作，有利于香港特别行政区更好地融入国家发展大局，对保持香港特别行政区长期繁荣稳定具有重要意义。为充分发

---

① 全国人大常委会批准《内地与香港特别行政区关于在广深港高铁西九龙站设立口岸实施“一地两检”的合作安排》[EB/OL]. 新华网，2017-12-27.

挥高铁高速高效优势，使广大乘客充分享受快捷便利的服务，确保广深港高铁香港段的运输、经济和社会效益，在广深港高铁香港特别行政区西九龙站实施“一地两检”，设立内地口岸区，专门用于高铁乘客及其随身物品和行李的通关查验，是必要的。《合作安排》符合“一国两制”方针，符合宪法和香港特别行政区基本法。在西九龙站设立内地口岸区，不改变香港特别行政区行政区域范围，不影响香港特别行政区依法享有高度自治权，不减损香港特别行政区居民依法享有的权利和自由。会议认为，在西九龙站实施“一地两检”，符合《香港特别行政区基本法》关于香港特别行政区政府应当制定适当政策促进和协调各行业发展、提供适当的经济和法律环境促进经济发展等规定，符合“一国两制”方针和《香港特别行政区基本法》的根本宗旨。

3. 香港特别行政区政府本地立法

2018年6月，香港特别行政区政府宪报22日刊登由特别行政区署理行政长官张建宗签署的《广深港高铁（一地两检）条例》（下称《条例》）。《条例》在刊宪后正式生效成为法律。自此，特别行政区政府“三步走”程序全部完成。

4. 正式通车

2018年9月23日6时44分广深港高铁G5711次列车从深圳北站开出，于19分钟后正点抵达香港西九龙站，这是首班从内地驶往香港的高铁。7时广深港高铁香港段首班列车G5736次从香港西九龙站发车，广深港高铁香港段正式投入运营，标志着广深港高铁全线正式开通运营。

（三）横琴口岸“合作查验、一次放行”通关模式

全国人大常委会授权横琴口岸澳方口岸区及相关延伸区时，在全国首次创新性采用“一次授权、分阶段适用澳门法律管辖”的做法，是国家法治保障重大改革的鲜活实践和生动案例。横琴口岸通关模式的创新将进一步密切珠澳互联互通和经贸往来，为珠澳合作开发横琴和示范粤港澳大湾区要素流动奠定了坚实基础。

1. 全国首次创新性采用“一次授权、分阶段适用澳门法律管辖”的做法

2016年12月，横琴口岸及综合交通枢纽工程开工建设。2019年，珠澳

双方分别就横琴口岸设置澳方辖区的范围面积（旅检大楼、二层交通枢纽平台、地面层查验场、莲花大桥主桥和匝道、澳门大学通道桥、澳门轻轨延伸线等六个板块，除轻轨外共 16.772 万平方米）、租赁期限（至 2049 年共 30 年）、通关模式及提请授权内容等事项达成共识，于 2019 年 6 月报请国务院研究同意。

2019 年 10 月 26 日，十三届全国人民代表大会常务委员会第十四次会议表决通过了《全国人民代表大会常务委员会关于授权澳门特别行政区对横琴口岸澳方口岸区及相关延伸区实施管辖的决定》。会议认为，为了实现澳门特别行政区与广东省珠海市之间基础设施的互联互通，为两地之间的交通运输、人员往来和经贸活动提供便利，有必要在位于广东省珠海市横琴岛的横琴口岸内设立澳方口岸区。

2020 年 3 月，横琴口岸澳方口岸区及相关延伸区旅检区域启用并适用澳门特别行政区法律实施管辖。2020 年 8 月，横琴口岸新旅检区域正式开通启用。[①]

《全国人民代表大会常务委员会关于授权澳门特别行政区对横琴口岸澳方口岸区及相关延伸区实施管辖的决定》[②]

全国人民代表大会常务委员会决定：

一、授权澳门特别行政区自横琴口岸澳方口岸区及相关延伸区启用之日起，在本决定第三条规定的期限内对该区域依照澳门特别行政区法律实施管辖。

二、授权澳门特别行政区实施管辖的区域包括横琴口岸澳方口岸区，莲花大桥和澳门大学连接横琴口岸通道桥相关部分（桥墩除外），以及澳门轻轨延伸至横琴口岸的预留空间，该预留空间用于建设行车隧道、站台以及连接站台和澳门特别行政区管辖区域的封闭通道等轻轨设施。上述区域根据实际情况分阶段启用。有关区域具体启用日期，以及具体坐标和面积，由国务院确定。在本决定第三条规定的期限内不得变更上述区域的用途。

三、澳门特别行政区政府以租赁方式取得横琴口岸澳方口岸区及相关延伸区的使用权，租赁期限自有关区域启用之日起至 2049 年 12 月 19 日止。租赁期限届满，经全国人民代表大会常务委员会决定，可以续期。

---

① 全国人大常委会授权澳门特别行政区对横琴口岸澳方口岸区及相关延伸区实施管辖的决定[N]. 新华社，2019-10-26.

② 全国人大常委会授权澳门特别行政区对横琴口岸澳方口岸区及相关延伸区实施管辖的决定[N]. 新华社，2019-10-26.

2. 模式创新

总体上将港珠澳大桥珠澳口岸旅检通道“合作查验、一次放行”查验模式推广拓展到横琴口岸旅检、客货车检等全部通道，旅检通道实施“三道门”查验模式，珠澳边检“背对背”“肩并肩”执法，并将“合作自助”查验人员范围由内澳两地人员扩大至内地和港澳三地人员。客货车检通道珠澳查验单位位于同一“一站式”联合查验区域执法，按各自查验标准查验无误后放行。卫生检疫同步实行“合作查验、一次放行”。进行通道创新，实现口岸区域与澳门大学直连直通。申请中央授权时，专门设置澳门大学连接横琴口岸的常规通道桥，开通后极大地方便了澳大师生进出横琴。

3. 深化推进

2021 年，中共中央、国务院印发的《横琴粤澳深度合作区建设总体方案》明确提出，“一线”在双方协商一致且确保安全基础上，积极推行“合作查验、一次放行”通关模式，不断提升通关便利化水平，严格实施卫生检疫和出入境边防检查，对出入境人员携带的行李依法实施监管。

2021 年 11 月，横琴粤澳深度合作区执委会与澳门特别行政区政府保安司共同召开合作区口岸通关合作视频会议。会议就粤澳双方共同推进落实《横琴粤澳深度合作区建设总体方案》有关政策深入交换意见，并达成共识。一是加快推进合作区分线管理基础设施建设，尽快成立横琴口岸客货车“合作查验、一次放行”（联合一站式）查验模式创新工作专责小组，加快推进各项工作；二是稳步推进澳门机动车便利入出横琴相关工作，结合横琴口岸二期工程建设和澳门轻轨延伸横琴线下穿口岸车辆查验平台施工安排等现实情况，积极回应澳门各界和广大市民重要关切；三是全力支持澳门轻轨延伸横琴线下穿口岸车辆查验平台施工安排，协调各方采取有效措施，确保施工顺利推进和口岸通关安全；四是针对横琴口岸通关堵点和痛点，粤澳双方共同努力，采取针对性措施，优化查验设施设备及人力资源组织，推进口岸通关便利化工作。①

① 粤澳双方召开合作区口岸通关合作视频会议　共同推进口岸通关便利化［N］. 珠海特区报，2021-11-15.

三、“沪港通”“深港通”资金流动

（一）通道模式定义及特征

通道模式，指为创设特定规则或机制，在限定条件内允许沿用不同规则、监管及法律的生产要素在内地与港澳市场之间流动（见图 5-1）。

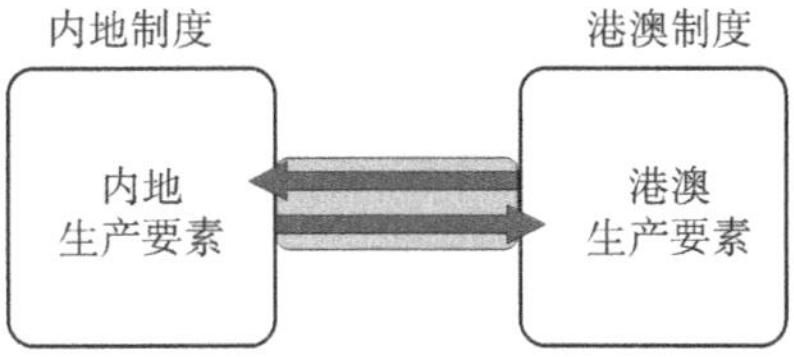

图5-1 通道模式、制度对接与生产要素流动

通道模式是内地与香港证券市场互联互通机制的主要构成，是我国资本市场对外开放的重要形式。证券市场互联互通机制，是指我国内地证券交易所和他国或地区证券交易所建立技术连接，使两地投资者可以通过当地证券公司或经纪商买卖规定范围内的对方交易所上市的股票，最终实现境内外资本、金融业务、机构、金融人才的彻底互联互通。[①] 证券市场的通道模式，已有成熟的探索。

（二）通道模式的适用

“沪港通”“深港通”机制的作用，是为解决内地和香港金融市场因交易规则、运行规则、交易结算规则、监管规则等制度差异，通过开设投资通道，为满足两地投资者跨境资产配置需求的对接安排，从而实现内地股市和港市之间的互联互通。

①② 刘远志．强化证券市场互联互通监管合作［J］．中国金融，2019（12）．

市场互联互通机制②
市场互联互通机制指中国内地与香港市场之间建立互联互通机制，对股票市场而言则指沪港通及深港通。沪港通包括沪港交易通与沪港结算通，是由香港交易及结算有限公司（香港交易所）、上海证券交易所（上交所）与中国证券登记结算有限责任公司（中国结算）在中国内地与香港两地证券市场建立的交易及结算互联互通机制，旨在实现两地投资者直接进入对方市场的目标。在沪港通项目下，香港联合交易所有限公司（联交所；香港交易所全资附属公司）与上交所建立市场间买卖盘传递技术设施，从而让各自市场的投资者能够通过联交所与上交所分别设立的独资子公司买卖在对方市场上市的特定范围股票（沪港交易通；包括沪股交易通与港股交易通）。香港中央结算有限公司（香港结算；香港交易所全资附属公司）与中国结算负责为各自市场参与者或投资者通过沪港通进行的交易进行结算、交收并提供包括存管、代理人等相关服务（沪港结算通；包括沪股结算通与港股结算通）。沪港通于 2014 年 11 月 17 日推出。深港通于 2016 年 12 月 5 日推出。深港通大体延续使用了与沪港通相似的原则及设计。

交易结算系统开发是“沪港通”“深港通”机制成功实践的关键，以技术手段打造两地证券市场“通道”从而实现互联互通。①结算数据接口的对接衔接。开创性建立了标准化的跨境解释数据接口规范，推出来可兼容两地市场业务、独立于 A 股的结算通业务接口。②交易数据接口的对接衔接。在满足港交所交易机制的基础上，面向内地投资者保持内地券商至交易所的交易接口，使内地券商和投资者在不改变交易接口的情况下能够实现交易，两交易所间各类技术差异的转换全部由上交所技术系统完成。③跨境直连系统。采用基于交易所直连、CSD 直连的设计模式，实现不同交易制度与持有体系、不同结算业务 / 公司行为业务处理习惯的适配，解决了沪深市场交易 / 结算工作日历不一致的系统运维难点，实现了全业务直通化、自动化的处理。为防范金融风险，“沪港通”机制实施资金闭合路径管理和额度管理。而交易制度安排方面，以交易发生地的规则制度为主，并对部分规则做出特殊安排。沪港通交易机制示意图见图 5-2。

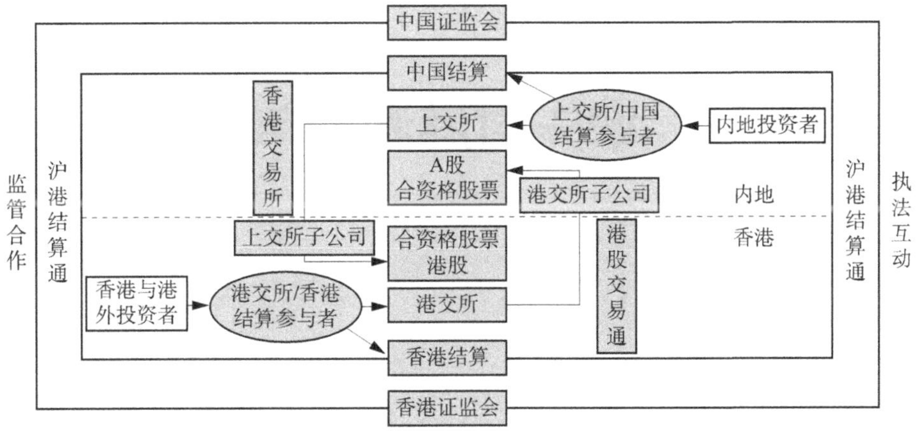

图5-2　沪港通交易机制示意图

第六章　率先对港澳“单向开放”

所谓“单向开放”，是相对于“双向开放”而言，是开放主体（内地政府）制定对港澳法律规则的单方、自主行为，即不需要开放对象（香港、澳门特别行政区）作出相应承诺的制度开放行为。单向认可在“一国两制”框架下具有高度灵活性。探索对港澳制度开放新模式，推动内地向港澳“单向开放”，是正视三地制度落差并有效促进内地法律环境向港澳对接靠近的重要手段。其中，认可港澳专业人士执业资格是单向开放的重要表现形式，《大湾区规划纲要》及地方关于推进粤港澳大湾区发展对此也作出相应的制度肯定。实践中，深圳前海率先探索香港建筑师通过备案后执业的做法，相关经验已在大湾区内复制推广。本章另列横琴“单排车”及“港资港企港仲裁”单向开放制度予以分析。

一、“单向开放”的内涵与优势

（一）必要性及紧迫性

在各自封闭的领域中，制度落差对本地生产要素流动并没有影响。然而，粤港澳三地合作必须解决制度落差造成的准入限制、市场规则等制约，由此 CEPA 应运而生。作为促进内地与香港、澳门特别行政区经济共同繁荣发展的制度性框架，CEPA 以“逐步减少或取消双方之间实际上所有货物贸易的关税和非关税壁垒”，“逐步实现服务贸易自由化，减少或取消双方之间实际上所有歧视性措施”及“促进贸易投资便利化”为共同目标。自 2003

年以来，CEPA 共签订了 10 个补充协议、5 个特别协议，内地与港澳间的经贸合作紧密度不断加强。客观来看，CEPA 促进了香港与内地货物和服务贸易发展，对区域和国家经济发展作出了重要贡献。但在粤港澳大湾区建设框架下，CEPA 难以满足深港融合发展的新要求。

一是 CEPA 功能定位与政策逻辑难以满足粤港澳大湾区融合发展趋势与需求。CEPA 是在 WTO 逻辑框架下关于经贸的区域性制度设计，其本质仍然是促进港澳与内地的经贸合作。但在粤港澳大湾区框架下，港澳与内地已经进入融合发展的新阶段，需要有新的突破。从 CEPA 及其相关协议的规定内容可以看出，在货物进口方面，内地对原产自香港的货物实行零关税正面清单管理，本质上是一种关税优惠措施，对通关效率的影响不大。内地海关等部门在查验范围、流程、服务标准、数据信息等方面与香港的对接不足，大通关、国际贸易"单一窗口"建设任务还很重、困难还很多。服务贸易领域，香港在服务领域具有国际领先优势，但 CEPA 的限制性规定导致香港的优势难以充分发挥。在《投资协议》和《经济技术合作协议》中，内地对香港的开放并无实质突破。

二是 CEPA 在实践中仍然存在各种问题，政策效果不佳。受政策条文、配套措施、合作主体、合作机制等因素影响，以独资医院为例，CEPA 补充协议八明确规定，除上海市、福建省、广东省、海南省和重庆市外，香港和澳门服务提供者可以在内地所有直辖市及省会城市，按照内地有关规定设立独资医院。这一规定在后面的补充协议中被取消，但在实际操作的过程中，又有城市得到了独资医院的审批权。这类政策的不确定性容易使投资者望而却步。

简言之，CEPA 早期政策是内地对港澳开放做法的总结和扩展，后期政策由于要考虑整个内地的实际情况，政策力度难免受到影响。而粤港澳合作出现的新变化，已经超出 CEPA 规定的范围。因此，CEPA 难以满足粤港澳大湾区融合发展的需求。

（二）"单向开放"的内涵、优势及功能

与 CEPA 开放模式相比，内地向港澳"单向开放"的法理基础，是确切

落实港澳企业与居民在“一国”框架下的同等待遇，使港澳企业与居民享有与内地企业及居民同等的民事权利。因此，其具体抓手是落实港澳企业及居民在内地的同等待遇，重视获得感。作为推进“一国两制”实践的重要举措，“单向开放”的优势体现在以下三个方面：

一是开放模式更为灵活，降低交易成本。对港澳单向制度开放是内地的单方行为，是基于“一国两制”框架、落实同等待遇的政策措施，因此开放政策的决策无须通过香港、澳门特别行政区同意。跳过三地沟通协调步骤，能够有效减少因体制机制不同导致的与港澳政府签订协定造成的交易成本，加快港澳融入国家发展大局步伐。

二是充分考虑港澳实际。与内地相比，港澳土地面积有限、经济体量较小。双边对等地开放可能造成内地资金、货物、人员等要素短时间进入港澳本地，对港澳经济金融体系、城市环境及社会民生等可能造成巨大冲击。

三是有利于防范金融风险。港澳是自由贸易港，开放水平高于内地，双边对等开放在短期内难以完全实现。当前，防止发生系统性金融风险是国家金融工作的重点，在双边对等开放条件下，内地资本以港澳为中介流向国际，如同在内地金融防线上“开口子”，内地无法对流出金融要素进行识别、预警、发现和处置，不利于防范系统性金融风险。此外，内地与港澳金融法律基础和治理框架差异较大，通过政府间谈判达成开放协议需要耗费时间成本和沟通成本，开放进程可能被耽搁。通过对港澳单向制度开放，加大对港澳投资者吸引力，鼓励港澳企业及专业人士在大湾区发展。在大湾区企业与港澳企业深化合作过程中，港澳将发挥在国家改革开放中的独特作用，通过对湾区内地城市企业提供国际规则演绎示范、企业管理借鉴等，缩小湾区内地城市与港澳的差距，提升湾区整体竞争力。

二、前海嘉里建设试行港澳工程项目管理模式

前海试行香港港澳工程项目管理模式，为粤港澳大湾区探索单向认可港澳专业人士执业资格探索了实施路径。因此，有必要对此案例进行深入分析。

（一）内地与香港建筑师资格认定及管理差异

1. 香港建筑师资格认定及管理

香港注册建筑师资格的管理机构是由香港建筑师注册管理局（以下简称管理局）负责。管理局根据香港《建筑师注册条例》设立，由香港建筑师学会理事会任命的 10 名建筑师学会会员组成。香港建筑师协会是香港建筑师的行业组织，共有 4 万多名会员，与管理局合作负责香港建筑师资格的认定、培训、奖惩等事务。

依据《建筑师注册条例》，管理局认可的注册建筑师必须为香港建筑师协会会员；或者是其他资格标准不低于香港建筑师学会会员资格的建筑师团体成员；或者已通过建筑学及其他学科考试，并曾接受训练及取得相关专业经验，而该等考试、训练及经验不低于管理局认可注册建筑师的标准。

获得香港注册建筑师资格的路径依序是：①获得香港建筑师学会认可的建筑学[①]；②毕业后，需要完成不少于 12 个月的香港本地建筑项目的经验；③通过香港建筑师学会和管理局合办的执业建筑师认证考试，成为香港建筑师学会会员；④通过管理局的专业面试，满足在香港居住时间的要求后，可以成为香港注册建筑师。

取得注册建筑师资格一年后，可以参加由屋宇署安排的考核，考核通过后可被名列在政府屋宇署认可人士（Authorized Person，AP）名册（建筑师名单）中。拥有 AP 资格的建筑师既可参与建筑设计，也可对建筑图则签字，负法律责任。

香港建筑师资格认定制度采用英联邦国家的模式。取得英国注册建筑师资格需要取得英国皇家建筑师学会（RIBA）认可的建筑学学位，完成 RIBA 规定要求的实习时间后参加资格考试。考试通过后，可以向 Architects Registration Board（ARB）注册成为 RIBA 认证的建筑师。香港特别行政区的注册建筑师资格拥有较强的国际认可度，与中国内地、英国、美国、澳大

---

① 注册考试的考生需要通过香港建筑师学会认可的本地课程，包括需在获得香港大学的建筑学学士后再取得建筑硕士，或者是香港中文大学的社会科学（建筑学）学士及建筑硕士的联合项目。其他完成非香港本地大学的课程的学生，经香港建筑师学会认可后，也可以参加考试。

利亚、新西兰、加拿大、法国、德国相关资格互认。

2. 内地建筑师资格认定及管理

内地注册建筑师分为一级和二级两个等级，其取得均需通过“注册建筑师考试”。考试由人力资源和社会保障部及住房和城乡建设部共同主办。报考全国一级注册建筑师资格考试者需满足如下学历和工作时间要求：一级注册建筑师考试分为9个科目分开考试，每科目成绩有效期为8年。在成绩有效期内通过所有考试，则可取得注册建筑师执业资格证书[①]。取得证书后的建筑师，需要通过其受雇单位向全国建筑师管理委员会申请注册，审核通过后会获颁发一级注册建筑师注册证书和执业印章。

3. 两地建筑师资格互认存在的困难

香港居民可通过考试和认可两种方式取得内地建筑师资格。在专业资格获得准入的基础上，通过CEPA安排，内地对香港建筑专业人士明确了执业准入政策。主要包括：允许通过考试取得内地注册建筑师资格，或互认取得内地一级注册建筑师资格的香港专业人士在广东、广西、福建注册执业，按照内地有关规定作为广东、广西、福建省内工程设计企业申报企业资质时所要求的注册执业人员予以认定，互认取得内地一级注册建筑师资格的可作为合伙人，按相应资质标准要求在内地设立建筑工程设计事务所。允许香港服务提供者在广东省设立的建设工程设计企业聘用香港注册建筑师（在尚未取得内地专业资格的情况下），可以作为资质标准要求的主要专业技术人员进行考核，不能作为资质标准要求的注册人员进行考核。

香港建筑师学会于2004年与全国注册建筑师管理委员会签署协议，香港的注册建筑师资格与内地的一级注册建筑师资格通过相应的考核可以资格互认。《服务贸易协议》中也开放取得内地一级建筑师资格的香港建筑师在广东、广西、福建三省注册执业。这些规定从形式上基本实现了内地和香港专业资格的对接。但是，建筑师执业上真正的对接还有一些问题需要解决，其中最核心的是香港和内地建筑师执业的内容和范围并不一致。

香港建筑师提供的是全程式服务，通常在香港建筑工程内建筑师的职责

① 《中华人民共和国注册建筑师条例实施细则》第11条。

依次如下：筹备期、计划可行性研究、计划纲要、设计图则、合约档及投标阶段、工程进行。拥有 AP 资格的香港注册建筑师既可以担任设计建筑师或项目建筑师，也有权在建筑图则上签字，为其签字的建筑物负终身责任；建筑师需从建筑开始筹备到最后完工验收的全过程都参与。这是国际上较为通行的模式，对建筑设计的实现和建筑质量的保证十分重要。

在内地，根据《中华人民共和国建筑法》，内地建筑设计的主体是设计单位，一般称为“设计院”，建筑师仅仅是设计师，并没有对施工图签字的权利，也不为此设计负责；另外，建筑施工过程中无论是设计单位还是设计师均很少参与。所以，根据内地制度，即使是香港设计师取得了内地的专业资格，也没有如香港有 AP 资格的建筑师签字的权利。有内地设计经验的香港资深建筑师在访谈中表示，因为无须签字并全过程服务，香港建筑师即使没有内地专业资格也可以参与，也不用负太大责任。可以说，香港的建筑师和内地建筑师在工作范畴方面有很大的区别。根据现有的法律，两者的对接也仅仅限于某一部分的工作。

近年来，内地从中央到地方相关部门都已经意识到这方面的问题。2017 年 2 月 27 日，国务院办公厅颁布《关于促进建筑业持续健康发展的意见》，其中提出要“培育全过程工程咨询”，“充分发挥建筑师的主导作用”。同年 5 月 2 日，住建部发布《关于开展全过程工程咨询试点工作的通知》，选择了全国 40 家全过程工程咨询试点企业。

2016 年，深圳前海率先试行单向认可香港工程建设领域服务业人士专业资格。《在深圳市前海深港现代服务业合作区试行香港工程建设模式合作安排》（以下简称《安排》）规定，在前海合作区范围内的港商独资或控股之开发建设项目试行香港工程建设模式，即港商独资或控股之开发建设项目可选聘香港工程建设领域服务业专业机构及专业人士为其提供工程建设领域服务，前海管理局参照香港工程建设模式对港商独资或控股之开发建设项目进行管理。《安排》所称香港工程建设领域服务业专业机构，包括但不限于建筑师事务所、测量师事务所、工程建设顾问公司等在香港提供相关服务的专业机构。《安排》所称香港工程建设领域服务业专业人士，包括但不限于规划师、建筑师、测量师、工程师、园境师等经香港政府注册管理或学会管理的专业人士。香港工程建设领域专业人士在前海合作区提供服务之前，可向前海管理局申请登记备案。在前海合作区提供等同于一级建造师或监理工程师服务的香港专业人士，其申请人需为香港《建筑物条例》下的认可人士或注册结构工程师。而其他服务提供者的申请人，需证明其为香港工程建设领域服务业专业人士。备案时需出示有效注册记录或有效学会登记记录，及能证明其可在香港从事同类工作的相关核准材料。采用香港工程建设模式的建设单位可在名册之中选择专业机构及在已登记备案的专业人士中选择专业人士。采用香港工程建设模式的建设单位亦可提名其他具备等同资历的专业机构，根据第三条款申请加入名册，在双方签订聘用合同后应在前海管理局登记备案。

（二）香港建筑师取得内地建筑师资格及准入政策

1. 2021 年 1 月 1 日以前取得内地建筑师资格的政策

2021 年 1 月 1 日以前，香港居民可通过考试和认可两种方式取得内地建筑师资格。考试取得方面，按照原人事部《关于做好香港、澳门居民参加内地统一举行的专业技术人员资格考试有关问题的通知》（国人部发〔2005〕9 号）和《中华人民共和国注册建筑师条例实施细则》有关规定，凡符合注册建筑师考试相应规定的香港、澳门居民，按照规定的程序和要求，可报名参加全国统一考试和申请注册。

认可取得方面，全国注册建筑师管理委员会（以下简称全国委员会）与香港建筑师学会（以下简称香港学会）于 2004 年签署了《全国注册建筑师管理委员会与香港建筑师学会建筑师资格互认协议》，同意就内地一级建筑师执业资格与香港学会法定会员资格实行资格互认。其中香港学会法定会员申请内地一级注册建筑师执业资格的条件主要包括：身份为香港永久性居民，成为香港学会法定会员的年限不少于 5 年。先向香港学会提出申请，香港学会审核符合资格互认条件的，向全国委员会推荐。全国委员会对符合资格互认条件的申请者采用培训、测试和面试的方式进行考核。通过考核的香港学会法定会员，经全国委员会批准并报建设部和人事部备案后，可取得内地一级注册建筑师执业资格，由全国委员会核发相应证明。

2. 内地对香港建筑师的准入政策

建筑服务领域开放涉及的专业人士包括城市规划师、监理工程师、建筑师及结构、土木、公用设备、化工、电气工程师等，其中覆盖或针对建筑师的举措如下：

允许通过互认取得内地建筑领域各专业资格的香港专业人士在广东、广西、福建注册执业，享有与内地拥有相同专业资格专业人士的同等待遇。允许通过互认取得内地一级注册建筑师资格的香港专业人士在广东、广西、福建注册执业，不受在香港注册执业与否的限制。允许取得内地一级注册建筑师资格的香港专业人士作为合伙人，按相应资质标准要求在内地设立建筑工程设计事务所，且对合伙企业中香港与内地合伙人数量比例、出资比例、香港合伙人在内地居留时间没有限制。对取得内地一级注册建筑师互认资格的香港专业人士，按照内地有关规定作为广东、广西、福建省内工程设计企业申报企业资质时所要求的注册执业人员予以认定。允许通过考试取得内地注册建筑师资格的香港专业人士在广东、广西、福建注册执业，不受在香港注册执业与否的限制，按照内地有关规定作为广东、广西、福建省内工程设计企业申报企业资质时所要求的注册执业人员予以认定。允许香港服务提供者在广东省设立的建设工程设计企业聘用香港注册建筑师（在尚未取得内地专业资格的情况下），可以作为资质标准要求的主要专业技术人员进行考核，不能作为资质标准要求的注册人员进行考核。对于注册建筑师继续教育中选修课部分，香港服务提供者可以在香港完成或由内地派师资授课，选修课继续教育方案需经内地认可。

3. 香港工程建设咨询企业和专业人士备案后在大湾区开业执业

广东省住房和城乡建设厅于 2020 年 11 月 26 日印发《香港工程建设咨询企业和专业人士在粤港澳大湾区内地城市开业执业试点管理暂行办法》。该办法共二十三条细则，主要从备案对象、业务范围、备案程序、从业规则、监督管理等方面规范香港工程建设咨询服务企业和专业人士的从业活动。该办法规定了取得香港工程建设咨询从业资格的企业和取得香港工程建设咨询执业资格的专业人士，若具备特定备案条件并按本办法规定进行网上备案，可以在粤港澳大湾区内地城市范围内开业执业，为市场主体直接提供服务。申请人应在广东建设资讯网（www.gdcic.net）（香港企业和专业人士在粤港澳大湾区内地城市开业执业备案管理平台）填报资讯和上传材料。其中，香港企业以及该企业专业人士的备案由该企业统一办理，加入内地企业的香港专业人士的备案由该内地企业办理。符合备案条件的，在 10 个工作日内予以备案并在网站公布。本办法自 2021 年 1 月 1 日起施行，有效期为 3 年。截至 2022 年 1 月，已有 53 家香港工程建设咨询企业和 241 名专业人士在粤港澳大湾区成功备案。[①]

《广东省住房和城乡建设厅关于香港工程建设咨询企业和专业人士在粤港澳大湾区内地城市开业执业试点管理暂行办法》
第二条　取得香港工程建设咨询从业资格的企业（以下简称香港企业），具备以下备案条件并按本办法规定备案，可以在粤港澳大湾区内地城市范围内开业（以下简称开业），为市场主体直接提供服务：（一）从事建筑勘察、设计、监理、造价、房地产估价等工程建设咨询业务（内地法律、法规暂不允许的除外）的企业，主要包括工程建设顾问公司、建筑师事务所、测量师事务所、园境师事务所等；（二）已在香港进行商业登记，并在登记有效期内；（三）在香港连续开展工程建设咨询业务不少于 2 年；（四）列入香港建筑署《建筑及有关顾问公司遴选委员会顾问公司名单》，或者香港土木工程拓展署《工程及有关顾问公司遴选委员会顾问公司名单》；（五）已购买职业责任专业保险的理赔覆盖地域范围包含粤港澳大湾区内地城市，或者承诺在承接工程业务后 2 个月内补交理赔覆盖地域范围包含粤港澳大湾区内地城市的职业责任专业保险材料。 第三条　取得香港工程建设咨询执业资格的专业人士（以下简称香港专业人士），具备以下备案条件并按本办法规定备案，可以在粤港澳大湾区内地城市范围内执业（以下简称执业），为市场主体直接提供服务：（一）从事建筑勘察、设计、监理、造价、房地产估价等工程建设咨询业务（内地法律、法规暂不允许的除外）的专业人士，主要包括香港工程建设咨询领域的注册工程师、注册建筑师、注册测量师以及注册园境师等；（二）具有香港居民身份；（三）在香港相关注册管理局合法注册，并在注册有效期内。

4. 前海支持香港建筑专业人士发展的政策

2013 年，前海管理局与香港特别行政区政府发展局签署合作意向书，探索在土地开发、城市规划、工程设计、工程建设、物业管理及维修等阶段为香港机构参与提供便利，特别指出要进一步探索研究规划、工程咨询、设

① 33 个粤港工程建设合作项目信息发布［N］. 南方日报，2022-01-05.

计、测量和建造等领域取得香港执业资格的专业人士在前海直接执业和开设工程技术服务有关企业的方式，对香港独资或与内地合资开发建设的项目，试行香港的规划及工程建设体制机制，包括但不限于由投资者自主聘请香港专业人士和企业。

前海管理局、深圳市住房和建设局与香港特别行政区政府发展局于 2016 年 2 月共同发布《在深圳市前海深港现代服务业合作区试行香港工程建设模式合作安排》(以下简称《安排》)。《安排》明确规定，在前海合作区范围内的港商独资或控股之开发建设项目试行香港工程建设模式，这些项目可选聘香港工程建设领域服务业专业机构及专业人士为其提供工程建设领域服务，前海管理局参照香港工程建设模式进行项目管理。

为打破香港建设领域专业机构及人士在内地执业的隐形壁垒，向港企、港人开放前海建设市场，前海管理局会同香港发展局研究编制了《深圳市前海深港现代服务业合作区香港工程建设领域专业机构执业备案管理办法》《深圳市前海深港现代服务业合作区香港工程建设领域专业人士执业备案管理办法》。两份文件于 2020 年 9 月 23 日印发，10 月 1 日正式实施，是全国首个专门针对香港工程建设领域资质资格内地认定的规范性文件。

(三)嘉里建设在前海实行香港工程建设模式情况

1. 基本情况

嘉里建设前海项目是香港大型企业在前海的第一个重大投资项目，也是前海第一个试点“香港工程建设模式”的投资项目，通过引进香港先进的专业设计服务及管理理念，将项目的建筑、设计和工程的管理提升至国际化水平，为进一步将香港在工程建设领域的成功管理经验复制推广到更广范围和区域积累了经验。

一是采用建筑师负责制。由香港梁黄顾建筑设计(香港)有限公司负责对项目设计进行全过程管理，包括组织设计协调会、协调设计进度、把控设计标准及质量等。其建筑设计师兼具设计与协调职能，优化整体工程质量和进度管理，保证建筑设计师的设计理念在整个项目过程中得到高标准贯彻落实。

二是吸引香港建筑及设计领域专业咨询公司参与。嘉里前海项目在建筑设计、精装设计、景观、标识、灯光、幕墙等方面大量选用香港顾问机构与专业人士，多达十余家香港建筑设计领域咨询公司参与项目建设。

三是借鉴并优化香港模式的专业化监管模式。由前海管理局规划建设部门统筹抓总，各相关政府行业主管部门并联监管，如市消防局审核消防设计图纸并验收消防工程，市特种设备安全检验研究所审核电梯设计，市质量监督站监管项目质量及安全，市水务局监督并验收供水工程，进一步优化项目管理流程、提高项目管理效率。

四是采用通行的国际咨询工程师联合会（FIDIC）咨询合同标准。统一采用国际高标准合同标准，嘉里项目庞大的咨询服务团队可将各自局部工程与整体项目进行无缝衔接，并使项目合同的管理及实施得以规范化、标准化。

2. 存在的问题

在实践中取得经验的同时，也发现了不少值得进一步解决的问题。

一是资格和资质问题。嘉里前海项目合作的很多香港顾问公司和专业人士没有内地从业资格和资质，无法进行资质签章。为解决这个问题，不得不委托内地甲级设计院进行项目的统一出图，并帮助香港顾问公司和专业人士理解内地的行业规范，提供相关技术支持。

二是设计规范及标准难以协调。香港设计师及专业人士对内地的规范不熟悉，导致有些设计不符合内地标准。香港大多实行英国规范，与内地规范主要有以下三点区别：英国规范重推理，建筑师有很大酌情决定权，而内地规范重强制规定；英标重安全，国标重实用；英标体系统一，国标各自为政，英标从勘察设计到施工运营，均在一个体系内编撰，而国标中设计和施工规范分别编撰，且主管部门分属不同的部委，存在设计不够规范及标准不够统一的问题。

三是施工企业深化设计能力不足。在香港建设模式下，香港地区以及国外的设计师设计的图纸往往需要施工企业根据现场施工的要求对图纸进行深化设计；然而内地的施工企业不具备独自进行深化设计的能力，所以在嘉里前海项目建设过程中，除了资质签章的障碍，内地设计院还需要对国外设计师的图纸进行深化设计。

四是工程监理的专业化问题。内地的工程监理由中标的监理公司实施，能够做到和投入最多的是质量监理，对于工程进度、成本基本没有监督职能，重质量、轻成本、轻投资。但项目管理是集质量、进度、成本（投资）和安全为一体的管理，各要素之间相互联系、相互制约。内地的工程监理存在服务范围的残缺，无法为业主提供全面的服务，不能有效地控制工程成本、质量和进度。而香港的建筑师负责制，工程监理由总建筑师及其专业团队负责，履行全方位、全流程监理职责，能够有效保证项目的成本、进度和质量。

（四）复制推广

2019 年 2 月 18 日，中共中央、国务院印发《粤港澳大湾区发展规划纲要》提出，“扩大内地与港澳专业资格互认范围，推动内地与港澳人员跨境便利执业”，“在深圳前海、广州南沙、珠海横琴建立港澳创业就业试验区，试点允许取得建筑及相关工程咨询等港澳相应资质的企业和专业人士为内地市场主体直接提供服务”，“扩大香港工程建设模式实施范围，推出更多对香港建筑及相关工程业界的开放措施”。

表 6–1　大湾区关于单向认可港澳专业人士资格的政策举要

政策文件	政策条文
《粤港澳大湾区发展规划纲要》	在深圳前海、广州南沙、珠海横琴建立港澳创业就业试验区，试点允许取得建筑及相关工程咨询等港澳相应资质的企业和专业人士为内地市场主体直接提供服务，并逐步推出更多试点项目及开放措施
《广东省推进粤港澳大湾区建设三年行动计划（2018—2020 年）》	探索在广东自贸试验区允许具有港澳执业资格的金融、建筑、规划、专利代理等领域专业人才，经相关部门或机构备案后，按照规定范围为自贸试验区内企业提供专业服务，试点成熟后，在大湾区内地复制推广
《深圳市贯彻落实〈粤港澳大湾区规划纲要〉三年行动方案（2018—2020 年）》	探索在深港科技创新合作区内推行专业资格单边认可港澳资格政策，具有港澳执业资格的专业人士在合作区深方区域内可直接登记并提供专业服务

续表

政策文件	政策条文
《广东省住房和城乡建设厅关于落实〈国务院关于支持自由贸易试验区深化改革创新若干措施的通知〉有关事项的通知》	授权南沙、前海、横琴自贸区住房城乡建设主管部门制定港澳相关专业人士执业管理办法，允许具有港澳执业资格的建筑领域专业人才，经过自贸区相关部门或机构备案后，按规定范围为自贸区内企业提供专业服务。南沙、前海、横琴自贸区均分别与香港特别行政区政府发展局签订合作协议，通过备案方式允许香港专业机构及专业人士按规定范围在自贸区提供服务
《珠海经济特区横琴新区港澳建筑及相关工程咨询企业资质和专业人士执业资格认可规定》	通过备案方式允许港澳工程建设服务企业和专业人士在横琴新区范围内为市场主体直接提供服务

资料来源：根据公开资料综合整理。

目前，深港两地政府不断推进认可港澳专业人士资格的便利举措。2021 年 9 月，前行政长官林郑月娥率领香港特别行政区政府代表团与深圳市委书记王伟中率领的深圳市政府代表团举行了深港高层会晤，并签订了系列安排。在建筑及相关工程方面，香港特别行政区政府与前海管理局建立简便制度，允许特别行政区政府认可名册内的建筑及工程顾问公司和承建商，以及香港相关专业注册管理局注册的专业人士，可通过备案方式对应内地的相应资格，从而可在前海直接提供服务，为相关业界人士带来更大的发展空间。有关措施自 2020 年 10 月起实施，目前已涵盖建筑、工程、测量、规划和园境专业范畴。

三、横琴“单排车”制度安排

允许澳门机动车入出横琴，是珠澳两地政府落实《粤港澳大湾区发展规划纲要》，推动横琴粤澳深度合作区建设的重要举措，也是粤澳合作的重大成果。

2016 年，珠澳两地签署了《关于澳门机动车辆入出横琴的协定》，随后珠海横琴出台澳门“单牌车”入出横琴的政策。根据《澳门机动车入出横琴管理暂行办法》《澳门机动车入出横琴管理细则》《澳门机动车入出横琴申请条件》相关规定，符合条件的澳门机动车辆，向珠海横琴新区提交申请及相关材料，向珠海市公安交管部门申领车辆临时车牌证，并经拱北海关等口岸联检单位备案后，方可进入横琴，在内地行驶范围限于珠海市横琴新区。2016年12月20日11时18分，一辆挂着“MU-30-30”的澳门单牌车首次进入珠海市横琴新区。这标志着中央惠澳的这一重要举措，在澳门回归17周年纪念日当天成为现实。当日，首批办理了备案手续、获得临时车牌证的9辆澳门单牌车排成一队，依次准备入境。首辆车的麦姓驾驶员将车暂停在进境车道前方，打开车尾箱和车窗玻璃，由海关、边检、检验检疫三家联检单位监管。

2019年9月，公安部推出6项临时入境车辆人员出行便利措施，试点临时入境机动车牌证电子化。对香港和澳门机动车经港珠澳大桥通行，澳门机动车进入横琴，台湾地区机动车进入平潭的核发电子临时入境机动车牌证，不再发放纸质牌证。

随着澳门单牌车申请量大幅增加，申请条件先后于2017年、2018年、2019年和2021年四次放宽，配额总量由最初的400个，逐步增加至2022年的1万个，大大促进了两地人员的便利往来。为遵循“按部就班、逐步开放”的原则，自政策实施之日起90天内，每30天供申请的数量为300部，以“先到先得”的方式进行。后续每月数量由珠澳两地政府经评估新横琴口岸通行能力及道路交通流量等情况再做调整。符合原申请条件（如澳门居民在横琴工作、居住及投资）的澳门机动车优先申请。为进一步降低申请门槛，2022年3月起，允许年满18周岁的澳门居民（包括永久性居民和非永久性居民）申请澳门机动车入出横琴资格，每部车辆可登记两个持内地驾驶执照的驾驶者。2022年8月22日起，全面放开澳门非营运小客车（9座及9座以下）入出横琴深合区配额，取消当前1万个配额总量限制。

四、适用“港资港企港仲裁”

香港法律制度和法治环境受国际认可。在世界银行发布的《世界管治指标》中，香港法治的得分从1996年的69.85分上升至2019年的91.83分，位列亚洲第2、全球第18。世界经济论坛发布的《2020年全球竞争力报告》

中，香港衡量法制水平的细项排名较高，如“司法独立性”排名第 8，“法制框架解决纠纷效率”排名第 3，“法制框架允许挑战现有规则”排名第 2。香港国际仲裁的权威性受国际认可，根据伦敦大学玛丽皇后学院所进行的国际仲裁调查，自 2015 年以来，香港一直名列全球五大首选仲裁地点。国家“十四五”规划和《粤港澳大湾区发展规划纲要》均支持香港建设亚太区国际法律及解决争议服务中心。

2021 年 11 月，李克强总理在第 59 届亚洲—非洲法律协商组织（亚非法协）年会上宣布成立亚非法协香港区域仲裁中心，充分反映了中央人民政府对巩固香港作为仲裁及争议解决服务（包括网上争议解决服务）中心的支持。2021 年 12 月第十一届中国华南企业法律论坛、2021 年前海法治论坛等多个重磅法治活动在深圳前海举行，最高人民法院副院长、二级大法官陶凯元表示，最高法院接下来将重点从四方面助力粤港澳大湾区打造具有世界竞争力的营商环境：一是尽快出台支持和保障前海合作区、横琴粤澳合作区的司法文件；二是支持深圳建设全球海洋中心城市，打造多元化国际海事法律服务中心；三是健全国际商事争议多元化纠纷解决机制，探索推动粤港澳三地调解、仲裁与诉讼的有效衔接；四是加强粤港澳司法交流与协作，提升区际司法协助安排的实施效能，进一步便利跨境当事人解决争议。同时，香港前律政司司长郑若骅指出：“受惠于最近前海的大幅度扩区，适用‘港资港法’的相关企业必然增多。律政司将会积极争取将‘港资港法港仲裁’机制扩展至深圳以至整个大湾区，让更多区内的港资企业能选用香港法作为合同的准据法，并可以选择香港作为仲裁地。”

“港资港企港仲裁”在深圳前海已有实践。一是在大湾区推广适用以香港为默认仲裁地的深圳国际仲裁规则。2019 年 2 月 21 日，深圳国际仲裁院发布《关于增强核心引擎功能推动粤港澳大湾区建设的十大措施》及《粤港澳仲裁调解联盟争议解决规则》，推广适用以香港为默认仲裁地的深圳国际仲裁规则，鼓励中外当事人适用香港法律。二是《深圳国际仲裁院关于适用〈联合国国际贸易法委员会仲裁规则〉的程序指引》规定，仲裁当事人可以选用《联合国国际贸易法委员会仲裁规则》。借助该指引的先行优势，将进一步加大《联合国国际贸易法委员会仲裁规则》等境内外知名仲裁规则的推广和适用，鼓励涉外仲裁案件和国际投资仲裁案件当事人，选择香港作为仲裁地，适用有关香港法律解决争议，为香港法律服务业提供更多的内地市场机会。三是前海法院制定《关于涉香港特别行政区中立第三方评估的规定》，在涉港案件中引入中立第三方评估制度，聘请香港法律专业人士担任中立评估员，从中立和专业的角度明确案件适用的香港法和所需要的证据，以及对当事人之间的纠纷进行评估预测，缩小双方争议，引导当事人选择和解或以其他合理方式解决纠纷。

但是，“港资港企港仲裁”优势在内地得以发挥需要政策突破。主要问题是：在没有“涉外因素”的情况下，大湾区内地城市的港资企业无法选择适用香港法律和香港机构仲裁（深圳前海除外）。原因如下：一是按照《仲裁法》规定，大湾区港资企业可以选择香港仲裁机构和香港法律，但必须以具备“涉外因素”为前提。二是“涉外因素”的认定由《涉外民事法律关系适用法》及相关司法解释共同规定。港资企业属于“中国籍”，不具备“涉外因素”。三是《最高人民法院民四庭关于涉外商事海事审判实务问题解答（一）》第 83 问，对“国内当事人将其不具有涉外因素的合同或者财产权益纠纷约定提请外国仲裁的，仲裁协议是否有效”给予否定性回答。因此，允许大湾区内地城市的港资企业选择香港仲裁机构进行仲裁，需要突破的是“涉外因素”的限制性规定。2020 年 8 月，深圳人大常委会运用特区立法权，修订并通过了《深圳经济特区前海深港现代服务业合作区条例》（以下简称《条例》）。《条例》第 57 条突破了《涉外民事法律关系适用法》及相关司法解释对“涉港因素”的限制，允许在前海注册成立的港资企业协议选择合同适用的法律，但这一创新的空间效力仅限于前海合作区内。应加快突破以上政策障碍，为发挥香港仲裁优势、服务大湾区港资企业提供保障。

第七章　联营、合作与“一区两园”

本章以内地与港澳联营律师事务所、香港大学深圳医院以及河套深港科技创新合作区“一区两园”建设为分析对象，探索内地与港澳企业（机构）以及园区建设全面融合的创新模式。这三个案例的特别意义在于，在同一个企业主体或同一片园区中同时体现了两种制度、两种资源的“合伙”关系，是创新政策具体落在微观主体的典型案例。

一、内地与港澳合伙联营律师事务所

允许内地律所与港澳律所合伙联营提供法律服务，是CEPA框架下促进法律深化合作的合作模式创新之举。除突破原有法律服务合作模式外，联营律师所作为集聚港澳律师在内地提供法律服务的重要载体，对提升内地法律服务质量、协助内地企业“走出去”、促进三地律师交流沟通等发挥了重大作用，对推动大湾区法律融合具有积极作用。

（一）粤港澳律师资格认定及管理差异

1. 内地律师资格认定及管理

参加国家统一法律职业资格考试，是内地律师资格取得的主要方式。参加国家法律资格考试的考生需要拥有内地大学法学本科学历并获得学士及以上学位；或者非法学类本科及以上学历，并获得法律硕士、法学硕士及以上学位；非法学类本科及以上学历并获得相应学位且从事法律工作满三年也可以参加考试。香港、澳门特别行政区的永久性居民中的中国公民和台湾地区居民参加考试适用相同的条件。考试在香港和澳门设立考点。

参加国家统一法律职业资格考试成绩合格的，由司法部颁发法律执业资格证书。在获得法律执业资格证书之后，申请人需要通过接受其实习的律师事务所向住所地的市级律师协会申请实习登记，完成一年的实习期，并完成律师协会的培训，并经律师协会考核合格后，可向所在地司法行政部门申请执业，取得律师执业证书。内地律师的管理由各地政府的司法行政部门与律师协会共同负责。其中律师协会负责律师的培训、考核、奖励和惩戒。但是，律师协会的惩戒仅限于行业协会内部的规则。各地司法部门负责律师执业资格的审核、批准并对律师执业中应负的法律责任依法作出行政处罚。

2. 香港律师资格认定及管理

香港实行普通法法律制度，法律服务业遵循英国式传统，分为主要从事诉讼业务的“大律师”（barristor）和从事非诉讼业务的“律师”（lawyer，又称“事务律师”）。香港是亚洲乃至全球重要的法律服务基地和争端解决地。截至2018年6月底，香港持有执业证书的律师共有9585人，注册外地律师1505人，拥有903家本地律师事务所及835家注册外地律师行，包括超过半数的全球百大律师事务所。根据2018年2月特区政府统计处公布的数据，2016年，香港法律服务输出总值达到25.07亿港元，其中服务输入12亿港元，服务净输出13.07亿港元。

香港律师会（The Law Society of Hong Kong）是香港律师的专业团体，成立于1907年。香港法例第159章《法律执业者条例》授予香港律师会在律师执业认可程序中的决策权，并可向香港律师发出执业证书和处理外地律师及外地律师行的登记事宜；调查并向律师纪律审裁小组陈述有关律师专业操守的事宜；如发现律师不诚实、故意延误个案进度、破产、死亡或遭遇其他意外，律师会有权介入该律师行的日常运作；为律师及实习律师的专业操守和教育订立规则；安排及维持强制性专业赔偿计划。

香港律师会授予律师资格的程序如下：

（1）拥有香港本地的法律学位，包括香港大学、香港中文大学、香港城市大学授予的法学学士（LLB）或者法律博士（JD）学位，申请者可申请入读此三所大学为期1年的“法律专业证书”（Postgraduate Certificate in

Laws，PCLL）课程。取得该证书后，可向香港的律师事务所申请成为实习律师，实习期为2年，可以酌情缩短。完成实习期符合要求的实习律师，可向香港律师会申请成为正式律师。

（2）拥有非香港本地的法律学位，申请者需证明已经完成PCLL所要求的11门核心科目；或者通过法学专业入学资格考试（PCLL Conversion Examination），并证明已有掌握三门补充课程（Top-up Subjects）的能力，可以申请入读PCLL课程。证明掌握补充课程的能力可通过参加PCLL中的相关科目考试，或者在香港三所大学作为内部访问学生（internal visiting student）通过三门科目的考试，或者作为在香港取得英文和香港法律的硕士文凭的一部分。取得PCLL证书后完成规定的实习，可申请成为正式律师。

（3）香港之外的司法管辖区域内符合资格的律师，通过一定程序可以获得香港律师资格。在香港以外的普通法司法管辖区执业且具有良好声誉的律师申请获得香港律师资格的条件包括：拥有某个普通法司法管辖区内的法学学士学位，或者通过等同于香港大学香港法律专业共同试证书（Common Professional Examination Certificate）的考试；完成合约法、侵权法、财产法、刑事法、衡平法以及宪制和行政法的课程，或者有类似科目或范围的实际经验。满足上述条件后，申请人需要通过境外律师资格转换考试（Overseas Lawyers Qualification Examination，OLQE）科目的笔试中除民事及刑事诉讼程序之外的科目。此外，申请人在海外的实习经验、职业经验或两者相加的时间不得少于两年。香港以外的非普通法司法管辖区的律师，需要有不少于5年的执业经验，且通过OLQE笔试中的所有科目和普通法原则的口试科目。执业经验少于5年的申请者，需要完成1年的合约法、侵权法、财产法、刑事法、衡平法，以及宪制及行政法的全日制课程，或者律师会认可的其他兼读制课程，并且需要通过PCLL考试。

3. 粤港澳大湾区律师执业考试

2021年7月31日，首次粤港澳大湾区律师执业考试开考。考试合格的人员，经广东省律师协会集中培训并考核合格后，即可以向广东省司法厅申请粤港澳大湾区律师执业，由广东省司法厅颁发律师执业证书（粤港澳大湾区），办理适用内地法律的部分民商事法律事务。截至2022年3月，广东已批准合伙联营律所 15 家，共有 108 名港澳律师派驻到合伙联营所，204 名港澳居民经批准成为内地执业律师。①

（二）粤港澳联营律所发展情况

粤港合作框架下，深港两地具有地缘优势，广东省外向型经济发展、民营企业创新活跃等特征催生了对国际法律服务的需求。为贯彻落实 CEPA 补充协议关于“密切内地与香港（澳门）律师业的合作，探索完善两地律师事务所联营方式”方面的倡议。2014 年 11 月，全国第一家香港与内地合伙联营律师事务所落户深圳前海。联营所是深港法律服务深度合作的尝试，主要目的是发挥香港有关国际金融、资本市场、国际商贸、国际仲裁等丰富法律服务律师资源以及成熟国际纠纷处理经验，利用联营律所平台满足客户跨境法律服务需求。

深圳设立中国第一家粤港联营律师事务所，也是广东省粤港澳联营律师事务所数量最多的城市。根据司法部、省司法厅改革试点办法，2014 年 11 月 13 日，广东省司法厅批准广东华商律师事务所与香港林李黎律师事务所在前海开展粤港两地律师事务所合伙型联营试点合作——设立华商林李黎（前海）联营律师事务所。这是中国第一家跨法域、跨地域的粤港澳联营律师事务所。合伙联营律师事务所由符合条件的内地律师事务所与香港或澳门律师事务所实行合伙型联营。合伙型联营律师事务所，以联营律师事务所的名义对外提供法律服务，承担法律责任。合伙联营律师事务所只能受理承办民商事、行政案件。2015 年，内地与港澳分别签订《关于内地在广东与香港基本实现服务贸易自由化的协议》与《关于内地在广东与澳门基本实现服务贸易自由化的协议》，允许与港澳律师业以合作形式探索派驻律师担任法律顾问，开展协议联营以及合伙联营，由此深圳成为广东省粤港澳联营律师事务所数量最多的城市。

---

① 广东已批准合伙联营律所15家 204名港澳居民成为内地执业律师［N］. 南方日报，2022-03-08.

（三）联营律所发展存在的问题

联营律所有协议联营及合伙联营两种方式。2012 年，《司法部关于修改〈香港特别行政区和澳门特别行政区律师事务所与内地律师事务所联营管理办法〉的决定》确认了港澳律所与内地律所采用协议联营方式，分别提供法律服务。协议联营方式由于双法法律地位、名称、财务、责任等均“各自独立”，实践中只是最简单的“组合”方式。实践中存在以下问题：

（1）执业范围受到限制。《广东省司法厅关于香港特别行政区和澳门特别行政区律师事务所与内地律师事务所在广东省实行合伙联营试行办法（修订）》第 20 条规定，“联营律师事务所可以受理、承办民商事领域的诉讼、非诉讼法律事务，不得受理、承办涉及内地法律适用的刑事诉讼、行政诉讼法律事务”。2017 年 12 月，广东省委组织部等 13 个部门联合下发的《关于印发〈关于粤港澳人才合作示范区人才管理改革的若干政策〉的通知》（粤组通〔2017〕47 号），将联营律所的执业范围放宽至可以受理行政诉讼法律事务。目前联营律所除无法为客户提供内地刑事诉讼的法律服务外，可以从事民商事、行政诉讼和非诉讼法律事务。

由于联营律所的内地法律服务事务由联营律所的内地律师提供，联营律所内地律师均为中国执业律师，其在中国法域内提供刑事及行政法律服务并不涉及国家主权问题，如果限定联营律所不能从事刑事诉讼，一方面对联营律所设置了业务障碍，使联营律所在提供法律服务过程中不得不将刑事业务分拆，无法为客户提供完善的法律专业服务；另一方面在立案登记制改革、刑事案件数持续增加的大背景下，压缩了联营律所的市场空间，使联营律所的可持续发展受到较大限制，不利于联营律所发挥自身优势，通过提供诉讼服务参与到社会法治创新及司法体制改革进程中。

（2）开展委托公证业务受到限制。根据《中国委托公证人（香港）管理办法》（以下简称《办法》）的相关规定，具备中国委托公证人（香港）资格的香港律师所出具的委托公证文书，需经中国法律服务（香港）有限公司审核并加章转递。但是，目前内地客户涉及香港的法律业务越来越多，对其中涉及委托公证的业务，如是内地客户还要亲自到香港办理，存在需办理港澳通行证、前往香港差旅费用高等多种不便，也带来了效率较低的问题。如果允许联营律所内具备中国委托公证人资格的香港律师在联营律所内为内地客户办理委托公证业务，将大大便利内地客户办理涉港法律事务，也有助于联营律所扩大业务范围。

（3）联营律所难以达到政府和大型企业投标资格。根据相关规定，政府、大型国企和民企可以招标形式购买第三方法律服务。对于律所的投标资格，主要是对成立年限、人数、纳税等作出要求，而联营律所因发展时间短、规模小而难以满足招标资格要求。如 2018 年罗湖区一家政府机构购买第三方法律服务的标书中，对投标律所的要求是“成立五年以上，执业律师人数不少于 40 人”，这一规定等于变相将联营律所排除在外。

（4）香港律师的个税补贴问题。前海企业所得税优惠是针对产业准入目录类企业，律师事务所在法律上是合伙制企业，只缴纳增值税和合伙人分红的个人所得税，不缴企业所得税。所聘用香港律师在内地居留 183 天以上，其收入就要在内地按内地税率缴纳个人所得税，税率远高于香港。前海对个人所得税实行“先征后补”，按年度结算，且征税是国家税务部门事权，补贴则由地方政府负责。联营律所港方律师认为申请程序复杂，时间长，且存在不确定性。

（5）联营律所内地律师出入境不便。联营律所经常承办跨境法律业务，频繁往返深港两地，对出入境和跨境交通的高效便捷有很大需求。但申请跨境两地牌照车牌非常困难，其关于投资额和税收的要求，作为律师事务所基本上难以达到。联营律所的内地律师赴港签注目前只能使用旅游签注，最多“一周一行”，难以满足随时赴港的业务需求，只能通过办理商务签注来实现。但商务签注对所在机构的纳税额有一定要求，并非所有联营律所都能达到。

（6）联营律所港方律师执业保险出现真空。香港律师重视执业风险防控，在香港全都购买高额执业责任保险。但到内地后，他们本身在香港的执业保险不覆盖内地执业部分，深圳律协的执业保险也不覆盖香港律师，出现真空区域。如若通过市场解决，但由于这个群体特别小，导致保险费特别贵。比如内地现在普遍的执业责任保险 1000 万元，从 1000 万元提高到 2000 万元，保费一下就要涨几十倍，每年要交几十万元，2000 万元以上保额的还没有产品可买。

（7）其他隐形壁垒。根据《中华人民共和国律师法》，符合资格人士可以申请兼职律师职业。兼职律师制度设立的初衷，是给从事法律研究工作人士在不脱产的前提下接触实务工作的机会，是丰富我国律师团队构成的重要制度设计。但现实情况是，我国兼职律师制度并未覆盖港澳籍律师，导致港澳人士无法在内地兼职执业。作为兼职执业前置条件的兼职实习政策亦未将港澳人士纳入，堵塞了在职港澳人士申请职业之路。此外，联营律所也受到外汇管制政策影响，使得联营律师事务所跨境资金流动困难。实践中，出现联营律师事务所中港澳方出资资金无法及时汇至合办机构、委托人支付的律师服务费无法直接汇至港澳律师本地账户的问题，以至于“联营律师事务所”并没有实现真正意义上的“融合”，尚停留在三地律师“组合”的初级阶段，联营优势未得到充分发挥。因此，目前内地与港澳联营律师事务所更多是“形式上的合作”，而没有办法达到实质意义的融合。

（四）优化建议

要发挥联营合作的优势，必须优化相关配套政策，主要包括拓宽联营律所及港澳律师执业范围和妥善解决税负保险问题两大方面。针对拓宽执业范围问题，建议如下：一是争取国家司法部支持，进一步拓宽联营律所律师从业范围，允许联营律所受理和承办刑事诉讼事务，由联营律所中具有内地律师执业资格的律师承办；二是进一步扩大联营律所中取得内地律师执业资格的港澳居民的执业范围，允许其依法受理、承办全部民商事诉讼案件及相关适用特殊程序案件；三是争取国家司法部支持，试点允许在联营律所执业的、具备中国委托公证人资格的港澳律师在联营律所从事委托公证业务，进一步扩大联营律所业务范围，促进内地对香港的投资便利化。

此外，应鼓励和支持联营律所进入政府及国有企业服务机构名单。根据联营律所的实际情况，协调地方国有资产管理委员会、投资控股有限公司等政府部门和大型国企，将联营律所纳入法律服务机构名单。针对妥善解决税负保险问题，争取国家有关部门支持，与特区政府税务主管部门协商，研究签署避免双重征税协定，解决联营律所合伙人双重纳税问题；试点允许联营律所采用核定征收方式纳税。在深圳前海率先探索，将法律服务业纳入前海税收优惠领域；在深圳前海试点允许联营律所的港方律师在香港申报纳税，即允许联营律所的港方合伙人，自行在香港地区依法申报纳税。同时，协调地方律师协会、保险监管部门及有关保险公司，对联营律所的港方律师在深圳执业购买执业责任险作出适当安排，解决执业责任险“真空”或“双重征收”问题。

二、香港大学深圳医院

（一）基本情况

香港大学深圳医院（以下简称港大深圳医院）是由深圳市政府全额投资，并引进香港大学现代化管理模式的大型综合性公立医院。医院总投资约40亿元，占地面积19.2万平方米，总建筑面积36.7万平方米。医院现拥有床位2000张，截至2021年底已经启动二期工程建设，未来将增至3000张病床。

港大深圳医院于2012年7月1日开始运营，逐步引进国际一流的先进医院管理经验和医疗技术，为市民提供优质医疗服务。医院以深港合作为契机，全面引进香港大学具国际一流水平之优势学科，并优先打造“六大”诊疗中心，包括生殖医学及产前诊断中心、肿瘤综合治疗中心、心血管治疗中心、骨科与创伤中心、器官移植中心、感染性疾病综合诊疗中心。同时，医院设立国际医疗中心，提供具有国际先进水平的高端医疗服务。医院于2015年9月通过澳大利亚医疗服务标准委员会（ACHS）全机构认证，2017年11月正式成为国家三级甲等综合医院。2018年6月，医院成功入选广东省高水平医院建设培育单位，全力打造集“医、教、研、管”于一体的四个粤港澳大湾区国际化中心，包括医疗中心、医学人才培养中心、医学科技创新中心和医院管理创新中心。未来医院的愿景不仅是发展成为“国内一流、国际知名”的现代化医院，更将成为国际顶尖的教学医院和医学院，为国家培养医学人才。

港大深圳医院突出成效表现在四个方面：一是在办医方面创新医疗管治结构。深圳市政府和香港大学合作共管，组建董事会、医院管理团队和监事会的法人治理结构，实行董事会领导下的院长负责制。统一岗位管理及薪酬分配体系，设置全科医学科（家庭医学门诊）和病人关系科。

二是在管医方面推行运行机制改革。如人事薪酬改革、价格机制改革，倡导廉洁文化构建人文关怀医院、倡导公益文化鼓励社会捐赠等。推行全面预约和“打包收费”制度，初步形成“维护公益性、调动积极性、保障可持续”的公立医院运行新机制。

三是在行医方面建立与国际接轨的质量管理制度。如建立医疗质量和安全管理机制，成为内地首家通过ACHS国际认证、三甲认证的综合医院；推行绿色诊疗健全医患纠纷处置机制；设立国际医疗中心，满足市民及外籍人士对多元化医疗服务的需求等。

四是在就医方面建立与国际接轨的诊疗服务模式。推行全预约制度、“先全科、后专科”看诊、团队诊疗、引进国际急诊预检分诊制度等，致力实现医院回归公益性、诊疗行为回归医疗本质、医生职业受尊重、医患互信“四个回归”。患者平均住院日6.5天，“药占比”为21.1%，次均门诊费用和次均住院费用均低于市属医院平均水平。

（二）“港澳药械通”试点及复制推广

2020年11月，经国务院同意，国家市场监管总局、国家药品监管局等八部委联合发布《粤港澳大湾区药品医疗器械监管创新发展工作方案》，在粤港澳大湾区内地9市开业的指定医疗机构使用临床急需、已在港澳上市的药品，以及使用临床急需、港澳公立医院已采购使用、具有临床应用先进性的医疗器械，由广东省实施审批。该方案同时明确“港澳药械通”政策，坚持“分步实施，试点先行”的原则，先期以港大深圳医院为试点，在取得阶段性进展后再逐步扩展至其他符合要求的医疗机构。通过试点，探索建立粤港澳大湾区内地医疗机构使用港澳药品医疗器械体制机制的实现路径和可行方法。试点结束后，港大深圳医院基本具备使用港澳药品医疗器械的条件，同时为政策在粤港澳大湾区内地全面实施积累可复制可推广的经验，为政策配套制度的制定提供实践依据。该方案发布之后，粤港澳大湾区三地反响强烈，各界纷纷期盼政策落地实施，惠及粤港澳大湾区民众。2023 年 1 月，经广东省人民政府同意，省市场监管局、省药品监管局等部门印发通知，省药监局牵头组织在香港大学深圳医院使用港澳药品和医疗器械的试点工作，试点期至 2021 年 7 月 31 日。

2021 年 8 月，广东省药监局联合广东省卫生健康委宣布，为在大湾区内地 9 市正式拓展实施“港澳药械通”政策，广东省药监局公布《广东省粤港澳大湾区内地临床急需进口港澳药品医疗器械管理暂行规定》（粤药监规许〔2021〕4 号）（下文简称《规定》）政策配套制度文件。“港澳药械通”将由深圳扩展至大湾区其他符合要求的城市和指定医疗机构，首批已获审核确定的五家指定医院包括港大深圳医院、广州现代医院、广州和睦家医院、珠海希玛林顺潮眼科医院和中山陈星海医院。

2022 年 2 月，广东省药监局、广东省卫健委发布关于第二批粤港澳大湾区内地临床急需进口港澳药品医疗器械目录的通告称：根据《粤港澳大湾区药品医疗器械监管创新发展工作方案》（国市监药〔2020〕159 号）和《规定》要求，结合工作实际，广东省药品监督管理局、广东省卫生健康委员会决定发布第二批粤港澳大湾区内地临床急需进口港澳药品医疗器械目录。通告包括阿培利司薄膜包衣片、厄达替尼片、布地奈德缓释胶囊、注射用羟钴胺素、布西珠单抗、卡马替尼 6 个药品，以及一款医疗器械细胞分选 / 处理系统。这些药品和器械将在港大深圳医院、广州现代医院、珠海希玛林顺潮眼科医院使用。对于上述纳入急需进口港澳药品医疗器械，《规定》指出，对进口的急需药械实行目录管理，并进行动态调整、及时公布。急需药械应当在申请进口使用的医疗机构用于特定医疗目的。

（三）运营中存在的问题

由于医疗行业属于强监管行业，跨境医疗合作项目在运营发展过程中仍面临现行法律和政策制度衍生的不少问题。就港大深圳医院而言，主要体现在两个方面：

第一，港澳及外籍医生招录和执业难。外籍医师需要申请外籍医师在华短期执业证书，有效期仅一年。香港医生执业需要申请港澳医师短期行医执业证书，有效期三年，具体手续也很复杂。定级考试和资质认可难以衔接。内地医师分为主任医师和副主任医师等职称级别，与相应的人才待遇、诊费标准等对应，但香港和海外医师没有对应的职级制度。虽然可以通过认定方式取得内地医师资格，但无法套用内地职级享受相应优惠政策，如需认定职级，还需参加内地职称定级考试。而职级考试的语言、内容都不适应。资质问题也限制了香港先进医疗技术在内地的运用。比如，港大深圳医院院长卢宠茂是国际肝胆移植专家，在香港及其他国家或地区做过很多肝移植手术，很多内地肝移植中心都去观摩学习，但港大深圳医院却拿不到做肝移植手术的资质许可。

第二，药品和医疗设备进口限制较严。香港医生对某些香港地区和外国药物有丰富的运用经验，但由于严格的药品管制，这些药物难以进入内地港澳医疗机构使用。大型医疗设备进口需要申请国家配额，审批手续十分繁杂，医院自己筹资购买也不允许。比如，港大深圳医院至今无法购买癌症中心所必需的 PET-CT 设备。香港一家慈善机构曾经捐款 3000 万港元为港大深圳医院购买一台甲类直线加速器，但由于一直拿不到国家配置证，最后只好改成乙类直线加速器。

（四）推进及解决思路

未来，随着合作的进一步深化，这些问题应有针对性的切实探索解决路径，包括认可香港医师执业范围：对接香港医师制度，对在深圳执业的港澳医生在职级认定方面作出针对性的特殊安排；单向认可香港医生专业资质，放宽符合条件的香港医疗机构进行器官移植等特殊诊疗活动所需的资质许可条件，支持香港医生和香港医疗机构在深圳运用先进医疗技术开展手术等诊疗活动；简化香港全科医生认可程序，制定相应的注册和监管制度；争取国家有关部门支持，将港澳医师应聘在深圳医疗机构从事临床诊疗活动的时限延长至不超过 10 年。放宽药品和医疗设备进口：特许在深圳香港医疗机构进口并选择使用香港本地生产的药品及香港注册但内地尚未注册的国际新药，允许这些药品免关税进口，限定在深圳港资医疗机构使用；适当放宽具有先行先试探索示范功能的在深圳香港医疗机构的医疗设备进口限制并减免关税等。

三、河套深港科技创新合作区“一区两园”建设

（一）发展现状

2017 年 1 月，香港特别行政区政府与深圳市人民政府签署《关于港深推进落马洲河套地区共同发展的合作备忘录》，港深两地政府除同意在落马洲河套地区打造港深创新及科技园，亦同意支持深圳河北侧毗邻河套地区的深圳科创园区的发展，以构建一个具有对应聚集力和协同效应的深港科技创新合作区。

近年来，国家高度重视河套深港创新科技合作区建设。2019 年 2 月发布的《粤港澳大湾区发展规划纲要》明确指出，支持落马洲河套区港深创新及科技园（港深创科园）和毗邻深圳科创园区的建设。同年 11 月，粤港澳大湾区建设领导会议明确提出“将在便利人员、资金、货物、信息等要素流动方面制定配套政策，河套深港科技创新合作区成为中央专项资金的优先支持对象”。第十三届全国人民代表大会于 2021 年 3 月 11 日通过的《中华人民共和国国民经济和社会发展第十四个五年规划和 2035 年远景目标纲要》更把深港河套纳入粤港澳四个重大合作平台之一（见表 7–1）。

表 7–1　国家支持政策

时间	发布政策的文件或会议	有关规定
2019 年 2 月	《粤港澳大湾区发展规划纲要》	支持落马洲河套港深创新及科技园和毗邻的深圳科创园区建设，共同打造科技创新合作区
2019 年 11 月	粤港澳大湾区建设领导小组会议	中央政府将会在便利人员、资金、货物、信息等要素流动方面制定配套支持政策。有关措施可望为香港引进更多国内外的创科人才，吸引更多外来资金，为香港的创科发展注入新动力

续表

时间	发布政策的文件或会议	有关规定
2021年3月	《国家“十四五”规划纲要》	加强粤港澳产学研协同发展，完善广深港、广珠澳科技创新走廊和深港河套、粤澳横琴科技创新极点“两廊两点”架构体系，推进综合性国家科学中心建设，便利创新要素跨境流动。高质量建设粤港澳大湾区，深化粤港澳合作、泛珠三角区域合作，推进深圳前海、珠海横琴、广州南沙、深港河套等粤港澳重大合作平台建设
2021年4月	《粤港澳大湾区建设、长江三角洲区域一体化发展中央预算内投资专项管理办法》	明确中央将设立专项资金对大湾区内地9市项目进行直接投资。其中，河套深港科技创新合作区及与港澳有关的项目成为优先支持对象

资料来源：根据公开资料综合整理。

在国家的支持下，港深两地政府积极推进建设。2021年，港深两地政府在深港高层会晤暨2021年深港合作会议上签订了《关于推进河套深港科技创新合作区“一区两园”建设的合作安排》(以下简称《合作安排》)，为发展合作区定下合作方向。同时，两地政府亦推出合作区的联合政策包，提供便利人流、科研资源流动及开设业务等方面的支援措施，携手为合作区招才引智。

根据《合作安排》，港深两地政府将继续遵循“一国两制”方针，在善用港深两地各自优势进行分工的同时，亦同心协力制定联合政策，推动创科资源有效流动，共同打造合作区“一区两园”，并发挥香港法治化、市场化及国际化的有利环境和科研实力及深圳在创新改革和先进制造的互补优势，推动更高水平合作，并同时支撑粤港澳大湾区国际科技创新中心建设（见表7–2）。

表7–2 《合作安排》具体内容

(一)香港科学园落户深圳园区	香港特别行政区政府正全力开发位于落马洲河套地区的港创科园，预期首批楼宇可于2024年起分阶段落成。为让有兴趣的机构和企业可尽早开展在大湾区内的科研工作和业务，两地政府同意先由香港科技园公司承租及管理深圳园区的部分物业空间，落户深圳园区

续表

（二）推动制度创新及创科资源便捷流动	港深两地政府同意推动人才、资金、物资以及数据等创科资源有效流动，便利港深两地科研人员和科技企业雇员往来，鼓励两地科研企业于合作区投资，促进港深科研基础设施、科研仪器和设备开放共享，并且研究两地数据资源跨境互通和协同应用
（三）联合探索为合作区推行创新政策	香港特别行政区政府与深圳市人民政府同意探索大胆创新，可先行先试有引领示范作用的特定政策及措施，支持合作区的科研发展、人才会聚和做大做强： 1. 支持科研：港深两地继续通过现有的措施对科研项目提供资助；研究建立港深联合资助项目库，分享项目资讯；为鼓励已获香港资助的科研项目与人员到深圳园区开展科研活动，深圳可给予科研空间、资金支持；研究合作开展"选题征集"制、"团队揭榜"制等科研管理创新机制，鼓励合作区内的科研机构进行更多以业界需求为导向的研发项目。 2. 会聚人才：探讨制定鼓励科研或相关人才进驻合作区的措施，并研究为特定界别或学历的人才制定更有力的吸引措施；香港特别行政区政府将通过香港科技园公司成立"大湾区创科飞跃学院 "，在香港及深圳园区内为两地的创科人才提供资源中心、培训枢纽和交流平台；深圳市人民政府亦会积极推动在深圳园区或园区附近为合作区科研人员和企业雇员提供人才住房。香港特别行政区政府亦会因应合作区的人才需求提供住宿支援。 3. 完善配套：深化港深在生物医药范畴（含诊断、药品、医疗器械及先进治疗等领域）协同研发及合作；研究加强吸引两地创科企业和机构、创投资金跨境流通和融资及专业机构服务进驻的支持措施；香港科技园公司在合作区成立"大湾区创科快线"，支持创科企业发展，发挥"引进来""走出去"的作用。 4. 联合推广：协调双方宣传推广策略提升合作区的国际地位，为合作区招才引智，以及吸引国际科创资源

（二）"一区两园"的协同发展模式

河套深港科技创新合作区作为唯一一个以科技创新为主题的特色平台，是深圳对港澳开放新模式的首选平台。深港科技创新合作区由香港 1 平方千米（河套 A 区）和深圳 3 平方千米（河套 C 区和福田保税区）组成。最大特点是跨境接壤，深港两侧各有一片区域，这种地理优势有利于深港深度合作与融合，是深港融合发展的新平台。

河套 A 区的独特价值是"在香港，临深圳"。河套地区是目前唯一一块深港地理相连的合作区，由港深共同开发、建设和管理，具有地理、体制、政策等方面的天然优势。具体表现为：一是跨境接壤，地理位置独特。河套地区远离香港中心区，与深圳中心区近在咫尺，具有"香港特别行政区"和

“深圳经济特区”双重制度优势直接叠加的特点。二是合作开发，管理体制独特。河套地区由深港双方共同规划、共同开发、共同管理，有望形成深港“你中有我、我中有你”的融合发展局面，可以有效规避两地要素资源跨境流动的障碍。三是错位协同，产业优势互补。河套地区定位为科技创新特别合作区，香港在基础研究和原始创新、知识产权保护、科技创新服务及国际化资源等方面有一定优势，深圳在应用研究、科技创新人才、创新主体、R&D 投入、制造链条等方面已经形成区域和全球影响力。

河套深港科技创新合作区正按照“一区两园”的协同发展模式规划建设，深港两地正制定政策，探索便利两地科研资源、资金及人才流动的措施。由于香港园区仍在开发建设过程中，当前河套深港科技创新合作区有关项目合作主要落于深圳园区。2020 年，《深圳市人民政府关于支持深港科技创新合作区深圳园区建设国际开放创新中心的若干意见》政策发布，增强对区内优质项目的吸引。截至 2021 年底，香港高校和企业重要科研项目批量签约入驻，实质推进和落地的优质科研项目和机构超过 140 个。其中，生物科技是入驻最多、最集中的领域，是河套深港科技创新合作区未来发展的重要引擎。

目前，香港大学、香港科技大学、香港中文大学、香港理工大学和香港城市大学等 5 所香港高校均已有项目入驻深圳园区。香港大学深圳医院在深圳园区设立临床与转化医学研究中心，将充分依托香港大学深圳医院资源，加强与内地、香港医疗机构在河套深港科技创新合作区的临床与转化医学研究。此外，在国际生物医药产业园引入了联影创新研究院、博济生物医药、晶泰科技、保信亚太生物科技等香港企业项目。

科技创新发展正重塑全球科技创新版图，粤港澳大湾区科技创新发展是“必选项”。大湾区企业短期内面临核心技术“卡脖子”的威胁，最为典型的是华为公司受到美国全面打压，但也对大湾区自主创新发展形成了“倒逼”机制，将激发大湾区多个领域核心技术创新的内生动力。大湾区科技创新基础良好，具有“单刀切入”“单兵突进”“弯道超车”的能力，需要把握重大机遇，打造成色更高、范围更广、竞争力更强的全球科技创新高地，实现发展动力的顺利切换和迅速转换。

河套深港科技创新合作区必须在顶层设计、体制机制、前沿产业谋划等方面作出最前沿探索，在“小空间”内加快推进粤港规则机制深度对接，打造深港产业一体化发展载体，积极打造丰富“一国两制”新实践的“河套方案”。

（三）“一区两园”建设需要解决的重点问题

河套深港科技创新合作区“一区两园”建设必将是未来深港合作的重中之重。2021 年，《香港北部都会区发展策略》计划将港深科技创新园（即河套香港园区）与新田 / 落马洲一带地方扩容提升为新田科技城；正在规划的北环线向北伸延，经落马洲河套地区的港深创新及科技园接入深圳的新皇岗口岸等部署。北部都会区将发展创新科技产业，推动香港再工业化，建立完整的创新科技产业投融资生态系统，培育新兴产业，优化香港产业结构，促进新经济发展。新田科技城定位为“香港硅谷”，是北部都会区“重中之重的创科发展区”。河套深港科技创新合作区香港园区不足 1 平方千米，难以布局先进制造业，如与落马洲 / 新田一带整合为新田科技城，土地空间将扩大为 2.4 平方千米，加上相关工业村，施展空间可能更大。但是，“一区两园”建设要取得实质进展，需要解决以下重点问题。

1. 强化合作区深港两地开发进度的协同

河套深港合作区香港园区是香港发展创新科技产业的重要承载，也是特别行政区政府推进香港创新科技的工作重点。为此，香港与深圳两地政府在河套地区开发建设方面需紧密合作（见表 7–3）。

表 7–3　香港方面推进河套深港合作区发展的有关安排

时间	安排
2014 年 12 月	完成落马洲河套地区发展规划及工程研究
2015 年 2 月	发布《落马洲河套地区发展规划及工程研究》报告
2017 年 1 月	签署《关于港深推进落马洲河套地区共同发展的合作备忘录》；编制《落马洲河套地区分区计划大纲草图》；刊宪公布前期工程的拟议道路工程
2018 年 5 月	香港特别行政区政府就前期工程建造和第一期主体工程的详细设计及工地勘测，获得立法会财委会批准拨款 7.859 亿港元
2018 年 6 月	有关工程和详细设计及工地勘测展开

续表

时间	安排
2020 年 7 月	刊宪公布前期工程的拟议工程道路、污水收集系统及污水处理厂工程等
2021 年底	预计提供首批土地
2023 年或以前	分阶段完成第一期工程的详细设计及工地勘测

资料来源：根据公开资料综合整理。

作为国家高度关注的内地与港澳重大合作平台，香港园区及建设一直被香港社会各界诟病“过慢”。根据香港立法会资料，香港园区分两期发展，每期分为三个批次，预计可提供共 67 座楼宇。第一期共 31 座楼宇，第二期共 36 座楼宇。如获得香港立法会财务委员会拨款，港深创新及科技园有限公司可于 2022 年展开工程，第一期第一批次 8 座楼宇可在 2024—2027 年分阶段落成，2023 年可建成 3 栋，随后 4 年建成 5 栋。

香港园区开发建设慢与其所在的地理位置有关。一方面，一河之隔的深圳园区处于城市中心地带，而香港园区处于香港“边界”。香港园区需要一段时间才能完善有关交通配套。另一方面，香港园区所处地理位置特殊，毗邻地区的自然及文物资源丰富，包括遍布山丘地带、自然景观和乡村等，湿地及鱼塘具有很高的生态价值。特别是米铺自然保护区距离河套地区西南面仅 5.4 千米，任何发展将可能对后海湾水质带来不良影响，湿地环境面临挑战。

2. 统筹规划合作区及周边的跨境交通

“一河两岸、一区两园”地理位置特殊，“一国两制”下如何两个独立关税区如何“连在一起”，交通便捷便显得至关重要。要推动两地科研人员便捷流动，在交通方面必须解决三个问题：一是香港园区及周边地区交通工程需要加快推进，便利科研人员从香港侧进入园区；二是“两园”之间需要配套合理交通安排，便利两地科研人员在两个园区往返交流；三是两地政府共同推动地铁接驳联通。

3. 促进深港规则机制深度对接

河套深港合作区未来将发展成为一个具有开创性、示范性的内地与港澳合作新平台，必须打破“两个关税区、两种通关模式、两套监管体系”的制约，推动规则机制深度对接，构建深港深度融合协同发展的新体制新机制。

一是往返深港两地合作区工作的内地科创人才出入境及税务安排问题。人才是科技创新产业发展的重要动力，合作区将集聚国内外研发人才。据估计，未来香港园区将有 5 万从业人员，其中至少一半是研发人才。为吸引内地及国际科技创新人才，香港特别行政区政府将在园内设立人才基地并建立人才库，积极制定科技人才入境计划简化程序。合作区要素跨境流动应作出特殊安排，特别是率先在人员流动方面实现通关便利化乃至自由化。此外，对于境外高端人才“在港工作、在深居住”或“在深工作、在港居住”是否可以享受香港低税负优惠等，都需要在相关实施细则上作出妥善安排。

二是资金跨境使用问题。目前有关政策解决了中央财政资金“过河”港澳问题。未来在资金管理方面仍需进一步完善。香港、澳门特别行政区政府对科研项目管理、经费使用、人员配备和激励措施等倾向于市场化方式，特区政府对科研经费直接经费和间接经费没有特别要求，科研经费可全部用于劳务支出，分到课题组“人头”，且税负较低。与此相比，内地则形成了一套相对复杂、层级较多、申请流程较长的科技管理体系，科研人员经费管理自主权较弱。如果中央或地方财政科研经费在港澳“过河”使用仍适用内地监管标准，会导致港澳科研团队不适应。

三是法律适用问题。法律协调合作区未来发展的重点难点，其一，现有法律的突破问题。推动建立“一国两制”新实践的新型合作区，哪些法律需要暂停适用，哪些需要调整适用？哪些领域需要创新性实现协同立法，哪些领域需要各自立法？其二，道德底线上的“最宽松监管”问题。“创新”就是要打破原有的规则、条框，以发展的眼光看待新业态，这需要合作区以底线思维把握监管标准。其三，构建最严格的知识产权制度。合作区是“科技特区”，知识产权高标准、高水平保护是激励创新、保护创新的“标配”。同时在特定发展阶段，知识产业的“易得性”和使用的“宽松性”则是科技创新的重要支撑。如何对标国际知识产权高标准规则，实施严格知识产权保护执法，畅通知识产权交易和产学研一体化，同时又能够保证知识产权在科技创新中发挥独特功能和作用，需要科学合理的顶层设计。

第八章　港珠澳大桥：共建与共管

港珠澳大桥跨越伶仃洋海域，东接香港特别行政区，西接广东省珠海市和澳门特别行政区，是中国目前规模最大的公路跨海通道，也是集中体现并集中探索解决粤港澳三地制度对接的一个最为典型的跨境超大型项目。项目由粤港澳三地政府共同投资、共同建设、共同管理和共同运营，在设计理念、建造技术、施工组织、管理运营等方面进行了一系列的创新，在规则、标准、资质、监管和体制机制等的衔接对接方面作出了重要探索，在项目的推进中系统集成和综合运用了多种保障和促进的方式方法。

一、体制机制经验

（一）项目意向阶段

港珠澳大桥项目设想由香港商界提出，得到香港特别行政区政府支持。2002 年 1 月，中央政府应香港特别行政区政府请求，在北京成立了“内地与香港大型基础设施协作会议”机制，负责对项目进行研究论证。

（二）项目前期工作阶段

一是粤港澳三地前期工作协调小组阶段。2003 年 8 月 4 日，国务院正式批准开展港珠澳大桥前期工作，并同意由粤港澳三地成立“港珠澳大桥前期工作协调小组”，由香港担任召集人，全面开展各项前期工作。前期工作协调小组由粤港澳三方各派 3 名成员组成，下设协调小组办公室，协调三地政府逐项解决两岸登陆点、桥位方案、投融资等多个重大问题。

二是中央专责小组阶段。2006 年 12 月，国务院决定由国家发展和改革委员会牵头，成立港珠澳大桥专责小组（以下简称专责小组），成员单位为交通部、国务院港澳事务办公室、广东省人民政府、香港特别行政区政府和澳门特别行政区政府，负责口岸设置、查验模式以及融资模式等重大问题协调。协调机制内部分工如下：中央政府负责批准项目基本设想，指导签订三地协调方案，指导和处理有关项目的法律和公权事务协调方案的确定，并在三地意见不一致时进行必要的协调沟通；专责小组中的成员单位及有关部门主要根据中央批准的方案、三地协议，分别行使基于宪法和机构三地方案明确的有关职责，落实相应的政策支持；三地政府则主要根据三地协议和相关属地法律，共同和分别落实有关工作，包括政策实施、财务支持等。

（三）项目建设及运营阶段

2010 年 2 月，粤港澳三地政府签署《港珠澳大桥建设、营运、维护及管理协议》（以下简称“三地协议”），旨在通过三地更紧密的沟通，在友好协商并按照属地法律原则下，三地政府共同对港珠澳大桥项目的各项事务进行处理及推进；就大桥的建设、营运、维护及管理明确三地之间的合作关系和权责（见表 8-1）。

根据“三地协议”，三方各派代表组成 9 人的三地政府联合工作委员会（以下简称三地委），负责大桥项目的重大事项决策，协调与大桥项目有关的事务；下设办公室，负责对港珠澳大桥管理局提交三地审议的事项进行初审并提出处理建议，处理工作委员会日常事务工作。由于大桥主体位于内地水域，日常管理必须根据内地的法规执行，因此工作委员会召集人由广东省政府担当。

2010 年 7 月，港珠澳大桥管理局正式成立，其宗旨为：从三地共同利益出发，按照内地适用法律、三地协议、经国务院批准的大桥工程可行性研究报告及其补充报告、三地委不时商定的补充协议和安排等，负责大桥主体部分的投资、建设、运营、维护和管理的具体实施。管理局在大桥建设阶段为项目法人，在大桥运营管理期间属内地事业法人。管理局设 1 名局长以及 3

名副局长。局长需由三方代表推荐后，再由广东方提名，并由广东省交通运输厅任命；副局长则由三地政府各提名一人担任。

表 8-1 港珠澳大桥建设时间表

时间	推进
20 世纪 80 年代	香港社会提出建设连接香港与珠三角西岸大桥的建议
2002 年	香港特别行政区政府向中央提出修建港珠澳大桥的建议
2003 年	国务院正式批准成立“港珠澳大桥前期工作协调小组”
2004 年	在广州设立协调小组常设工作机构
2007 年	国务院决定由国家发改委牵头成立“港珠澳大桥专责小组”
2009 年	国务院批准项目可行性研究报告，12 月正式开工建设
2010 年	粤港澳三地政府签订《港珠澳大桥建设、运营、维护和管理的三地政府协议》；港珠澳大桥粤港澳三地联合工作委员会正式运作，港珠澳大桥管理局揭牌
2017 年	大桥主体工程全线贯通
2018 年	开通运营

资料来源：根据公开资料综合整理。

港珠澳大桥形成“三级架构、两层协调”决策架构，包括国家层面的港珠澳专责小组和地方层面的三地联合工作委员会及港珠澳大桥管理局（见图 8-1）。国家层级的协调决策机构有利于解决涉及国家事权的问题，三地委有利于扩大三地自主协商范围。各层工作机制均予以实体化。从中央层面专责小组到三地联合工作委员会等，都设有具体的办公室作为执行机构。三地委办公室主任、副主任以及港珠澳大桥管理局局长、副局长等高级管理人员，都是由三地共同聘请，大部分是专职工作人员，部分港澳代表则为特区政府官员兼任，中下层工作人员为全职。三地委办公室和大桥管理局也都有固定的办公地点，提供固定的工作人员、工作地点和经费支持。在决策理念上实行共识原则，具体决策没有采用“简单多数”，而是采用“一致同意”的方式，以体现三方共同意志。

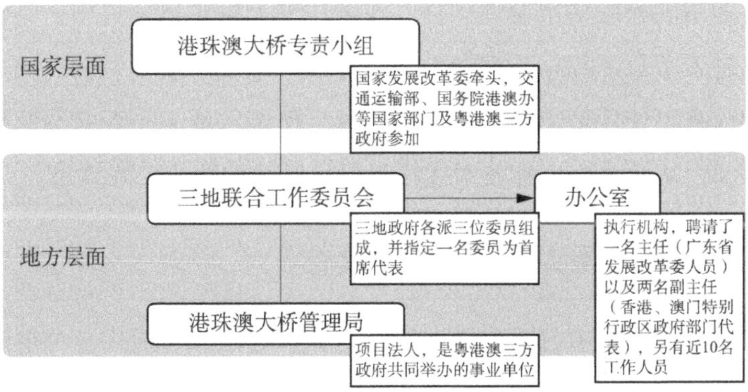

图8-1　港珠澳大桥建设阶段“三级架构、两层协调”决策机构

——中央层面港珠澳大桥专责小组。类似企业集团股东会，主要履行中央政府明确的职权，负责涉及中央事权的协调和重大事项的决定，协调各方利益关系，加快推进项目建设。

——粤港澳三地联合工作委员会。类似企业董事会，对更多涉及内地海洋、国土、工程等方面工作进行三方代表协商并作出决策；三地委下设办公室，作为执行机构，负责就有关事项提出处理意见以及处理日常工作。

——港珠澳大桥管理局。实行管理局局长负责制，由局长主持管理局全面工作，并向三地委报告工作。管理局设局长一名，由三地委审议批准聘任、续聘及解聘；副局长三名，由三地政府各提名一名；设总工程师一名。管理局内部决策机构为局长工作会议，由局长、副局长和总工程师组成，负责对管理局为履行其职能所执行的事项及根据《管理局章程》由审议的事项作出决议。任何决议均需得到局长及两名以上副局长同意，涉及技术方案事项需经总工程师同意。

二、标准协同经验

（一）推行“施工＋境外顾问”做法引入境外技术优势

我国工程与招投标相关的法律法规对于选聘勘察、设计、监理、施工等单位有许多不同程度的限制性条件。在港珠澳大桥主体项目中，为吸引境外施工单位进入项目，招标管理者创新性提出“施工+境外顾问”模式，在合法合规的前提下使用境内企业为施工单位，但要求施工企业必须聘请境外施工管理顾问，从而达到境外技术优势为项目保驾护航的良好效果。

（二）实事求是实行多元标准共存

港珠澳大桥特定项目采取香港标准与英国标准双重适用。如港珠澳大桥香港口岸旅检大楼建设项目中，关于楼风洞试验及幕墙系统板块设计项目的建设标准，是根据香港路政署要求，采用香港本地规范，结合英国标准进行设计验算。钢结构设计方案中，钢结构按香港钢结构规范进行选材及设计，主体钢结构满足英国标准 BS EN10025 及 BS EN10210 的要求，并考虑香港极端温度的影响，对不同的桁架部分采用了不同的钢号。大桥项目积累了多元标准对接共存的丰富经验。

三、借鉴与启示

港珠澳大桥东接香港，西接珠海和澳门，是“一国两制”框架下，粤港澳三地首次合作共建共管的、跨越三个司法管辖区的超大型跨境基础设施，是世界公路建设史上技术最复杂、施工难度最高、规模最大的跨海集群工程。港珠澳大桥治理机制与创新管理主要特点如下。

（1）法治化推进建设发挥了根本作用。粤港澳三地法律协调问题从港珠澳大桥建设前期阶段已经凸显，三地政府最终签署了《港珠澳大桥建设、运营、维护和管理三地政府协议》和《港珠澳大桥管理局章程》两份纲领性文件，对港珠澳大桥建设和管理的基本原则、资金来源、建设规模、建设模式、公共事务管理、争议解决等进行了约定，共同在内地成立了专门的不以盈利为目的的项目法人，对三地政府和项目法人的职责、权限和议事规则进行了界定和明确。

（2）“三级架构、两级协调”的治理机制。粤港澳三地不同的政治体制，所带来的管理协同、法律协调、标准协商会显著影响港珠澳大桥的决策效率和质量，如何研究确立高效的决策机制是决定港珠澳大桥如期建成的关键因素之一。港珠澳大桥逐渐形成了专责小组和三地委（前期协调小组）两级协调机制，这两级协调机制加上项目法人，形成了“三级架构、两级协调”的决策体系，明确了重大工程决策质量的内涵和维度，形成了基于政府式多层次委托代理的决策治理模式，为港珠澳大桥的推进提供了良好的组织和决策保证。

（3）非诉讼争议解决机制保障建设效率。根据港珠澳大桥三地政府协议，大桥建设过程中产生的争议或分歧，均应通过三地委协商解决。如三地委无法达成一致意见，由各方首席代表分别上报各方政府，三地政府就此进行友好协商。若三地政府仍无法达成一致意见，则任何一地政府可将争议提交专责小组决定。三地政府之间，项目法人与任一政府之间不得在任何区域启动任何诉讼程序。对涉及“一国两制”的具体运作的重大问题，或涉及中央事权，或三地争议比较大，如港珠澳大桥口岸布设、通关模式、桥位选择、投融资模式、概算调整等，由三地政府上报中央，专责小组均应及时予以协调，逐一研究解决。

港珠澳大桥建设治理模式成功的关键总结归纳为以下四点：

（1）协商一致决策。在“一国两制”框架下，香港和澳门特别行政区拥有高度自治权，在港珠澳大桥工程决策中，充分尊重香港、澳门和广东省享有平等的决策权力，相关体制构建中特别注重三方代表权的公平配置，并秉持“任何事项均需三方一致同意方能通过”的原则进行决策活动。三地协商一致形成决策后，分别按属地法律各自履行审批程序，经各自法定程序批准后执行；而当三地意见不一致时，或暂不决策，或向中央政府报告，根据中央指示或建议再协商。

（2）中央和内地主导协调。港珠澳大桥是国家重大跨境基础设施，工程主体在广东省，在工程的具体推进、建设和运营过程中，中央政府和广东省发挥了主导协调的关键作用。尽管在工程早期，中央政府曾指示由香港担任前期工作协调小组召集人，但在其后则主要由中央专责小组有效推进有关重大问题协调，三地委员会召集人由广东省担任召集人，管理局主要由广东省主导设立及运作。

（3）最小化成本制度创新。由于创建新的法律和行政法规存在周期长、政治和社会风险大、交易成本高等特性，港珠澳大桥遵循“最小化成本”制度创新原则，在“一国两制”体制框架下，充分用好已有法律规范资源来开展一系列制度创新。三地通过友好协商，形成了“三地协议”和《港珠澳大桥管理局章程》等非法律性规范，确定了决策主体结构关系、权力配置机制、议事配置机制、议事准则、具体执行规范等，并在具体工程建设运营中尊重各方法律管辖权，实行属地法律原则，在不改变各方法律的基础上做到工程建设运营相关规则的有效衔接。

（4）随需要而动态发展完善。大桥工程经历了意向、前期、规划、建设和运营等若干阶段。不同阶段需要解决不同的难题和完成不同的任务，需要建构与各阶段需求相匹配的体制机制。港珠澳大桥的决策执行体制机制跟随各阶段的难题所在和任务变化，不断动态发展完善，从前期协调小组到中央专责小组、再到三地委和管理局，与时俱进，符合大桥建设运营的客观规律。

第三篇
法制保障与粤港澳大湾区建设

以法治化方式推进粤港澳大湾区建设，是新时代中国特色社会主义“坚持全面依法治国”基本方略在落实国家区域经济社会一体化战略中的必然要求和具体体现。针对大湾区建设迫切需要破解的瓶颈问题进行法制建构予以促进和保障，为大湾区建设的具体实践提供四梁八柱和一揽子的规范指引。

第九章 探索推进法治“统合”

在“一国两制”下，粤港澳三地实行不同的法律制度和法律管辖，法制壁垒成为大湾区发展面临的重大瓶颈，按照行政手段和市场方式等常规路径很难系统克服这一结构性阻隔，而通过在国家层面制定《粤港澳大湾区建设纲要法》（以下简称“立法”）进行上层法制建构，可以为生产要素高效便捷流通和居民社会生活同等待遇提供框架性指引，并为相关体制机制提供权威性法定化保障。但上层法制建构是对现行法律关系进行系统化结构性的调整，动作较大，程序复杂，涉及不同法域，需要进行深入研究，审慎谋划，作为中长期的考虑方向。

一、必要性与可行性

（一）必要性

从长远来看，大湾区建设需要一部框架性纲要性的全国性立法予以支撑和保障：首先，是“一国两制”宪制秩序发展完善之需。港澳回归后，国家宪法和港澳基本法共同构成其宪制基础，港澳的政制和法制成为国家整体宪制的有机组成部分。这种新的宪制秩序的维护巩固和有效运作需要与其适配的经济社会秩序作为基础，予以支撑，并引领、促进宪制秩序进一步发展完善。在该理论逻辑下，制定大湾区纲要法既是完善“一国两制”宪制秩序以促进经济社会秩序适配发展的必要（港澳基本法欠缺该方面的规范），也是以融入国家发展大局为取向的经济社会秩序现实发展成果在上层建筑领域的必然体现。

其次，是治国理政顶层设计之需。顶层设计是运用系统论的方法，从全局的角度，对某项任务或者某个项目的各方面、各层次、各要素统筹规划，以集中有效资源，高效快捷地实现目标。一是顶层决定性，顶层设计是自高端向低端展开的设计方法，核心理念与目标都源自顶层，因此顶层决定底层，高端决定低端；二是整体关联性，顶层设计强调设计对象内部要素之间围绕核心理念和顶层目标所形成的关联、匹配与有机衔接；三是实际可操作性，设计的基本要求是表述简洁明确，设计成果具备实践可行性，因此顶层设计成果应是可实施、可操作的。顶层设计是新时代国家改革开放所遵循的重要方法论，粤港澳大湾区建设作为新时代国家改革开放的重大战略举措，涉及跨区域合作复杂的法律关系，需要遵循顶层设计的路径方法向前推进。

最后，是解决实际问题之需。如前所析，推进粤港澳大湾区建设面临很多规则衔接、制度对接方面的问题，造成生产要素流动和社会生活同享受限。这些问题涉及面很广，涉及的权力结构复杂。在“一国两制”下，港澳实行高度自治，特区政府拥有广泛的行政管理权。而在内地，与港澳合作领域的事权大多在中央，特别是涉及生产要素跨境流动的规则和制度，决策权力在出入境、海关、金融监管和信息监管等中央部门。地方政府在这些领域权力有限，只能在实践中发现问题，提出政策建议，“跑步进京”，争取政策。一方面，省市地方政府层面权限不足，难以探索创新；另一方面，一项政策措施往往“牵一发而动全身”，需要多个部门协调完成，其进度和难度可想而知。例如，制定一项便利港澳居民在内地就业的政策措施，涉及人社部、公安部、港澳事务办公室、地方税务局等多个部门，协调难度大，耗时长。中央主管部门在制定促进要素跨境高效便捷流动有关政策措施时，往往高屋建瓴，偏于原则性表述，需要地方根据实际情况再制定实施细则予以落实，增加了制度形成的成本。而各地的实施细则又往往各具特色，难以协同一致。为解决这些实际问题，加强和完善顶层设计，通过上层法制建构，制定大湾区法是一个可以探索的路径。

（二）可行性

进行大湾区立法具有充分的法理正当性，但也具有一定敏感性，很难在短期内推进并一蹴而就。

在“一国两制”框架下，国家立法机关有权就粤港澳合作进行立法规范和调整。大湾区法要规范调整的是粤港澳三地跨境合作，超出了三地本身的立法权限，只能由中央立法机关予以制定，只要制定程序、实体内容和适用范围严格遵照国家宪法和港澳基本法的有关规定办理，大湾区法就是“一国两制”法制建设本身的重要内容，有利于“一国两制”的丰富和发展。

二、域外借鉴

建设粤港澳大湾区已经成为我国新一轮改革开放和区域发展的重大战略举措。国家将出台并实施粤港澳大湾区发展规划，全面推进广东与香港、澳门互利合作，塑造区域发展新格局。粤港澳三地合作共建世界一流湾区经济，就是要在“一国两制”条件下，实现体制机制有效融通、基础设施高效联通、经济要素自由流通和公共服务对等共享，最终形成三地协同交融发展的湾区经济共同体乃至社会生活共同体。在这一进程中，关键在于克服三地法治阻隔，促进法治统合（Integration），构建法律共同体。在这方面，美国、欧盟通过法治统合有效推进和巩固经济社会一体化的经验可以提供有益的启示和借鉴。

（一）美国

美国是英国13个殖民州独立后通过制定宪法让渡主权联合成立的世界上第一个联邦制国家。起初州权过大，联邦政府是一个有限政府，导致立国后很长一段时期国内市场不统一。其后，美国联邦权力不断强化，有力促进了各州经济社会一体化和国家统合。其中，法律手段发挥了极其重要的作用。

美国宪法对联邦权力和州权进行了划分，将维护和保障国家经济社会一体化的最为重要的宪制性权力确定为联邦拥有。一是贸易权。国会有权管理合众国与外国以及各州之间的贸易。二是征税权。国会有权规定和征收直接税、间接税、进口税、货物税以及所得税，重要税项全国统一，禁止各州对相互之间输入的货物征税，禁止各州对进出口货物征税。三是支出权。国会有权运用税收偿付国债、提供合众国共同防御与公共福利。四是联邦立法优先权。联邦宪法和法律的效力高于各州宪法和法律，各州必须以联邦宪法和法律为准。国会还有权制定全国统一的破产法，铸造货币并确定度量衡标准，设立邮局开辟邮路，保障专利权等。宪法要求，各州之间需完全信任和尊重对方的公共法令和司法诉讼程序，各州公民平等共享同等的特权和豁免权。美国宪法的这些规定对形成、促进和保障美国国内社会经济统一奠定了宪制基石。

在不同的历史阶段，联邦政府和国会根据宪法，主要通过立法等手段，不断扩大和加强联邦对全国性经济事务的管理权。比如，1887 年制定《州际商务法》，成立州际商务委员会，对国内各州间的地面运输进行统一协调和管理，促进国内交通运输互联互通。1890 年通过《谢尔曼反托拉斯法》，成为美国历史上第一个授权联邦政府控制、干预经济的法案。1913 年制定《联邦储备法》，设立联邦储备银行，初步确立美国国家中央银行体系和金融监管体制，促进美国金融市场统一。20 世纪初，国会又通过一系列法案，包括《食品及药物法》《肉类检定法》《童工法》《白奴交易法》《哈利逊法》等，进入原本为州权所独占的领域，形成联邦内政权，成为联邦政府加强对经济社会管理的关键。 20 世纪 30 年代罗斯福新政期间，联邦政府开始全面干预社会经济，积极介入州内事务。罗斯福大刀阔斧地采取了一系列克服危机的政策措施，通过国会制定 70 多项法案，其中有 15 项重要法案，包括《紧急银行法令》《全国工业复兴法》《农业调整法》《社会保障法》等，扩大联邦在全国性重要经济领域的权力，确立了联邦政府在宏观经济、市场监管和社会保障领域的地位，美国从此走上了国家政权大规模干预和调节国民社会经济生活的道路。

在支持联邦不断扩大经济社会管理权力方面，美国法院发挥了至关重要的作用。联邦最高法院1818年对麦卡洛诉马里兰州（McCulloch v.Maryland）案所做的判决为其中最早和最重要的一个。该案的起因是，根据联邦国会法律设立的第二合众国银行在一些州受到抵制。马里兰州制定税法向合众国银行在该州的分支银行征税，以此来限制其运营。银行出纳员麦卡洛在联邦政府的支持下将有关案件上诉到联邦最高法院。最高法院从三方面确立了联邦权力至上原则：第一，判决指出联邦政府的主权直接来源于美国人民而非反联邦党人（antifederalist）所认为的来自各州，州的主权必须服从于联邦主权。第二，判决提出了“默许权力（implied power）”理论，认为宪法应被解释为除了明示的宪定权力，还允许联邦政府拥有“附带的或默许的各种权力”，以及行使这些权力的具体手段。第三，国会有关建立合众国银行的法律高于各州的法律，“各州无权利用征税或其他方式阻滞、妨碍、负担或以任何方式控制国会为行使已授予联邦政府之权力而制定的合宪法律的实施”。最高法院对此案的判决为联邦政府随着社会需要通过新的法律不断扩大其管理权限打开了通道。其后，最高法院又在吉本斯诉奥格登案（Gibbons v.Ogden）的判决中，对宪法赋予联邦政府贸易管理权的条款进行宽泛解释，明确其包括对航运业的管理，且州际贸易管理具有跨州性，只能是联邦专有权力，从而打破了各州地方保护主义对商业流通的阻碍，促进和保护了美国国内市场统一，并开启了联邦政府利用州际贸易条款管理国内经济和社会事务的新模式。特别是在罗斯福新政时期，最高法院改变自由放任主义，在一系列案件中对贸易条款、征税条款等采取宽泛解释，裁决联邦政府可以管辖对州际贸易产生间接的、遥远的或实质影响的州内贸易活动，甚至有权管辖任何一部分都未涉及州际贸易的产品，进一步扩大联邦政府在这些领域的权力。通过以上立法司法联动，美国联邦政府拥有了促进保障全国经济社会统一广泛而强大的权力，并运用这些权力形成了经济社会一体化的强大联邦制国家。

（二）欧盟

欧盟的历史雏形是20世纪50年代法国、德国、意大利等六个西欧国家建立的欧洲共同体，其“初心”就是要形成一个共同市场，实现货物、人员、服务、资本等生产要素自由流动，达到欧洲经济一体化。但是，当时各成员国基于自身独立的政治法律主权，各自拥有差异巨大的不同法律制度，成为经济一体化的最大障碍。要克服这一障碍，法律一体化势在必行。

为此，经过几十年不懈努力，各成员国逐渐转移和让渡一定的法律主权，逐步构建了完备的欧盟法律体系和组织机构，欧盟法院亦通过一系列经典判例，确立欧盟法的优先地位，这些为欧洲经济社会一体化提供了坚实的法制保障。

欧盟法的渊源首先是起宪制性作用的基础条约，主要包括1951年建立煤钢共同体的《巴黎条约》、1957年建立原子能共同体的和建立经济共同体的两个《罗马条约》、1967年建立三个共同体单一部长理事会与单一委员会的《合并条约》、1986年确立建立统一欧洲市场的《单一欧洲文件》、1992年建立欧盟的《欧洲联盟条约》(即《马斯特里赫特条约》，简称《马约》)及此后对其进行改革的1997年《阿姆斯特丹条约》和2000年《尼斯条约》、1993年生效的旨在渐次消除国境关卡管制的《申根协定》，以及为取代未能批准生效的《欧洲宪法条约》于2009年生效的《里斯本条约》。通过这些条约，各成员国向欧盟让渡了部分主权，使欧盟成为新型超国家治理机构，有效促进了欧洲统合。欧盟法还包括欧盟主要机构根据基本条约制定的条例、指令、决定等法规以及欧盟法院的判例。条例、指令和决定等欧盟机构立法对成员国国内公权力的行使作出规制，涉及关税同盟、货币政策、环境保护、竞争规则、商业政策等诸多领域，是欧盟法的主要渊源。而欧盟法院的司法实践融合了大陆法系和普通法系的特点，通过一系列判决对基础条约作出解释和补充，确立了一系列对整个联盟具有指导意义的原则和规则，成为各成员国需要遵循的法律准则。此外，欧盟（欧共体）与第三国签订的国际条约也是欧盟法的重要渊源。在完备的整体法律框架下，欧盟不断扩大和完善调整市场的法律体系，涉及竞争法、公司法、知识产权法、证券法、国家援助、政府采购、生产要素自由流动、共同贸易政策、经济与货币政策等，以及与市场相关的社会政策领域，如教育、福利等，为整个共同市场提供了统一的行为准则，减少了交易成本，增强了交易的安全性与稳定性，从而促进了共同市场范围内经济活动的增长。

在健全法律框架的同时，欧盟建立了完备的超国家机构，有效协调和治理欧洲经济社会事务。这些机构主要包括：①理事会，包括欧洲理事会和欧盟理事会。欧洲理事会即首脑会议，由成员国国家元首或政府首脑及欧盟委员会主席组成，是欧盟的最高权力机构，负责讨论欧盟内部建设、重要对外关系和重大的国际问题。欧盟理事会原称部长理事会，分为各国外长参加的总务理事会和各国其他部长参加的专门理事会，是欧盟的决策机构，拥有欧盟绝大部分立法权。②欧盟委员会，是欧盟的常设机构和执行机构，负责实施欧盟条约和欧盟理事会作出的决定，处理欧盟日常事务。③欧洲议会，是欧盟的立法、监督和咨询机构，与欧盟理事会经由共同决定的程序立法。④外交署，统筹处理欧盟对外事务。⑤欧洲中央银行，管理利率、货币的储备和发行，制定欧洲货币政策，维护欧元稳定。⑥欧盟法院（Court of Justice of the European Union），负责审理和裁决在执行欧盟条约和有关规定中发生的各种争执。

在欧盟法制统合过程中，法院大放异彩，居功至伟。欧盟法院与成员国法院默契合作，通过判例确立了欧盟法至上（supremacy）原则和直接效力（direct effect）原则，对欧盟建构统一的宪法秩序和法律体系发挥了关键作用。根据欧盟法至上原则，欧盟法的效力高于成员国国内法乃至高于成员国宪法。在欧盟法与成员国法之间发生冲突时，应当适用欧盟法而非成员国法。根据直接效力原则，成员国内的个人可以直接依据欧盟法在成员国法院提起针对成员国或其他个人的诉讼。通过一系列判决，欧盟法院将直接效力原则扩展到欧盟基础条约、条例、指令、决定以及欧盟签订的国际条约等几乎所有欧盟法律规范。直接效力原则的意义在于使得欧盟法与成员国法交融一体，"共同体法成为成员国法，并通过成员国司法体系执行。成员国法院成为共同体法院，执行共同体规则"。直接效力原则加上欧盟法至上原则，有力促进了欧盟形成独特的宪法秩序和法律体系，助力欧盟逐渐演化为准联邦制政体（quasi-federal polity），成就了比较牢固的超国家区域统一市场及社会经济共同体。

（三）启示和建议

从以上域外经验可见，区域经济社会一体化的进程，从某种意义上讲，就是消除流通制度藩篱、解决法治"割据"、构建区域法律共同体、建设新型法律秩序的过程。也就是说，构建经济社会共同体与构建法治共同体相互依存，互为因果。这是一个差异体系向心趋同的进程，需要构建超成员单位的中心实体并不断调整成员单位与中心实体之间的关系，做到多元与一元的平衡统合。在这一过程中，成员单位的法律权力需要有所制约和让渡，形成权威有效的超成员单位法律体系和治理体制。为此，需要构建超成员单位并发挥其主导作用，成员单位予以积极主动配合，各方秉持立法、司法和执法能动主义，有力推动法律实践向心发展，通过法治的不断统合最终实现经济社会一体化的理想目标。

就“一国两制”条件下的粤港澳大湾区建设而言，需要在不同法域之间构建法政共同体，有效支撑和促进经济社会一体化，即通过法治统合促进经济社会统合乃至国家统合。只有通过法律方式确立并运用好中央政府管理区际经济社会合作的重大法定权力，才能有效打破区际之间基于法律体系和管辖差异而形成的制度壁垒，促进经济社会交融发展。也就是说，粤港澳大湾区是“一国两制”下的区际合作，要在尊重“两制”差异的同时，更好发挥“一国”原则本具和衍生的政治法律权力，重塑粤港澳大湾区区域法律和经济社会秩序，打造大湾区法律和经济社会共同圈。为此，一方面，中央政府要挖掘和用好宪法与基本法赋予的权力资源，如基本法规定的指令权、对超特区自治范围内事务管理权等，协调做好粤港澳大湾区区域秩序重构。另一方面，需要根据新形势新情况，推出新的立法，建构大湾区发展的法律支撑框架。而且，各区域司法体系需要不断建立相互信赖，保障纸上的法律切实转化为地上现实运作的法律秩序。

基于以上思路，促进粤港澳大湾区法治建设总的原则建议为：进一步破除法制阻隔，达致法治均衡，便利要素融通，促进经济社会一体化。推进路径建议是：中央主导下的粤港澳三地协调立法，顶层先行，逐步形成多层次较为完备的法律框架，致力于破除法律“割据”格局。

三、指导原则和法律地位

（一）指导原则

一是坚持“一国两制”原则。依据宪法和港澳基本法等法律运用中央立法权，充分尊重特别行政区高度自治权及内地与港澳之间的制度差异，严格按照“一国两制”原则办事，通过立法为大湾区区域经济社会生活一体化提供规则衔接、制度对接和体制机制的法制化保障。

二是问题导向原则。立法需面向实际，以解决实际问题为导向。在深入研究粤港澳大湾区要建设哪些领域、要解决哪些问题的基础上，进行提炼总结，通过框架立法予以体制机制和方向路径的保障和指引。

三是协商共识原则。粤港澳大湾区建设涉及中央及中央职能部门、地方政府、粤港澳三地的协同推进，需要在共识的基础上开展有关工作，才能事半功倍，有效执行落地，有关法律才不会仅是纸上的法律，才不会空转闲置。因此，要不要立法、如何立法、立法的实体内容等都应由粤港澳三地以及有关部门和地方政府充分协商，达成共识，然后实质推进。

四是程序充分原则。立法前，在社会层面要充分征询各方面意见，集思广益；在政府层面，要充分征询各有关政府部门及粤港澳 11 个建设主体政府的意见。立法过程中，严格遵照立法法规定的程序。立法后，如果要适用于港澳特区，应严格按照两个基本法规定的相关程序办理。

（二）法律地位

根据我国宪法和立法法等的规定，我国的法律体系由宪法、全国人大及全国人大常委会制定的法律、国务院制定的行政法规、地方人大制定的地方性法规、少数民族自治地方制定的自治条例和单行条例，以及国务院部委制定的部门规章和地方政府制定的地方政府规章构成。香港特别行政区和澳门特别行政区的法律是我国整体法律体系的重要而特殊的组成部分。在以内地法制为主体的我国法律体系中，宪法具有最高法律效力，一切法律、行政法规、地方性法规、自治条例和单行条例、规章等都不得同宪法相抵触。法律的效力高于行政法规、地方性法规和规章。行政法规的效力高于地方性法规和规章。地方性法规的效力高于本级和下级地方政府规章。自治条例和单行条例依法对法律、行政法规和地方性法规作变通规定的，在本自治地方适用自治条例和单行条例的规定。经济特区法规根据授权对法律、行政法规、地方性法规作变通规定的，在本经济特区适用经济特区法规的规定。

那么，要制定的湾区法应当在法律位阶体系中处于什么位置呢？即湾区法应当由哪些机构、以哪种法律形式制定并赋予其怎样的法律效力等级。考虑到湾区法涉及“一国两制”事业新实践，调整的法律关系比较复杂，既涉及中央与地方（包括中央与内地地方及中央与特别行政区）之间的法律关系，也涉及不同法律主体之间的关系，涉及不同层面行政、立法和司法等多个领域的权力配置及体制机制建构，是新时代“一国两制”法制丰富发展的重要一步，应当由全国人大或其常委会以全国性法律的形式制定并颁布。我国法律位阶见表 9-1。

表 9-1　我国法律位阶

法源	制定主体	效力位阶
宪法	全国人大	具有最高法律效力
法律	全国人大及其常委会	低于宪法，高于其他
行政法规	国务院	低于宪法、法律，高于其他
地方性法规	省、自治区、直辖市的人大及其常委会	（1）低于宪法、法律、行政法规；（2）与部门规章具有同等效力；（3）高于其他
	省会市、较大市、经济特区市的人大及其常委会	（1）低于宪法、法律、行政法规和省级地方性法规；（2）与省级政府规章具有同等效力；（3）发生冲突时，由省人大常委会裁决
自治条例 单行条例	民族自治地方（区州县）的人大，民族乡无权制定	在民族自治地方优先适用，优先于法律、行政法规（只要不违反宪法、民族区域自治法）
行政规章	（1）国务院各组成部门（部委、中国人民银行、审计署等具有行政管理职能的直属机构）；（2）省级政府（省、自治区、直辖市）；（3）省会市、较大市、经济特区市政府	（1）部门规章之间、部门规章和地方政府规章之间具有同等效力；（2）发生冲突时由国务院裁决
其他规范性文件	各级人民政府及其职能部门	效力最低

资料来源：根据公开资料综合整理。

四、主要内容

对大湾区建设的战略定位、体制机制、推进原则、规则对接、重点领域的制度安排等作出框架性、基础性和方向性的法律规范。

一是将《粤港澳大湾区发展规划纲要》（下文称《规划纲要》）相关内容予以法律化和具体化。《规划纲要》是指导粤港澳大湾区当前和今后一个时期的纲领性文件，仍属于国家层级的行政规划，是指导性质的。行政规划是对未来行政行为的一种计划，不对行政相对人直接产生权利义务法律后果，即对社会不具有直接的法律约束力，仍需要行政机关通过行政法律行为或立法行为予以落实。因此，制定湾区法首先要以《规划纲要》为蓝本，将《规划纲要》中具有规范意义的内容转化为法律语言，作为湾区法的重要规范内容。

二是将粤港澳大湾区建设领导体制机制予以法律化。把实践中形成的体制机制，包括领导小组、专责小组等，根据实际需要，在湾区法中予以体现并作出前瞻性的优化完善。将这些体制机制法定化，有利于提高体制机制的稳定性和所做决策的权威性。同时，应系统梳理这些机制，提炼总结，将其纳入湾区法，赋予其法律地位和法定职能及协调决策的法律效力。

三是在中央和地方层面关于粤港澳大湾区建设的权力划分作出优化配置，授权广东省及广州、深圳和珠海等充分权力。中央主管部门在制定促进要素跨境高效便捷流动有关政策措施时，往往高屋建瓴，偏于原则性表述，需要地方根据实际情况再制定实施细则予以落实，增加了制度形成的成本。而各地的实施细则又往往各具特色，难以协同一致。因此，在湾区法立法工作中，要对大湾区建设中中央与地方以及部门之间的职责、职能、权力等作出优化配置，赋予广东省特别是广州、深圳和珠海等节点城市更大的作为空间，明确综合授权模式，允许以清单式批量申请授权方式。

四是就促进粤港澳规则衔接、制度对接的原则、方向和路径等作出纲要性规定。规则衔接、制度对接是大湾区建设保障要素高效便捷流动和社会生活同享待遇的最为关键的方面。湾区法应在这方面作出指引性规定，就人员、资金、货物、信息等要素流动以及市场准入、监管制度、标准规则、专业资格、法律冲突、争端解决、民商事司法协助等领域，作原则性、方向性的规定，为相关权力主体协调探索推进这些领域的具体规则和制度衔接，提供上位法的保障。

五、立法程序及实施问题

（一）立法程序

由于涉及粤港澳三地以及与中央的关系，涉及“一国两制”实践的丰富和发展，涉及港澳基本法的理解和实施，兹事体大，立法工作程序应当照顾到方方面面，广泛听取和吸纳各方面意见，切实做到科学、严谨，体现共识，确保各方都能接受。为此，建议参考港澳基本法的立法工作程序予以推进。

以香港基本法的起草过程为例。1985 年 7 月到 1990 年 4 月，基本法的起草共历时 4 年 8 个月，整个过程可谓千锤百炼，高度民主。根据第六届全国人大第三次会议的决定和第六届全国人大常委会第十一次会议的任命，基本法起草委员会于 1985 年 7 月 1 日正式成立并开始工作。起草委员会由 59 人组成，其中内地委员 36 人，香港委员 23 人。内地委员中包括周南、鲁平等有关部门负责人 15 人，胡绳、钱伟长等各界知名人士 10 人，肖蔚云、许崇德等法律界人士 11 人；香港委员中，有包玉刚、李嘉诚、查良镛等工商、文化教育、法律、工会、宗教等各界人士，以及以个人身份参加的香港行政、立法两局议员和香港法院的按察司。起草委员会首先拟定了工作规则，初步确定基本法结构，然后设立了 5 个专题小组，即中央和香港特别行政区的关系专题小组，居民的基本权利和义务专题小组，政治体制专题小组，经济专题小组与教育、科学、技术、文化、体育和宗教专题小组，负责具体研究基本法中的专门问题，并起草有关条文。在各专题小组起草条文的基础上，起草委员会又成立了由包玉刚、胡绳副主任委员主持的总体工作小组，对各章节条文进行了调整和修改。1988 年 4 月，基本法（草案）征求意见稿公布，并历时 5 个月在香港和全国其他地区及各有关部门中广泛听取意见。征询期结束后，起草委员会先后举行了各专题小组会议和主任委员扩大会议，对基本法（草案）征求意见稿的条文作了修改和调整。在基本法起草委员会第一次全体会议上，委员们一致认为，成立一个全港性的有广泛代表性的基本法咨询委员会很有必要，可以作为香港各界人士与起草委员会联系、沟通的桥梁和反映对基本法意见和建议的重要渠道。香港不同阶层的 200 多位代表先后参加了咨委会，委员会在香港通过多种形式开展对基本法的宣传和推广工作，收集了大量有关基本法的意见和建议。内地起草委员会委员也经常来香港与咨询委员会面，深入基层走访，倾听市民声音。基本法起草过程中，在香港进行了两次大规模咨询活动。起草委员会对基本法草案先后作了 100 多处修改，其中一半以上来自咨委会整理的港人意见。1989 年 1 月，起草委员会第八次全体会议采取无记名投票的方式，对基本法（草案）及有关文件逐条逐件地进行了表决。按照规定，载入基本法的所有条文、附件和相关文件，必须经过起草委员会全体委员 2/3 多数赞成。也就是说，基本法的任何条文，如果香港委员全部不同意就不可能获得通过。正是因为基本法起草过程完全透明公开，每一条内容都经过深思熟悉，广泛凝聚了香港社会的共识，兼顾国家及香港社会各界利益，颁布时才会受到香港社会的广泛欢迎。澳门基本法的起草过程借鉴了香港基本法的起草经验，在程序上参照而为，也充分体现了民主协商、各方一致的精神。

《粤港澳大湾区纲要法》应充分吸收两个基本法起草工作的经验，在工作程序上充分体现民主和各方参与。一是成立由粤港澳三地政府官员及社会各界代表、中央各有关部门负责人、内地知名人士和法律界专家为主体的起草委员会，下设专责小组和秘书处，制定起草工作规则，稳步推进。二是在香港、澳门分别成立起草咨询委员会，负责收集两地社会各界意见，并对湾区法作宣介推广，让港澳社会更易于接受。三是直接面向内地和港澳社会组织咨询活动，利用网络等新媒体广泛征求意见。总之，通过严谨科学的程序，吸纳各方面意见，使湾区法的质量上乘，各方接受，成为今后保障、促进和引领大湾区建设的最权威法律文本。

（二）实施问题

大湾区法的性质属于全国性法律，其内容规定涉及调整中央地方关系以及粤港澳三个建设主体之间的法律关系和行为规范，要有效实施，需要内地和香港、澳门特别行政区均适用遵从。根据香港基本法第 18 条和澳门基本法第 18 条的规定，全国性法律由全国人民代表大会常务委员会在征询其所属的特别行政区基本法委员会和特别行政区政府的意见后，列入基本法附件三，由特别行政区在当地公布或立法实施。列入附件三的法律应限于有关国防、外交和其他依照基本法规定不属于特别行政区自治范围的法律。湾区法的内容明显超越了两个特别行政区自治范围，符合可以列入基本法附件三的全国性法律的类别条件，可由全国人大常委会按基本法规定程序列入基本法附件三后，两个特别行政区在当地公布实施。就湾区法本身在特区的实施，以公布实施而非立法实施为宜，因为湾区法调整的是中央与地方以及地方之间的法律关系，特区立法机关作为地方立法机关，无权就此类事项进行当地立法，湾区法本身也不必转化为本地立法就可直接实施。但是，对于湾区法规定具体领域的有关问题的法律解决，特别行政区和广东省均可根据自身实际情况，运用地方立法权予以具体规定和落实，这些立法不是湾区法的转化立法，而是湾区法的子法。母子法逐渐配套成体系，全面保障大湾区建设稳步推进。

第十章　建立粤港澳大湾区民商事司法协助机制

伴随粤港澳大湾区战略深入推进，粤港澳三地市场互通水平将进一步提升，区域内不可避免地会产生大量跨区域法律纠纷。由此，对三地政府纠纷解决配套机制与司法资源供给机制提出更全面的要求。因此，必须完善内地与港澳民商事司法协助制度，加快推动建立粤港澳大湾区民商事司法协助机制，为粤港澳大湾区建设提供司法保障。所谓的“民商事司法协助”，是指不同国家或地区司法机关在民商事司法领域开展的司法协助活动。司法协助主要包括两方面内容：一是代为履行某些诉讼行为，如法律文书的送达、调查取证等；二是本国接受外国的委托，代为执行其法院的判决等。而另一重要概念“粤港澳大湾区民商事司法协助”，是指粤港澳三地司法机关及司法相关部门依据我国宪法及立法法、港澳特区基本法、三地行政协议等相关规定，为实现促进民商事跨境司法协助而作出的制度安排和体制完善。主要内容包括签订合作协议、设立专门机构、加强司法沟通交流、制定相关程序规则等。

一、重要性及必要性

改革开放40多年，特别是港澳回归以来，内地与港澳民商事司法协助制度较为完善。最高人民法院与港澳就司法协助先后签署了10项安排，但由于“一国两制”框架下粤港澳三地实行不同的法律制度和法律管辖，内地与港澳民商事司法协助制度仍有改善空间。

伴随粤港澳大湾区战略深入推进，粤港澳三地市场互通水平将进一步提升，区域内不可避免地会产生大量跨区域法律纠纷。由此，对三地政府纠纷解决配套机制与司法资源供给机制提出更全面的要求。而目前粤港澳大湾区并没有关于民商事司法协助机制的特殊安排，广东省与港澳适用内地与港澳关于司法协助的制度安排。因此，必须完善内地与港澳民商事司法协助制度，加快推动建立粤港澳大湾区民商事司法协助机制。

建立粤港澳大湾区民商事司法协助机制是完善内地与港澳民商事司法协助机制的重要举措，粤港澳大湾区民商事司法协助机制是内地与港澳民商事司法协助制度在特定范围的落实实施，是次区域的合作机制。“内地与港澳民商事司法协助机制”与“粤港澳大湾区民商事司法协助机制”之间的主要区别为：一是空间适用范围不同，内地与港澳民商事司法协助机制适用于内地整体范围，而粤港澳大湾区民商事司法协助机制仅适用于粤港澳大湾区内；二是具体推进安排不同，内地与港澳民商事司法协助机制必须由中央司法部门与港澳司法相关部门签订的相关安排，而粤港澳大湾区民商事司法协助机制可以是中央授权广东省司法相关部门与香港、澳门特别行政区政府或特区政府司法相关部门签订安排，或中央及司法相关部门专门为广东省制定专项有关民商事司法协助具体实施安排。由此可知，建立大湾区民商事司法协助机制的难点，既同内地与港澳民商事司法协助面临的困难存有共性，也有其自身特殊的特点。

司法协助机制并非法律重构，而是三地分别在法律适用之间建立畅通桥梁。充分考虑到港澳对内地司法水平存有疑虑或不信任、内地法院存在水平参差不齐等情况，通过加快法律文书等跨境送达、畅通仲裁裁决和民商事司法判决互认执行等，构建粤港澳大湾区民商事司法协助机制，推动要素跨境高效便捷流动，创造更好的司法环境。

二、发展现状

港澳回归以来，内地与港澳初步形成具有中国特色的区际司法合作制度体系。在“一国两制”方针、《香港基本法》第 95 条及《澳门基本法》第 93

条规定指引下，签署了系列相关安排，内地法院据此出台多项司法解释，三地民商事司法协助取得良好成效。

（一）内地与港澳民商事司法协助制度较为完善

1. 内地与港澳司法协助制度的有关安排

最高人民法院与香港、澳门特别行政区就司法协助先后签署了10项安排。涉及内地与香港特别行政区的司法协助包括：《关于内地与香港特别行政区法院相互委托送达民商事司法文书的安排》（1999年）、《关于内地与香港特别行政区相互执行仲裁裁决的安排》（1999年）、《关于内地与香港特别行政区法院相互认可和执行当事人协议管辖的民商事案件判决的安排》（2006年）、《关于内地与香港特别行政区法院就民商事案件相互委托提取证据的安排》（2017年）、《关于内地与香港特别行政区法院就仲裁程序相互协助保全的安排》（2019年）、《关于内地与香港特别行政区法院相互认可和执行婚姻家庭民事案件判决的安排》（2017年）及《关于内地与香港特别行政区法院相互认可和执行民商事案件判决的安排》（2019年）。

涉及内地与澳门特别行政区的司法协助包括：《关于内地与澳门特别行政区法院就民商事案件相互委托送达司法文书和调取证据的安排》（2001年）、《关于内地与澳门特别行政区相互认可和执行民商事判决的安排》（2006年）及《关于内地与澳门特别行政区相互认可和执行仲裁裁决的安排》（2008年）。

2. 最高人民法院出台多个司法解释和文件

为切实落实各项司法协助安排，最高人民法院针对审判实践需求，先后发布《最高人民法院关于涉港澳民商事案件司法文书送达问题若干规定》（2009年）、《关于香港仲裁裁决在内地执行的有关问题的通知》（2009年）、《人民法院办理涉港澳司法协助案件文书样式（试行）》（2012年）等司法文件。为确保内地人民法院在办理案件中正确适用安排并统一执法尺度，最高人民法院发布有针对性的司法解释文件。例如，《关于内地与香港特别行政区相互执行仲裁裁决的安排》（下文简称《安排》）签订后，针对内地人民法院或当事人就"香港特别行政区作出的临时仲裁裁决（当时我国内地没有临时仲裁机制）"以及"国际商会仲裁院在香港作出的仲裁裁决"是否可以依据上述安排在内地执行的疑问，最高院明确提出："当事人向人民法院申请执行在香港特别行政区作出的临时仲裁裁决、国际商会仲裁院等国外仲裁机构在香港特别行政区作出的仲裁裁决的，人民法院应当按照《安排》的规定进行审查。不存在《安排》第 7 条规定的情形的，该仲裁裁决可以在内地得到执行。"

（二）内地与港澳民商事司法协助取得良好效果

总体来说，港澳民商事判决到内地申请互认执行渠道畅通，不存在程序性障碍；涉港澳判决到内地申请互认执行参照民诉法涉外执行相关规定进行。以澳门为例，澳门特别行政区法院数据显示，《关于内地与澳门特别行政区法院就民商事案件相互委托送达司法文书和调取证据的安排》于 2001 年 9 月 15 日起正式生效，终审法院直到 2020 年底为止，收到内地法院的委托书共 1530 件，向内地转移送达特区法院的委托书共 602 件，合计收发委托书 2132 件（见表 10-1）。

表 10-1　内地法院向澳门特别行政区主张的司法协助请求　　单位：件

年份	送达司法文书	调查取证	总数
2001	8	0	8
2002	32	2	34
2003	52	1	53
2004	55	1	56
2005	54	3	57
2006	36	1	37
2007	28	1	29
2008	23	0	23
2009	35	1	36
2010	28	1	29
2011	32	1	33
2012	25	1	26
2013	31	2	33
2014	35	5	40
2015	111	10	121

续表

年份	送达司法文书	调查取证	总数
2016	167	5	172
2017	163	2	165
2018	178	10	188
2019	161	9	170
2020	214	6	220
总数	1468	62	1530

资料来源：《澳门特别行政区司法年度年报（2019—2020）》。

《内地与澳门特别行政区关于相互认可和执行民商事判决的安排》和《关于内地与澳门特别行政区相互认可和执行仲裁裁决的安排》先后正式生效，直到 2018 年底为止，中级法院受理的对由内地法院或仲裁员作出的裁判的审查及确认请求的案件合共 210 件。其中以离婚居多，高达 160 宗，占请求总数的 76.19%。初级法院受理经中级法院审查及确认的由内地法院或仲裁员作出的裁判的执行案件合共 17 件。在所有受理的请求中，已经审结的总数为 190 宗，当中获中级法院确认的裁判数目共有 179 宗，不获确认的裁判有 1 宗。其余未经审理而结案的有 10 宗，分别是由于当事人撤回诉讼而结案、当事人没有推动而导致程序终止等被法官驳回（见表 10-2）。

表 10-2　澳门特别行政区法院向内地法院主张的司法协助请求　　单位：件

年份	送达司法文书	调查取证	总数
2001	0	2	2
2002	0	3	3
2003	2	4	6
2004	4	2	6
2005	8	1	9
2006	12	5	17
2007	9	4	13
2008	17	7	24
2009	19	1	20
2010	28	1	29

续表

年份	送达司法文书	调查取证	总数
2011	23	3	26
2012	48	8	56
2013	24	4	28
2014	29	4	33
2015	32	3	35
2016	48	8	56
2017	40	0	40
2018	47	5	52
2019	51	10	61
2020	73	13	86
总数	514	88	602

资料来源：《澳门特别行政区司法年度年报（2019—2020）》。

此外，澳门特别行政区政府和香港特别行政区政府于 2013 年 1 月签署《关于澳门特别行政区与香港特别行政区相互认可和执行仲裁裁决的安排》，自 2013 年 12 月 16 日生效以来，两地没有收到任何有关的请求事项。

三、推进难点及原因

（一）面临的难点

内地与港澳民商事司法协助制度在推进建立以及落地实施过程均存在不同程度的障碍，不利于开展跨境民商事司法领域活动。这些问题也是建立粤港澳大湾区民商事司法协助必然面临的挑战。

1. 推进建立司法协助安排协调难、耗时长

一是内地与港澳政府间关于区域司法协助安排的谈判及取得共识需要耗费较长时间。例如，最高人民法院最早于 1996 年着手准备涉港澳司法协助工作，2001 年内地与澳门签订关于送达和取证的一揽子安排，但《关于内地与香港特别行政区法院就民商事案件相互委托提取证据的安排》于 2016 年

才生效。

二是香港法院在法律适用实践仍未确立内地法院判决符合最终及不可推翻原则（Final and Conclusive Principle），为三地达成民商事司法协助造成障碍。根据规定，仅有“最终及不可推翻判决”才可在香港申请执行。由于我国审判监督程序的存在，内地判决是否属于“最终及不可推翻判决”在香港法下仍属未解决问题。在“Bank of China Ltd. v Yang Fan［2016］3 HKLRD 7”一案中，香港一审法院提出：“尽管香港的上诉法院从未仅因为内地检察建议和抗诉的制度这单一原因而认为一个内地判决不是终局性判决，但也从未作出过相反的决定，因此法院明确表示这个问题在香港法下仍未解决。”为解决这一问题，目前签署的三份互认安排中通过列明内地法院范围方式予以回避，明确“符合本法适用范围的内地判决就视为属于最终及不可推翻判决”。但从法理上，内地判决是否符合最终及不可推翻原则仍未有定论，法律基础有待夯实。内地判决是否为终局，需在香港正审程序中提出并经内地专家证人出庭作证、接受盘问及全面解释意见。这一问题不解决，未来基于互认安排进行的执行申请都可能在任何案件中被质疑。

2. 达成司法协助安排后落地难

实践中，司法协助安排达成后，在具体落地执行阶段仍存在障碍，主要表现为以下四个方面：

一是“大门开、小门不开”问题。在内地可能表现为根据内地执行规定，对申请执行的香港判决提出要求。例如，香港判决在内地申请执行，需要申请方提供判决、合同书及相关证据材料的中文版本，个别资料需要公证。此外，由于三地间法院之间缺乏常规而系统的司法合作机制，导致大量粤港澳互涉案件只能采取“个案协商、一案一商”模式，由于各案不同，表现出临时性和应急性，极大地增加了司法事务处理的难度和负担，效率低、成效差。

二是“形式上已经完备，实质上无法解决具体案件”。由于两地在法律适用上存在制度性冲突和争议，形成“形式上已经完备，实质上无法解决具体案件”的尴尬局面。如港澳居民和广东居民的离婚案件，案件的管辖权、适用法律、审判裁决效力、执行方式和执行效力都存在制度性冲突和争议，这是依靠现有制度性安排无法解决的。

再以《关于内地与香港特别行政区法院相互认可和执行民商事案件判决的安排》为例，其中规定“若就侵权行为在香港提出申索，侵权行为必须于香港发生及其产权受到香港法律保护；若香港法院认为认可和执行判决明显违反香港法律的基本原则或香港公共政策，必须拒绝执行申索”。这意味着，仅有同时受到内地与香港法律保护的侵权案件才可能畅通地实现内地判决的跨境执行。对于在内地属于侵权、在香港不属于侵权的案件，香港法院将根据香港本地法律作出裁决。

三是平行或重复诉讼问题可能会继续存在。虽然《内地与香港特别行政区法院相互认可和执行民商事案件判决的安排》就重复诉讼确立“法院受理认可和执行申请在先的，无论在审理期间还是已作出认可和执行裁定，均排除当事人就同一争议再行提起诉讼的权利”的一事不再理规则，但由于该安排仍未生效，可预期在生效前重复诉讼问题仍会继续存在。有不少律师指出，委托当事人咨询跨境判决执行时，会建议当事人在本地重复起诉，绕过跨境认可与执行，导致重复诉讼问题突出。

四是司法部门人员及法律专业人士对跨境民商事司法协助较为陌生，影响效率。三地司法部门及人员、法律专业人士对相互法律传统、法律规则及民商事司法协助实际操作步骤较为陌生。调研发现，司法人员及律师对民商事跨境司法协助的申请程序、申请对象、申请条件及要求等均不熟悉。有内地司法人员反映，听说过内地与港澳相关民商事司法协助安排，但实践中主要集中在文书传达领域，司法判决跨境执行数量不多。有内地律师反映，很少接触与民商事判决跨境执行的案件，个别律师曾经接触但因“完全不熟悉香港司法制度、不知向香港什么机构申请跨境执行”等原因放弃接受委托。即便有香港律师深度参与的联营律师事务所，对民商事案件跨境执行也知之甚少。

（二）主要原因

造成内地与港澳民商事司法协助制度落实难的主要原因有以下四点。

1.“一国两制”下法系差异造成司法对接难

内地与港澳三种法律制度，拥有不同的法律理念、不同的立法体制、不同的司法体系、不同的执法模式、不同的法律渊源和不同的空间适用范围，存在巨大差异。有受访香港仲裁专家指出，内地与香港仲裁与审判所适用的实体规则、程序规则差异极大，内地判决在香港执行可能面临重大挑战。

例如，关于证据种类，根据香港法律，实物证据、文件证据、言辞证据、性格证据、传闻证据、意见证据等均可成为证据；而内地法定有 7 类证据，无性格证据和传闻证据。

又如，内地与香港关于司法鉴定主体认定差异较大。内地司法鉴定程序鉴定主体为机构，而香港（及国际通行惯例）多由鉴定人（专家）为法庭提供鉴定意见，内地法院可能因对香港专家鉴定意见的否定而对香港判决不予认可。

再如，临时仲裁内地不被承认，在香港及境外却因临时仲裁成本更低、组织灵活等原因适用范围较广。基于临时仲裁的仲裁裁决，在内地无法认可及执行。

2. 对内地法律制度缺乏了解和信任

由于法系差异以及港澳对内地司法环境存在疑虑，中央和特区政府面对任何有关推动内地与港澳法律体系对接（或衔接）的行动都十分慎重。特别在香港，需要经过多轮的讨论和辩论。

为保障司法协助安排与本土法律条文不存在冲突，避免引发不必要的政治争议，政府之间在签署安排时需要启动多轮谈判。例如，最高人民法院与香港特别行政区政府律政司于 2018 年 6 月启动关于仲裁保全的磋商。双方历经三轮会面磋商、数百次沟通、数十次资料交换，在坚持“一国”原则、尊重“两制”差异的基础上，将互信合作、造福于民的原则理念转化为具体的、可实际操作的制度规范，于 2019 年 4 月 2 日正式签订《关于内地与香港特别行政区法院就仲裁程序相互协助保全的安排》。

3. 推动落实存在“时间差”

为实施内地与香港、澳门特别行政区签订的司法协助安排，香港、澳门特别行政区需要将签订的安排内容转化为本地立法，修订本地相关立法程序，司法协助安排才能在港澳生效实施。在各自立法的程序上，内地与港澳关于民商事司法协助安排的生效程序差异较大。内地以最高人民法院司法解释公布实施，而香港则需要通过立法实施。如《关于内地与香港特别行政区法院相互认可和执行婚姻家庭民事案件判决的安排》在香港实施，律政司需拟备

《内地婚姻家庭案件判决（相互承认及强制执行）（条例草案）》及《内地婚姻家庭案件判决（相互承认及强制执行）规则》，履行公众咨询程序后再修订。

因此，根据特区政府本地立法转化的执行力差异，三地政府司法协助安排的签署与实质生效，可能存在一个无法适用“最新”协定的空档期。例如，《协议管辖安排》签署时间为 2006 年 6 月，2008 年 4 月香港特别行政区通过《内地判决（交互强制执行）条例》第 597 章，确定安排相关内容于 2008 年 8 月 1 日实施，于此，安排空档期为两年多。2017 年以来签订的 3 份司法合作协议，2 份尚未生效。

表 10–3　内地与港澳签订民商事司法协助相关安排的签署与实施时间一览

序号	文件名称	签署时间	实施时间	时间间隔
1	《关于内地与香港特别行政区法院相互委托送达民商事司法文书的安排》(法释〔1999〕9 号)	1998 年 12 月 30 日	1999 年 3 月 30 日	3 个月
2	《关于内地与香港特别行政区相互执行仲裁裁决的安排》	1999 年 6 月 21 日	2000 年 2 月 1 日	8 个月
3	《关于内地与香港特别行政区法院相互认可和执行当事人协议管辖的民商事案件判决的安排》	2006 年 7 月 14 日	2008 年 8 月 1 日	26 个月
4	《关于内地与香港特别行政区法院就民商事案件相互委托提取证据的安排》	2016 年 12 月 29 日	2017 年 3 月 1 日	2 个月
5	《关于内地与香港特别行政区法院就仲裁程序相互协助保全的安排》	2019 年 4 月 2 日	2019 年 10 月 1 日	5 个月
6	《关于内地与香港特别行政区法院相互认可和执行民商事案件判决的安排》	2019 年 1 月 18 日	暂未生效	58 个月
7	《关于内地与香港特别行政区法院相互认可和执行婚姻家庭民事案件判决的安排》	2017 年 6 月 20 日	2022 年 2 月 15 日	54 个月
8	《关于内地与澳门特别行政区法院就民商事案件相互委托送达司法文书和调取证据的安排》	2001 年 8 月 27 日	2001 年 9 月 15 日	17 天
9	《关于内地与澳门特别行政区相互认可和执行民商事判决的安排》	2006 年 2 月 28 日	2006 年 4 月 1 日	1 个月
10	《关于内地与澳门特别行政区相互认可和执行仲裁裁决的安排》	2007 年 10 月 30 日	2008 年 1 月 1 日	2 个月

资料来源：中国法院网。

4. 熟悉实操细则和善于处理跨境法律事务的专业人士短缺

对三地法律体系和法律规则同时掌握的专业人士不多。有内地法院执行庭人员提出，目前内地民商事判决如何到香港申请强制执行，缺乏操作执业的指引。实务界（律师等）对此接触也很少，建议尽快摸索相关程序，为促进司法体系衔接作出示范效应。

四、解决思路

大湾区民商事司法协助机制的建立，要在"一国两制三法域"这一独特的混合法系背景下展开。既要严格依照宪法和基本法办事，也要尊重各自的管辖权；既要解决顶层设计问题，也要协调好过往对港澳政策落地的"大门开、小门不开"问题；既要做好政府引导工作，也要调动法律专业人士积极参与。

应遵循以下基本原则：一是"一国两制"，求同存异。大湾区司法协助机制的建立，要有政治观、大局观。应以坚持并丰富发展"一国两制"为大湾区司法协助机制建立的指导思想。要重视和尊重内地与港澳法律制度和行政体系的差异，求同存异，在事权内推进内地与港澳实施协调而非统一的制度政策安排。二是先易后难，重点突破。科学确定大湾区民商事司法协助机制建设中渐进法制建构的先行领域和重点所在。根据所涉及的行政协议、法院及仲裁机构互助、执法合作等一系列问题，结合市场主体迫切需求，坚持分类制定、分步实施、把握节奏、有序推进。如同普通法体系的建构历程，通过一个规则一个规则、一个制度一个制度的一点一滴积累，推动构建大湾区民商事司法协助的有机协作机制。三是问题导向，协商共识。以需求为导向，摸清难点及症结，有效解决大湾区实际问题。大湾区民商事司法协助机制的建立需要在共识的基础上开展有关工作，才能事半功倍，有效执行落地，有关法律才不会仅是纸上的法律，才不会空转闲置。同时，要充分征询各方面意见，严格按照相关法律规定逐步推进。

（一）授权粤港澳单独签订民商事司法协助安排

为加快民商事司法协助具体安排落地实施，必须率先解决广东省与港澳之间签署民商事司法协助安排的权限问题。

粤港澳三地同属直辖于中央政府的一个地方行政区域，但是，在“一国两制”原则下，根据国家宪法和港澳基本法的授权，港澳实行港人治港、澳人治澳、高度自治，享有行政权、立法权、独立的司法权和终审权；而广东省属于内地省级行政区域，不具有高度自治权，只享有省级行政权、立法权和司法权，其与港澳的经济社会合作，很多事务涉及中央事权乃至国家立法权，其解决和推进需要遵照下级服从上级、地方服从中央的组织原则处理。大湾区广东省内部 9 个城市之间的法律主体关系差异很大。有深圳、珠海两个具有经济特区立法权的城市，有广州、深圳两个副省级权限的城市，也有珠海等 7 个地市级立法权城市，内部协同及内部一体与港澳协同，均具有决策权、执行权等巨大差异需要统筹协调。

当前内地与港澳司法合作有两种模式：第一种是法域合作模式。内地作为一个统一的法域与港澳法域之间形成平等的司法合作关系，该模式下合作主体一般为内地最高人民法院与香港特别行政区律政司或内地最高人民法院与澳门特别行政区行政法务司。第二种是区域合作模式。港澳作为我国的特别行政区，与内地各省（直辖市、自治区）之间建立平等的司法合作关系，该模式下内地司法合作的主体是各省（直辖市、自治区），中央作为组织者、协调者，代表内地各省（直辖市、自治区）作出司法合作上的安排。但目前中央未明确规定允许内地各省市区单独与港澳直接进行司法合作，没有形成粤港澳之间司法合作的协助机制。

大湾区民商事司法协助机制建立既涉及中央方面顶层设计，也涉及推动落实过程中的各类细节问题，三地政府之间、司法部门之间的密切沟通交流尤为必要。内地与港澳法律合作领域的事权大多在中央，地方政府与港澳签订法律合作安排（或框架）需要事先获得中央授权，否则只能签署合作意向。由于省市地方政府层面权限不足，遇到需要调整的情况只能“跑步进京”，争取政策，不利于及时跟进。

建议中央借鉴 CEPA 广东协议（2014 年签署的《关于内地在广东与香港基本实现服务贸易自由化的协议》）的做法，明确授权允许广东省司法机关或司法相关部门与港澳单独签订民商事司法协助安排。赋予广东省特别是广州、深圳和珠海等节点城市更大的空间，明确综合授权模式，允许三地采用“一事一议”或独立安排等方式，根据实际情况有针对性地签订司法协助专项合作安排。

（二）完善推进大湾区民商事协助工作体制机制

大湾区司法协助机制的建立和推进，需要国家层面建立决策机制。从已有内地与港澳在合作区开发建设、项目合作的经验看，必须明确决策机制、协调机制与执行机制，保障大湾区民商事司法协助机制建立及具体工作有序推进。具体建议如下：

一是建议把建立大湾区民商事司法协助机制的事宜纳入中央层面的粤港澳大湾区建设领导小组决策。与港澳有关的事务，大都是中央事权，中央是最高决策者，因此国家层面的决策机制不可或缺。如澳门大学横琴校区、深圳湾口岸港方口岸区、澳门特别行政区新边检大楼及配套设施地段等一次性或项目性的事务，主要通过全国人大常委会立法或国务院批复的方式；需时较长的港珠澳大桥建设由国家层面设立、国家发改委牵头的港珠澳专责小组负责统筹；前海深港现代服务业合作区由部际联席会议负责统筹；深港科技创新合作区写入《大湾区纲要》，由粤港澳大湾区建设领导小组负责相关决策事宜。总之，无论以何种方式，都需要国家层面建立决策机制，大湾区民商事司法协助机制也不例外。最理想的方式是由粤港澳大湾区建设领导小组负责统筹，最高人民法院、广东省高院及港澳相关法律部门配合。

二是建议依托广东省推进粤港澳大湾区建设领导小组办公室、香港粤港澳大湾区发展办公室、澳门粤港澳大湾区工作委员会，组建合作联席会议制度。主要负责统筹、研究和协调大湾区民商事司法协助机制构建过程中三地关于司法协助执行规则、监管规则等不衔接不对接的基本问题。

第十一章　建设粤港澳大湾区国际仲裁中心

展望未来，在粤港澳大湾区建设框架下，涉港澳民商事纠纷也将呈增长之势。民商事纠纷是国际争端解决机制的重点服务对象。为妥善解决民商事纠纷，有必要建立高效、灵活、多元的纠纷解决机制。

一、发展基础和优势

（一）香港的仲裁服务资源

1. 国际及国内商事纠纷仲裁受欢迎地

香港仲裁机构专业水平高、运作成熟，深受国际认可。香港国际仲裁中心（HKIAC）成立于1984年，是亚洲历史最悠久的仲裁机构之一。作为中国的特别行政区，香港实行“一国两制”，拥有稳定、独立的法律制度和声誉卓著的法治环境，是国际商事纠纷理想的仲裁选择地。

一方面，香港因其具有普通法的法治传统、世界领先的仲裁规则、独立中立的司法系统、高效的仲裁执行率、语言多元化等优势，使香港国际仲裁服务在世界范围内极具竞争力。另一方面，香港开放的签证制度和发达的各路交通促使其成为最便捷的仲裁地。这两者均是香港仲裁法律服务与湾区内地城市比较突出的特点。香港拥有熟悉外商投资以及与中方合作的多语种法律和商业专业人才。在解决外商投资争议时，香港以其多元的法律、文化背景和专业知识为中外双方提供充分支持，既能为中方提供文化背景类似的争议解决场所，又为非中方投资者提供一个独立和中立的法律环境以解决争议，使 HKIAC 成为所有国际仲裁中心中处理最多涉及中国当事人案件的仲裁机构。

为进一步适应快速增长的国际商事仲裁和投资仲裁需求，香港于 2013 年对《香港国际仲裁中心机构仲裁规则》进行重大修改，修改后大大节省了时间并提高了成本效益。此外，香港是唯一境外司法管辖区可以在内地申请保全以及执行保全措施的地区，对境外当事人仲裁地的选择起着重要作用。

2. 粤港澳大湾区跨境法律适用及争议解决服务使用地

2014 年，香港和解中心推出了一项崭新的跨境争议解决服务——“香港调解结合中国国际仲裁”。2015 年，中国国际贸易促进委员会 / 中国国际商会调解中心与香港和解中心成立内地—香港联合调解中心，当商业争议出现时，当事人可选择使用香港和解中心的“香港调解结合中国国际仲裁”服务在香港或内地以非诉讼形式解决争议。在“香港调解结合中国国际仲裁”机制下，如果当事人能够通过调解解决争议，深圳国际仲裁院（华南国际经济贸易仲裁委员会）或深圳仲裁委员会便会就他们所签订的经调解的和解协议发出仲裁裁决，令这份裁决得以在中国境内以及所有 155 个纽约公约同盟国或地方执行。2019 年，香港贸易发展局进行的一项有关《香港作为粤港澳大湾区国际商业枢纽地位的调研》的数据表明，54% 受访的大湾区企业高管表示其在过去两年或现在正使用香港的法律、争议解决和其他专业服务（见图 11-1）。

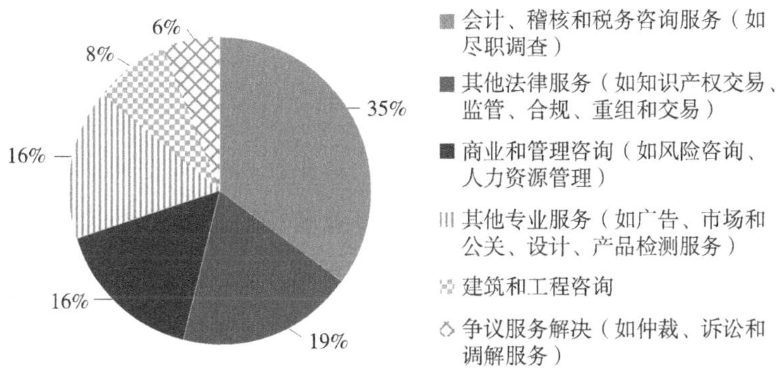

图11-1 受访公司使用香港法律、争议解决和其他专业服务的情况

资料来源：香港贸易发展局。

（二）深圳的仲裁服务资源

1. 深圳国际仲裁院

深圳国际仲裁院设在前海，仲裁院第二届理事会中 13 名理事有 12 名是外部理事，其中有 7 名来自香港和海外。2014 年，深圳国际仲裁院的仲裁裁决在香港获得执行的数量占内地所有仲裁机构的 38.5%，为内地最高，在全球仅次于香港国际仲裁中心。这说明深圳国际仲裁院在香港地区拥有较高的国际公信力。

深圳国际仲裁院拥有来自世界各地的仲裁员，任何案件都有合适的仲裁员，可用各种语言进行开庭。我国已加入了《纽约公约》，我国仲裁机构所发出的裁决，可以在《纽约公约》成员国及地区里任何一个地方执行，深圳国际仲裁院也是如此。

2016 年 10 月 26 日，仲裁院发布新规则体系，进一步突出国际化，深化深港合作，鼓励在前海仲裁适用香港法。其中最大的亮点是将香港作为仲裁地。新发布的《深圳国际仲裁院关于适用〈联合国国际贸易法委员会仲裁规则〉的程序指引》第 3 条规定：当事人对仲裁地有约定的，从其约定；当事人没有约定的，仲裁地为香港，除非仲裁庭另有决定。这意味着深圳国际仲裁院在前海作出的裁决被视为“香港裁决”，由香港法院对裁决进行监督和执行。

2019 年 2 月，深圳国际仲裁院发布《关于增强核心引擎功能推动粤港澳大湾区建设的十大措施》《粤港澳仲裁联盟争议解决规则》。根据 2019 年深圳国际仲裁员的《仲裁员名册》，有 147 名仲裁员来自港澳。

2. 前海法院

2015 年，深圳前海合作区人民法院（以下简称前海法院）正式成立，集中管辖深圳市一审涉外涉港澳台商事案件及前海蛇口自贸片区内的一般知识产权案件。自 2015 年 2 月开始受理案件以来，截至 2020 年 7 月 31 日，该法院共受理涉外涉港澳台商事案件 9463 件，占民商事案件的 29.99%，审结 7763 件，年均调撤率 36%；受理涉港商事案件 6692 件，占涉外涉港澳台案件的 70.71%，为全国第一。

2016 年 5 月，该法院与深圳国际仲裁院、粤港澳商事调解联盟的 13 家社会组织联合成立诉调对接中心。前海法院诉调对接中心的成立与运行，为自贸区多元化纠纷解决机制体系的建立积累了经验，2016 年 5 月 28 日至 2018 年 1 月 31 日，诉调对接中心受理案件 2719 件，调解成功 1195 件，成功率达 44%。

在“一带一路”建设背景下，前海法院在多元化纠纷解决机制的构建上进行了有益的探索和尝试。前海法院于 2018 年 1 月挂牌成立前海“一带一路”国际商事诉调对接中心，依托现有司法、仲裁和调解机构，引入跨境商事调解组织，聘任外籍和港澳台籍专家调解员 40 余名；建立律师调解员工作机制，扩展律师专业调解空间；细化诉调对接工作机制，探索建立调解前置约束机制，最大限度地将案件纳入先行调解范畴；搭建“一带一路”法律公共服务平台，提供线上线下相结合的纠纷化解服务，打造国际化、专业化、信息化的“一带一路”国际商事纠纷解决中心，依法化解“一带一路”商贸投资争端，平等保护中外当事人合法权益，营造稳定、公平、透明的法治化营商环境。

为更好发挥毗邻港澳的区域优势，服务国家“一带一路”建设，在最高人民法院、中国法学会和国家司法文明创新协同中心的推动下，中国港澳台和外国法律查明研究中心、港澳台和外国法律查明研究基地、港澳台和外国法律查明基地（以下简称“一中心两基地”）于 2015 年 9 月 20 日落户前海。最高人民法院选定前海法院为“港澳台与外国法律查明研究基地”。以此为契机，前海法院对域外法查明与适用开展扎实的理论研究，先后出台《域外法查明办法》《适用域外法案件裁判指引》《关于审理民商事案件正确认定涉港因素的裁判指引》等制度，实现了香港律师作为法律查明专家出庭接受质询，解决了域外法适用与查明中“查明机制创新”“涉外因素认定”“专业队伍保障”等关键性问题。依托“一中心两基地”的优势，前海法院建立了全国最为系统化的法律查明与适用机制，实现了域外法在前海法院“认得全”“查得明”“用得准”。截至 2017 年 12 月，前海法院受理的涉外、涉港澳台案件中，有 35 件在合同中约定适用域外法，适用香港法成功调解案件 4 件，已适用香港法判决但尚未生效的案件 3 件。

3. 最高人民法院第一国际商事法庭

2018 年 6 月，最高人民法院第一国际商事法庭在深圳正式挂牌。该庭的国际商事争端解决机制和机构体系具有如下亮点：第一，诉讼、仲裁和调解“三位一体”纠纷解决机制，为当事人提供“一站式”衔接。第二,一审终审。当事人自愿选择国际商事法庭解决纠纷的，依法一审终审。第三，专业、多元的国际商事专业委员会。国际商事法庭会遴选来自不同法系、不同国家、不同地区的专家、学者律师等群体参与，保证专家委员会的专业性和普遍代表性。第四，限定国际商事法庭的受案范围。①第五，开放包容支持多主体参与。鼓励支持具备条件、具有国际良好声誉的国内仲裁、调解机构参与国际商事争端解决，支持国商协会、法律机构等共建非政府性质的国际商事争端预防和解决机制。

第一国际商事法庭建立的特别意义在于它宣示了中国司法机关为推进“一带一路”建设提供司法服务和保障的积极态度和坚强决心，彰显了最高人民法院的司法担当，反映了司法机关为适应国际争端解决的现实需要而创新司法体制和机制的改革意识和进取精神。②

2019 年 4 月，位于深圳的最高人民法院第一国际商事法庭就三起申请确认仲裁协议效力案件进行正式询问。该三个案件均涉及深圳国际仲裁院受理的仲裁案件，也是最高人民法院国际商事法庭成立及最高人民法院“一站式”国际商事纠纷多元化解决机制建立后，根据有关规定受理的首批案件。

（三）广州的仲裁服务资源

中国广州仲裁委员会依据《中华人民共和国仲裁法》的规定，于 1995 年 8 月 29 日正式组建，作为广州地区唯一的民商事仲裁机构，以仲裁方式解决平等主体的自然人、法人和其他组织之间发生的民商事合同纠纷及其他财产权益纠纷。

---

① 国际商事法庭受案范围仅限于四类：第一类，当事人协议选择最高人民法院管辖，标的额在 3 亿元以上的国际商事案件。当然，当事人协议选择需要符合《中华人民共和国民事诉讼法》第三十四条的规定。第二类，应当由高级人民法院受理的第一审国际商事案件，但是高级人民法院认为需要由最高人民法院审理且经过最高人民法院准许。第三类，在全国有重大影响的国际商事纠纷。第四类，在国际商事争端解决机制的框架内进行仲裁的案件，当事人申请国际商事法庭进行财产保全或者申请撤裁或者申请执行仲裁裁决的案件。此外，国际商事法庭仅受理民商事纠纷以及具有涉外因素的纠纷，对于国家之间的贸易或投资争端、东道国与投资者之间的投资争端，均不受理。

② 国际商事法庭揭牌加强“一带一路”国际合作［N］. 人民法院报，2019-01-17.

据统计，广州仲裁委员会2018年受理仲裁案件总计189620件，占全国的35%，位列全球、全国仲裁机构双第一，其中涉外案件数量2162件、网络案件数量166634件，均位列全国第一。此外，广州仲裁委员会的国际商事仲裁案自2012年以来也一直独占鳌头，2018年共受理国际商事仲裁案件2162件，占全国的62.5%，位列全国第一。同伦敦国际仲裁院、斯德哥尔摩商会仲裁院等传统国际商事仲裁机构相比，广州仲裁委员会已成为全球受理国际商事仲裁案件数量最多的仲裁机构。

总体来看，广州和深圳仲裁委员会竞争力较强。根据2019年中国政法大学、《法制日报》发布的首份中国公信力评估研究报告，全国十佳仲裁机构排名中，广州仲裁委和深圳仲裁委分别名列第3名和第5名；涉外服务十佳仲裁机构排名中，深圳位列第3，广州位列第6。

二、面临的挑战

（一）辐射面有限

法律及争议解决服务具有较大的地域性特征，虽然香港法律服务的对象是全世界客户，但就争端解决服务而言，主要辐射范围为亚太区，西方国际商事仲裁中心地位难以撼动。主要原因是，国际商事仲裁规则某种意义上是西方国家发展多年逐步完善的成熟司法规则制度。西方国家除了把持规则制定话语权，还掌握国际仲裁机构的主导地位，有影响力的国际仲裁机构基本在西方国家。此外，作为实践层面实际话语权掌握者，欧洲和北美仲裁员更受信任。根据2018年《国际仲裁调查报告》，香港国际仲裁辐射范围主要在亚太区，而伦敦、巴黎等则在欧洲、拉丁美洲、北美洲、非洲、中东等名列最受欢迎仲裁地前两名。新加坡辐射范围也广于中国香港，成为欧洲、亚太地区、北美洲、非洲、中东最受欢迎的仲裁地之一。

（二）新加坡等竞争对手的追赶

新加坡等地区仲裁服务质量的提升使香港亚洲仲裁中心地位受到挑战。

2018年《国际仲裁调查报告》显示，在有关最受欢迎仲裁机构的排名中，新加坡首次超过中国香港（第四名）。到2021年，新加坡排名继续上升，与伦敦并列位居榜首。新加坡的追赶实际上吸纳了从香港转移的“生意”，部分忧虑香港司法独立性的当事人或机构在亚太范围选择使用新加坡仲裁。如香港国际仲裁中心仲裁受案量在2013年、2016年及2018年下跌幅度较大。

（三）《中华人民共和国仲裁法》国际接轨程度有待提高

《中华人民共和国仲裁法》生效于1995年，与国际通行做法存在一定差异，在概念界定、仲裁协议效力认定、仲裁机构管理规则等方面均存在重大差别。以临时仲裁为例，从世界经验看，因灵活度高、运行高效等特点，临时仲裁机制成为当前处理商事纠纷的重要工具。临时仲裁的设立在我国讨论已久，由于《中华人民共和国仲裁法》采用“单一制”模式（即国内和国际仲裁适用一部法律），且确立仲裁委员会是法定机关，因此非机构仲裁的临时仲裁模式被我国现行仲裁法律所排斥。我国虽然是《纽约公约》成员国之一，却与《纽约公约》肯定临时仲裁模式的规则设置相悖，客观上导致我国无论在国内司法实践还是国际仲裁服务市场中，均处于尴尬境地。

（四）澳门的独特优势未被重视

澳门对内地经济发展的独特优势深受国家肯定。2018年11月12日，习近平总书记会见港澳各界庆祝国家改革开放40周年访问团时，总结在国家改革开放过程中，港澳所处的地位是独特的，作出的贡献是重大的，所发挥的作用是不可替代的。改革开放以来，港澳同胞和社会各界人士发挥的主要作用，包括投资兴业的龙头作用、市场经济的示范作用、体制改革的助推作用、双向开放的桥梁作用、先行先试的试点作用和城市管理的借鉴作用。

澳门回归后，为推动经济适度多元发展，提出了“一中心”（世界休闲服务中心）、“一平台”（区域商贸服务平台）、“一基地”发展目标。结合澳门自身特点和与葡语国家特殊关系的优势，仲裁服务事实上应被纳入成为区域商贸服务平台的重要组成部分，但无论澳门还是中央部门，均没有重视这一独特优势。

综合分析澳门在仲裁服务领域、对粤港澳国际仲裁中心的重要支撑作用的独特优势，从法治基础看，港澳特殊关税区的独特优势，使粤港澳大湾区有条件成为粤港澳大湾区与“一带一路”国家或地区仲裁服务的综合枢纽。澳门是粤港澳大湾区的核心城市，营商水平、法治成熟度、城市发展水平等均处于粤港澳大湾区高阶水平。从服务对接功能看，澳门与葡语国家在历史、文化、语言等多方面的联系，以及澳门本地众多归侨侨眷的优势，使澳门具备成为中葡之间、内地与海外（尤其是东南亚国家）之间仲裁服务平台的基础条件。然而，当前澳门发展仲裁服务的基础较为薄弱。澳门现有仲裁服务机构组织规模和市场业务量较少，澳门本土仲裁服务专业人士不足，这给澳门对接“一带一路”仲裁服务带来不少挑战。

三、建设大湾区国际仲裁中心的具体措施

（一）打造“深圳＋香港”国际仲裁中心

综合性国家科学中心和粤港澳大湾区国际科技创新中心建设，将涉及大量的跨境科创合作和市场主体交易，要面对具有国际化程度较高、商事活动复杂性较强、不同国家或地区法律制度多样等特征的涉外商事纠纷。有鉴于此，需要集结大湾区优质法律服务资源，打造专门商事争端解决机构（平台），进一步完善以国际仲裁为核心的多元商事争端解决机制，服务国家开放大战略。

建议在大湾区建设背景下，港深两地的仲裁法律服务应根据两个城市的功能及区位，明确各自今后发展的定位及方向，避免同质化竞争，防止零和博弈，共同打造国际仲裁服务中心。香港仲裁法律服务发展定位为面向世界的国际化争端解决中心，主要针对外国企业、组织和个人在我国境外的经济商业纠纷以及我国内地企业、组织和个人在“走出去”过程中与外国企业、组织和个人之间发生的经济商务纠纷。深圳的仲裁法律服务发展定位为为新时代全面对外开放服务的争端解决中心，主要针对外国企业、组织和个人在我国境内发生的经济商业纠纷（“引进来”方面），国内企业、组织和个人之

间的商业经济纠纷。

（二）打造“深圳＋香港＋第三个国家（或地区）”国际仲裁联盟

由于我国仲裁制度对国际接轨不足、仲裁员结构国际化程度低、域外法查明制度有待完善、我国与其他国家或地区法律制度存在差异、经济社会背景差异等综合原因，我国司法机关主导的单一商事仲裁中心模式难以获得西方投资者的信任。

粤港澳大湾区国际仲裁中心建设框架下的国际仲裁联盟，无论是香港还是内地，每一家都难以担当，必须通过双城深度合作，联动第三个国家（或地区）仲裁机构，共同组成该联盟。为最大限度降低联盟因范围泛化导致的磋商、协调等交易成本，根据中国与不同国家的仲裁法律服务市场特点，可以深港仲裁机构为主导力量主动与其他国家或地区对接，打造不同线路的“香港＋深圳＋第三个国家（或地区）”国际仲裁联盟。

具体而言，支持深圳国际仲裁院与香港国际仲裁中心签订合作框架协议，成立执行机构作为两家仲裁机构的代表机构，对外与第三方国家代表性仲裁机构积极磋商并达成合作协议。在合作联盟的创设阶段，重点发挥香港仲裁机构国际联系渠道广泛和熟悉国际通行规则的独特功能，突出磋商合作的去行政化和民间性质，充分尊重不同国家或地区的法律和文化差异。前期阶段，以共商、共建为基本理念，慎防“贪大求全”建立固定机构或创设统一仲裁规则，而是尽量适用现有（香港或第三方国家）仲裁规则，最大限度沟通协商并争取香港成为默认仲裁地或把香港仲裁规则纳入当地仲裁规则的可选项。一方面夯实香港成为大湾区及“一带一路”国际仲裁中心地位，另一方面借助仲裁合作联盟建设推动内地（深圳）仲裁规则与国际对接。

（三）在大湾区内全面推广香港为默认仲裁地

深圳国际仲裁院和南沙国际仲裁院在仲裁规则衔接方面已经作出先行探索。一是深圳地区的先行先试。深圳国际仲裁院鼓励在前海仲裁适用香港法。按照其关于适用《联合国国际贸易法委员会仲裁规则》的程序指引，创造性地规定选定香港特别行政区为默认仲裁地；同时，深圳国际仲裁院明确理事和仲裁员不少于1/3的人数来自香港和海外，当事人可以委托香港律师担任仲裁代理人。二是南沙国际仲裁中心于2017年发布的《仲裁通则》及《三大仲裁庭审模式流程指引》中引入香港仲裁模式，当事人可选择适用香港《仲裁条例》并选择香港为仲裁地。由此可见，在仲裁规则适用、仲裁地选择和仲裁治理结构三个方面，大湾区已经进行了先行探索。

基于当前大湾区仲裁资源及仲裁规则的竞争力，建议将“全面推广香港为默认仲裁地”作为建设粤港澳大湾区国际仲裁中心的重要指导策略。一是把深圳国际仲裁院关于“当事人对仲裁地有约定的，从其约定；当事人没有约定的，仲裁地为香港，除非仲裁庭另有决定”规则全面推广到大湾区内地城市仲裁机构，鼓励仲裁机构根据实际情况在现有仲裁规则中列入上述规则。二是进一步推动香港成为对接国际的国际仲裁核心地，针对涉港澳仲裁案件，赋予当事人选择《香港仲裁条例》进行仲裁的权利。三是以大湾区为试点，开放港籍非机构仲裁在特定涉外案件的适用，吸引更多港籍仲裁专才走进大湾区。

（四）“双向”拓展仲裁服务市场

在大湾区建设背景下，内地与港澳的仲裁法律服务应根据城市的功能及区位，明确各自今后发展的定位及方向，避免同质化竞争，防止零和博弈。要做到错位互补，协同发展，既发挥各自优势，又避免无序竞争，并开展深度交流合作，共同推进建设大湾区国际仲裁中心。

目标指向方面，大湾区国际仲裁中心应发挥对接“国际”和“国内”两大市场功能，但两大市场仲裁服务内容略有差异。国际市场更多为国际企业之间、国际企业与内地大型企业之间的仲裁，国内市场属地特征明显，多为内地主体之间的仲裁。因此，在发展定位上，港澳仲裁服务侧重对接国际市场，而大湾区内地城市仲裁服务侧重对接国内市场。根据这一发展定位，港澳及大湾区内地仲裁服务机构也应作一定的功能切分。

香港仲裁法律服务定位为面向世界的国际化争端解决中心，主要针对外国企业、组织和个人在我国境外的经济商业纠纷以及我国内地企业、组织和个人在“走出去”过程中与外国企业、组织和个人之间发生的经济商务纠纷。

澳门仲裁法律服务定位为“一带一路”葡语国家商贸服务的争端解决中心，主要利用与葡语国家语言、法律相通等优势，重点服务于内地与葡语国家之间因经济商业矛盾产生的仲裁纠纷。

以“广深”为核心的仲裁法律服务定位为新时代全面对外开放服务的争端解决中心，主要针对外国企业、组织和个人在我国境内发生的经济商业纠纷，国内企业、组织和个人之间的商业经济纠纷。

保持和发挥各自特色优势是大湾区法律服务的关键。香港仲裁机构国际联系渠道广泛，熟悉国际经贸规则，独立与公正的形象明显，在未来发展过程中，要进一步凸显其在这些方面的特色优势，防止香港仲裁机构被贴上国家及地方色彩，影响其国际形象。内地仲裁机构熟悉内地经济规则和企业、社会等情况，同时也要提升国际化水平，为全面开放下大规模引进外资提供优质的仲裁服务。

（五）加快大湾区内地城市仲裁法律服务整合升级

加快内地仲裁服务行业整合和实力升级。一是加快实现机构整合。鼓励优质仲裁服务机构“强强联合”实现合并转型，优化法人治理结构。淘汰竞争力弱的商事争端解决机构，支持国际和港澳知名商事争端解决机构入驻大湾区。如 2018 年华南国际经济商贸仲裁委员会与深圳仲裁委员会正式合并为深圳国际仲裁院，成为中国仲裁史上首例仲裁机构合并的案例，合并后的深圳国际仲裁院在治理结构和仲裁规则上均作优化完善，有利于进一步增强竞争力。二是支持仲裁服务多元化、专业化、国际化发展。鼓励商事争端解决机构发展专项、特色业务，鼓励内地与香港仲裁机构联营或签订合作协议，进一步助力香港国际商事争端解决机构中心形成和发展。如 2019 年深圳国际仲裁院与香港国际仲裁中心签订《更紧密合作协议》，双方将共同推动商事仲裁、调解和其他替代性争议解决的交流合作，推动不同司法辖区仲裁制度、规则及合作机制的对接衔接。三是成立仲裁协会，实现行业自律。法院带头推广仲裁纠纷解决模式，增强商事争端解决机构对法院的分流作用，全面推进我国多元化纠纷解决机制建设。

（六）以香港仲裁规则为蓝本分阶段推进大湾区商事规则统一

粤港澳大湾区国际仲裁法律服务受国际认可的基本前提，是建立一套有公信力、适用性广泛的仲裁规则，因此有必要统一大湾区国际商事仲裁规则。《国际商事仲裁示范法》（以下简称《示范法》）是目前适用性最广泛的仲裁规范，应成为《粤港澳大湾区国际商事仲裁统一规则》的有效借鉴文本。

香港仲裁条例借鉴《示范法》并进行改良升级，在某种意义上比《示范法》更为先进、灵活及适应市场发展。如在仲裁协议的要式上，香港仲裁条例采取了较 1985 版《示范法》更为宽泛的设计，不仅将口头指向的书面协议纳入其中，还将书面形式扩大解释为一切可反映到有形载体上的方式。在法律解释方面，香港仲裁条例明确指出《示范法》的准备文件可用于解释香港仲裁法律。在临时措施方面，香港法律不仅对仲裁庭采取临时措施的形式进行了界定，还规定在适当情况下法院可将临时措施的决定权让与仲裁庭，并赋予仲裁庭发布的临时措施以类似于法院发布临时措施的可执行性。香港仲裁条例还特别增设了紧急仲裁员条款。在仲裁员任命上，香港法律规定，若双方当事人未作约定，则由香港国际仲裁中心任命。此外，香港法律还明确了仲裁员担任调解员以及调解程序转换为仲裁程序的条件。香港法律没有转换《示范法》关于承认与执行的条款，主要原因是在“一国两制”构架下，《纽约公约》本身也适用于香港。值得一提的是，在 2017 年 6 月通过的香港仲裁条例最新修订案中，香港引入了第三方资助仲裁专章，这是香港在《示范法》基础上的仲裁制度创新。[①] 香港仲裁条例、规则修订进程见表 11–1。

表 11–1　香港仲裁条例、规则修订进程

时间	文件	重要条款
1982 年 / 1990 年	修订《仲裁条例 341 章》（旧条例）（1963）	以 UNCITRAL 示范法（1985）为基础的国际仲裁和以英国仲裁法（1950）为基础的本地仲裁两分制度
2011 年	修订《香港仲裁条例》（香港法律第 609 章）	将 UNCITRAL 示范法有效地延伸适用于在香港进行的所有仲裁；采纳了 UNCITRAL 示范法 2006 年的修订，允许法院和仲裁庭裁给支持仲裁的临时措施

① 王徽 .《国际商事仲裁示范法》的创设、影响及启示［J］. 武大国际法评论，2019（3）.

续表

时间	文件	重要条款
2013 年	修订《香港国际仲裁中心机构仲裁规则》	1. 首个明确允许当事人选择小时费率（上限为 6500 港元）或以争议标的额大小支付仲裁员费用的机构；2. 增加了追加当事人、合并仲裁程序以及可在多个合同下启动单一程序等规定；3. 提供了紧急仲裁员程序，以便当事人在仲裁程序中申请可执行的紧急临时救济
2018 年	修订《2018 仲裁规则》	1. 当事人各方可约定使用自己的或 HKIAC 专门提供的在线储存系统。2. 明确允许仲裁庭在确定和分配仲裁费用的时候考虑任何第三方资助的安排。3. 允许当事人在多份仲裁协议下启动一个仲裁程序，即便仲裁中的当事人不受所有仲裁协议的约束。4. 允许仲裁庭同时或接连地进行多个仲裁程序，或暂停任何仲裁程序直至在任何其他仲裁程序中已作出决定。5. 替代性争议解决的使用。6. 紧急仲裁员程序。7. 裁决作出的时限
2019 年	香港与最高院签订《关于内地与香港特别行政区就仲裁程序相互协助保全安排》（未生效）	以香港作为仲裁地，当事人可向内地申请，对证据、财产、行为等进行保全措施。

资料来源：根据公开资料综合整理。

鉴于香港《仲裁规则》已充分借鉴受世界范围认可的《示范法》，且改良后实施运行效果良好，粤港澳大湾区国际商事仲裁规则的统一实施路径具体为：大湾区整体试点全面适用香港仲裁规则。内地关于仲裁规则完善（如是否引入临时仲裁）讨论纷争已久，但《仲裁法》立法完善需要较长过程。若以大湾区为仲裁规则对接国际的先行先试地，全面推广前海和南沙的突破经验，可率先实现仲裁规则转型升级。若无法实现大湾区全试点，应鼓励湾区内地城市有实力的仲裁机构充分借鉴香港现有仲裁规则，对各自仲裁规则进行修订完善。

（七）加快培养和壮大商事调解专业队伍

“熟人社会”中，商事调解具有降低交易成本以及有效维护良好商业关系的功能与作用。调解员通过鼓励和协助当事人进行沟通，为争议双方自愿达成协商协议提供技术指引。可以说，“调解为先”切合当前世界潮流。对比诉讼与仲裁，调解具有省时、成本低的优势，是和谐解决纠纷的有效方式。

当前香港形成了一套良好的调解制度运行规则。2009 年，香港民事司法制度改革把调解纳为关键的争端解决方法。2010 年生效的《实务指示 31——调解》建立了结构化的框架和清晰度程序。2013 年生效的调解条例，规定了调解的主要原则和在香港认可和实行的调解模式，同时为调解提供规管框架。为了保证调解员的专业性，2012 年 8 月香港调解资历评审协会有限公司成立，制定调解专业人士的评审规则，认定调解人员资格。

当前，深圳前海已经作出探索。第一，率先建立“一带一路”国际商事诉调对接中心。2018 年 1 月，在 2016 年 5 月建立诉调对接中心的基础上，成立了前海“一带一路”国际商事诉调对接中心，初步建立联通国际区际的、专业化的多元纠纷化解平台。整合粤港澳大湾区 30 余家司法、仲裁和调解机构，聘任外籍和港澳台籍专家调解员 78 名，律师调解员 172 名。与深圳国际仲裁院、深圳市律师协会等多家调解机构建立合作关系，支持培育社会调解组织。制定专业化调解规范，完善国际商事调解规则，建立“1+13”系统化规范化的诉调对接工作机制，设立调解前置约束、中立第三方评估、无争议事实记载等机制，实现调解的规范化、专业化运作。完善市场化调解机制，遵循合作自愿有偿的原则，支持社会调解组织根据当事人的需求提供有偿调解服务。搭建“一带一路”法律公共服务平台，为当事人提供在线法律咨询服务，推进线上线下相融合的纠纷化解服务。截至 2019 年 11 月，共受理案件 2544 件，可调解案件 1233 件，调解成功 623 件，成功率为 50.5%。

第二，建立健全律师调解制度。前海法院联合深圳市司法局、深圳市律师协会，建立律师参与诉讼调解工作机制，为域内外商事主体提供更加专业、高效的纠纷化解服务。制定实施《关于实施律师调解工作的规定》，设立律师调解工作室。选任外籍和港澳台籍律师 78 名，复杂案件实行“内地律师 + 香港律师”联合调解模式，港籍律师调解员可依据香港法律出具中立第三方评估报告。律师调解员由深圳市司法局、深圳市律师协会择优推荐，全部为执业年限 5 年以上、具有较高业务水平和良好职业道德的律师，分类建立律师专业调解员名册，定期组织律师调解员进行业务培训。前海法院共聘任 172 名律师调解员，其中外籍和港澳台籍律师 78 名，自 2017 年 12 月进一步完善律师参与调解机制以来，截至 2018 年 11 月，律师成功调解案件 429 件，有效地发挥了律师在纠纷化解中的专业作用。

第三，建立粤港澳商事调解联盟合作机制。2013 年 12 月 8 日，深圳国际仲裁院牵头在中国前海自贸区创建粤港澳商事调解仲裁联盟（以下简称联盟）。联盟的成员机构包括香港中国企业协会商事调解委员会、香港国际仲裁中心调解会、香港和解中心、香港测量师学会、香港联合调解专线办事处、香港仲裁司学会、澳门世界贸易中心仲裁中心、英国特许仲裁员学会（东亚分会）、中国对外贸易中心（广交会国际贸易与知识产权投诉站）、深圳国际仲裁院调解中心、广东省工商联仲裁调解中心（广东省民营企业投诉中心）、深圳市总商会调解仲裁中心、深圳外商投资企业协会商事调解委员会、深圳证券期货业纠纷调解中心、前海"一带一路"国际商事诉调对接中心等 15 家粤港澳大湾区主要商事调解仲裁机构，具有广泛的代表性和影响力。

建议借鉴香港成熟的调解服务经验和调解制度，发挥前海在建立"一带一路"国际商事诉调对接中心过程探索的成功经验，深港联动加快推进构建粤港澳大湾区诉讼、仲裁和调解在内地多元争端解决机制。鼓励"调解为先"的纠纷解决方式，丰富争端解决方式。整合司法、仲裁和调解机构，建立粤港澳商事调解专业队伍，律师协会对其进行合理监督，规范调解组织和调解员行为。吸引以港澳及境外律师调解员、转介调解员、金融从业人员、工程师等各界英才加入粤港澳商事调解专业队伍，借鉴港澳先进调解经验，推动粤港澳大湾区调解员认证制度。

第十二章　推进粤港澳知识产权保障机制衔接对接

知识产权制度作为民商事制度的重要组成部分，是科技制度、经济制度通过法律制度的一种固化，是通过知识产权这一科技、经济现象发展而随之建立的上层建筑。粤港澳大湾区知识产权制度基础良好、知识产权保护水平全国领先。应发挥香港良好的知识产权保护制度、丰富的知识产权专家资源以及亚洲重要的知识产权交易中心地位等优势，加快粤港澳知识产权制度的对接衔接，为粤港澳大湾区科技创新中心建设提供法律保障。

一、法制保障与营商环境

（一）我国营商环境发展现状

2019 年，习近平总书记主持召开中央全面依法治国委员会第二次会议时强调，“法治是最好的营商环境。要把平等保护贯彻到立法、执法、司法、守法等各个环节，依法平等保护各类市场主体产权和合法权益。要用法治来规范政府和市场的边界，尊重市场经济规律，通过市场化手段，在法治框架内调整各类市场主体的利益关系”。

近年来，中央政府及各地方政府持续推动“放管服”改革。国家层面，质检总局、税务总局、自然资源部、财政部等国家部委相继颁发营商环境优化的相关实施方案和专项方案。2019 年 9 月，《国务院办公厅关于做好优化营商环境改革举措复制推广借鉴工作的通知》（国办函〔2019〕89 号）提出，在全国复制推广借鉴京沪两地优化营商环境改革的具体举措。2019 年 10 月，国务院《优化营商环境条例》通过，自 2020 年 1 月 1 日起实施，为法治化营商环境添上浓厚一笔。地方层面，为贯彻落实先行示范区建设，深圳市正在制定《深圳经济特区优化营商环境若干规定（征求意见稿）》。

这类改革措施主要以世界银行营商环境评价体系为参照，侧重在提升营商行政的便利度、效率、成本以及打造公平市场环境等体制机制改革方面精准发力，内容为减少政府干预、提升政务服务能力等行政体制机制改革，有利于提升服务评价。根据 2020 年《营商环境报告》，中国内地是该年度十大改善最明显的经济体之一，以八项改革的数量占据东亚及太平洋地区改革首位和全球第二，全球营商便利度排名跃升至全球第 31 位。

（二）法制保障对营商环境建设的促进作用

营商环境建设是一个国家、一个地区和一个城市经济竞争力及可持续发展能力的重要体现。法治化营商环境有广义与狭义之分。狭义上，可理解为行政政策的立法化，指赋予有利于营商环境的政策措施以较高的法律效力，亦即政策措施的条文化、法律化。 广义上，指的是与营商发展有关的制度及运行状态，包括有利于营商环境保护的立法、司法和执法等制度供给，也包括没有以法律制度形式予以固定的规范、规则、标准、体制、机制等。本书法治化营商环境是广义上的概念。

衡量一个经济体营商环境水平主要包括营商便利以及法制保障两大构成要素，两者是一体两面的统一体，各据其位、各行其是，相互作用、相互推进，两者缺一不可，共同构成完整的营商生态圈。营商法制保障是“硬核”，是根本，是保护营商行为各类市场主体产权和合法权益的立法、司法、监管等法律系统工程，主要作用是为营商运行过程提供稳定预期，为开放竞争的营商行为提供必要的制度保障。具体包括健全的营商法制制度、细致严谨的法律条文等。营商便利是“软配套”，是政府为便利营商行为、依职能运用行政手段打造的有机生态圈，更多指向提高行政效率与减少行政干预，本质上是利用法制手段规范政府行为的结果。

法治化营商环境，就是推动提升法制保障水平和提高营商便利程度的综合动态过程。因此，在某种意义上，营商法制保障水平与营商便利化程度是检验法治化营商环境的重要标准。以深圳为例，1989 年 3 月 28 日在第七届全国人民代表大会第二次会议上《关于提请授权深圳市人民代表大会及其常务委员会和深圳市人民政府分别制定深圳经济特区法规和深圳经济特区规章的议案的说明》中，已经明确了两者的重要性。该说明提出："深圳市的进一步发展也面临着一些新的问题。最突出的是没有建立起与之相适应的商品经济秩序。主要表现在缺乏完整的适应商品经济需要并符合国际惯例的法律体系和保证政府廉洁高效运转的新体制，这已经成为深圳经济特区进一步开放和发展的障碍。"目前，深圳营商便利化改革走在前面，但营商法制保障的制度优化和制度改革仍未跟上，"深圳市作为我国最早的经济特区，在对外开放和经济体制改革方面走在全国的前列，政府管理经济的方式急需从以行政手段为主向以法律手段为主转化"。

二、知识产权保障与科技创新

科学技术对社会经济发展的作用，是通过技术创新实现的。制度性因素在创新体系中居于基础和保障地位，创新的制度是激励技术创新、保障社会经济发展的关键。科技创新作为知识创造、转换与应用的过程，每一项活动都受法律调控，有一种观点认为，"科技创新只有与法治联姻才能突飞猛进"。

但我国知识产权制度不是由科技、经济制度慢慢发展而来，而是通过"改革上层建筑进而推进制度的不断完善"。我国自 1979 年开始建立自己的知识产权制度，陆续颁布了《中华人民共和国商标法》（1982 年）、《中华人民共和国专利法》（1984 年）、《中华人民共和国著作权法》（1990 年）等，后为适应国际知识产权环境，对知识产权立法进行了全局性修订。2001 年中国加入世界贸易组织（WTO）后，第三次修订《中华人民共和国专利法》。2008 年，《国家知识产权战略实施纲要》颁布。2012 年，中共十八大提出了创新驱动发展战略，强调加强知识产权保护。知识产权保护逐步上升为国家战略，成为创新驱动战略的重要组成部分。我国仅用了 30 年，就完成了西方国家几十年乃至100多年才完成的知识产权立法过程，但在立法、司法、行政执法以及守法等层面，对知识产权保护的有效性仍有待提升。

历史上，中美就知识产权相关问题多次发生摩擦。可以预见，西方国家今后对我国的技术限制将更为严格，我国企业加强自助创新能力建设应对技术限制的紧迫性前所未有。针对这一局面，我国应持续提高知识产权保护水平，加快知识产权规则对接国际的步伐，强化欧盟等西方境外投资者对中国科创成果保护的信心，以弱化美国技术限制对我国科技创新的不利影响。

当前，国际经济贸易规则和知识产权规则都处于重构时期，知识产权成为世界各国利益竞争的“必争之地”。RCEP、CIA及CPTPP协定有关知识产权保护的章节均是浓墨重彩，适用最高标准知识产权保护俨然成为发达国家的基本态度。我国加入RCEP等国际重大经贸规则后，对统筹推进知识产权领域国际合作和竞争提出新的要求。《求是》杂志发表中共中央总书记、国家主席、中央军委主席习近平的重要文章《全面加强知识产权保护工作 激发创新活力推动构建新发展格局》提出，要秉持人类命运共同体理念，坚持开放包容、平衡普惠的原则，深度参与世界知识产权组织框架下的全球知识产权治理，推动完善知识产权及相关国际贸易、国际投资等国际规则和标准，推动全球知识产权治理体制向着更加公正合理方向发展。

三、粤港澳知识产权保障衔接存在的问题

知识产权是粤港澳大湾区内地9市创新发展的核心竞争力和重要金融资产。近年来，我国通过健全知识产权“严保护、大保护、快保护、同保护”工作体系，不断推进知识产权治理体系与治理能力现代化，粤港澳大湾区知识产权保护取得良好成绩。

（1）立法层面。内地与港澳知识产权立法基础不同，我国内地无论是消除权属确认的地域性问题、政策发布、国际协定生效等都是中央政府和全国人大事权，地方政府可为空间较小。

（2）部门职能层面。香港知识产权署负责向商务及经济发展局局长提供

意见，协助制定香港特别行政区的知识产权保护政策及法例。此外，又负责管理香港特别行政区的商标注册处、专利注册处、外观设计注册处及版权特许机构注册处，并通过教育及举办各种活动，加强公众人士保护知识产权的意识。香港海关负责执行一切有关侵犯知识产权的刑事工作。海关负责调查涉嫌侵犯商标、版权以及虚假说明的投诉。该部门具有很大的搜查权和扣押权，并与海外执法机关及商标和版权拥有人合作，打击侵犯知识产权的行为。该部门曾多次因其工作表现获公营及私营机构表扬。按照中国香港根据世界贸易组织《与贸易有关的知识产权协议》所需履行的义务，香港海关会在边境采取执法措施，协助保障版权和商标拥有人名下注册商品的权益。

（3）执法层面。内地为“行政 + 司法”保护的双轨制运作，执法部门包括行政、司法和海关，而港澳执法部门是海关。如专利维权，当事人申请专利维权可以适用两个途径，包括到市场监督局进行维权或直接向知识产权法院起诉。虽然两地有联合执法合作经验，但当前三地跨境执法有待强化。2003 年 8 月成立的粤港保护知识产权专责小组取得良好成绩。根据粤港保护知识产权合作专责小组第十七次会议工作报告，两地在提升知识产权水平方面一共落实 29 项合作项目，组织多次有利于推进合作的访问交流活动，跨境侵权情报交流合作机制逐步完善。但合作内容更多侧重交流活动或研讨会议，2017—2018 年重大联合执法行动仅有两次。

（4）知识产权司法协助层面。在诸如专利、版权等知识产权有效性的认定标准不一的客观背景下，知识产权案件判决相互认可和执行的范围一直没达成共识。香港律政司于 2018 年 7 月推出《关于内地与香港特别行政区法院相互认可和执行当事人协议管辖的民商事判决的安排》有关咨询文件提出，把知识产权事宜纳入涵盖范围，有助于香港进一步发展为知识产权贸易及知识产权争议解决的区域中心，但该建议最终未被采纳。

（5）合作层面。大湾区内地城市与港澳知识产权合作主要是面上的合作，如开展粤港澳大湾区知识产权交易博览会；有关政策如《推进粤港澳知识产权互认互通办法》，推动过程主要停留在政策层面，有待深化。

四、推进深港澳知识产权机制衔接

（一）加强知识产权司法保护，积极适用惩罚性赔偿

我国知识产权（特别是专利保护）司法保障长期面临“举证难、赔偿低、周期长”的问题。特别是赔偿问题，我国绝大多数知识产权侵权案件审判时主要适用“法定赔偿”作为赔偿标准，“惩罚性赔偿”极少适用。

针对侵权惩罚成本过低问题，《上海市高级人民法院关于加强知识产权司法保护的若干意见》（2018）明确优化赔偿计算方式，提出“积极适用惩罚性赔偿”“正确运用法定赔偿，充分发挥补偿和惩罚的双重功能”等指导意见，针对侵权严重情节可“从高确定损害赔偿数额”。《中华人民共和国专利法修正案（草案）》中，专利侵权损害赔偿的法定数额也大幅提升。深圳可出台有关知识产权侵权惩罚认定标准，确立“惩罚性赔偿适用”为基本原则，对常见侵权案件类型化并出台相关案例指导意见。明确“合理费用原则”，支持针对过错方提起的因知识产权纠纷而发生的律师代理费、调查费等合理费用。推动建立知识产权失信系统，对“多次侵权”、侵权情节严重等企业及企业法定代表人、董事及高级管理人员记入企业和个人信用记录，严格限制不良信用记录较多者新开办企业等。

（二）深圳率先探索知识产权制度协同经验

近年来，内地与香港知识产权纠纷频发，因两地知识产权保护制度差异引致的法律冲突凸显。在知识产权保护方面，香港知识产权法律制度完整、对标国际水准，建立了庞大的知识产权执法队伍，执法力度强。相较之下，湾区内地城市知识产权侵权成本相对较轻。同时，加快推动建立粤港澳知识产权跨境执法小组，推动执法信息互联互通，强化跨境执法力量。

（三）以深港为试点，探索将知识产权事宜纳入民商事判决互认执行范畴

以深圳为主阵地率先探索知识产权制度与港澳协同。《粤港澳大湾区发展规划纲要》提出要强化知识产权保护和运用，其前提条件是要加强粤港澳三地知识产权制度协同。深圳可以率先与港澳知识产权运用、保护、管理和服务等方面达成三方协议，特别地要强化知识产权案件跨境执法制度，出台跨境执法细则，在大湾区率先探索知识产权制度协同经验。同时，结合综合性国家科学中心和粤港澳大湾区国际科技创新中心建设的目标使命，加快"全链条"科创服务。探索在深圳搭建集知识产权贸易、技术交易、科技企业合并等为科技领域提供"一站式"服务的综合交易中心。鼓励港澳及境外知识产权机构在深圳设立分支机构，进一步提高相关专业人士的执业水平。整合深圳市知识产权调解仲裁中心、深圳市知识产权法庭、香港国际知识产权交易中心、香港国际仲裁中心等机构，建立大湾区知识产权服务信息平台，构建知识产权服务全链条。

（四）制定知识产权保护联动保障安排

支持由港澳牵头，联合广东省高院、最高院巡回法庭、国际仲裁机构等域内域外机构，制定民事、商事和知识产权国际商事纠纷解决规则和标准的示范法，并率先在粤执行。建立司法协助信息平台，打造大湾区民商事司法协助示范案例库。加强粤港澳跨境执法合作，推动执法信息互联互通，尽快出台知识产权保护跨境执法的具体安排。探索构建适用于大湾区整体的统一知识产权保护与专利认证制度。

（五）完善知识产权中介服务体系

大力发展知识产权中介服务，支持和鼓励提供包括科创成果转化、科技技术突破、境外合作等服务的港澳咨询服务机构、中介服务机构等在深圳发展，进一步降低市场准入门槛，减少审批流程。鼓励设立国际高新技术成果转化的法律服务中介，对国外技术转移法律文本进行过滤、筛选、甄别和翻

译等工作，协助大湾区企业进行对外沟通，消除法律隔阂。吸收科技及投资专才进入湾区决策团队，推动专利经理人队伍建设。设立粤港澳大湾区知识产权转化平台环境。联动大湾区知识产权服务中心、仲裁机构等，完善知识产权保护、纠纷解决及跨境执行等全链条服务。联合香港生产力促进局、大湾区内地各大高校及技术转移机构，共建知识产权贸易、技术交易、技术转化等为主要内容的“一站式”综合交易服务平台。壮大知识产权人才队伍，培养知识产权技术调查官，培养知识产权“工科＋法学”复合人才。

五、推动商事特别规则对接

科技创新在创意产生之初到产品化是一个极为漫长、风险不确定的过程，产权属性错综复杂，以“财务归属”为保护法则的传统民法物权理论在某种意义上难以适用于科技创新领域，甚至可能产生负面效果，需要对“物”更开放灵活、侧重“处分权”为归属的商法规则进行调整。营商法制保障本质上是商法意义上的权益保障。在我国民商合一的立法体系下，商法特殊性难以体现，商事法律制度有利于营商环境优化的特殊规则无法以单行法等方式固定。综合性国家科学中心建设不仅需要以知识产权为核心的法制保障，还应重视与商行为、商主体有关的对接国际特殊法律规则。

有鉴于此，建议深圳充分利用特区立法权，把有利于推动市场经济和跨国科创合作的特别规则，以经济特区立法方式予以法律化和具体化。通过制定《深圳市科技创新营商规则改革条例》，把有益于科技创新的商事规则，在科技创新重大平台先行先试，时机成熟时扩大到深圳全域。

（1）许可流质条款。流质条款是指双方当事人在担保合同中预先约定，债务人届期未履行债务时，担保物归于担保权人（债务人）所有的条款，是实现担保物价值最大化的特殊制度。世界银行在营商环境评估中有一个重要指标——“法律允许双方在担保协议中同意贷方庭外执行其担保权益，允许公共和私人拍卖资产，也允许担保的债务人用资产抵债”，其目的是赋予当事人根据交易需求选择实现担保方式的权利。流质条款发挥了“避免债权人乘债务人之急迫而滥用其优势地位，通过压低担保物价值的方式获取暴利”

的功能，但却牺牲了交易效率和担保物价值活化效率。在我国，流质条款因民法有悖于公平、等价有偿优先原则而不被承认。 因此，即便认识到商事流质制度对商事交易的促进作用，且在英美法国家多承认商事流质、大陆法系国家对禁止流质逐步松绑的客观背景下，我国立法部门仍偏向保守。

科技创新需要更灵活的商事担保制度，既要畅通中小科技企业融资渠道，也要给予债权人灵活处分科创成果的权利。建议在《深圳市科技创新营商规则改革条例》中明确，在深港科技创新合作区及蛇口自贸区认可流质条款。

（2）确立国际商业行规的法律效力。商业行规是商业行业治理的重要制度基础，在国际贸易中的适用十分广泛，但在我国处于立法空白。正式商业行规是商人们在商事活动中经过反复实施、长期积淀、演化而成的行为习惯，具有内在意义上的法律约束力。如果立法与司法中不重视明确正式商业行规的存在和效力，就可能会打乱某一行业或某一地域的交易秩序，不利于市场经济的可持续发展和社会的繁荣稳定。

率先在深圳地方立法中肯定国际性商业行规法律地位，对丰富我国商法理论和实践、推动深圳参与更大规模和更深层次的跨境科技合作意义重大，应加以重视。建议《深圳市科技创新营商规则改革条例》认可国际贸易常见商业行规的法律效力，根据商业行规达成的科技创新商业活动，在不违背《中华人民共和国民法通则》基本原则的情况下，国际商业行规可以成为司法适用的事实证据和审判依据。

第四篇
调查研究

近年来，课题组围绕大湾区建设持续开展系列研究，从实务层面揭示了大湾区法制建构应当着眼和着力的重要范畴。调研均在疫情发生之前进行，所揭示的问题有的已经受到重视并推出探索性举措力图解决，有的仍然需要引起决策部门重视和聚力创制解决。其中所揭示出来的问题亦能反映出跨境融合发展的某些本质性规律性要求，因此这些调研报告对于大湾区法制建构仍具有重要参考价值。由于调研报告独立成篇，可能与前文存在部分内容交叉，为保证阅读完整性，交叉部分不做删减处理。

第十三章　粤港澳大湾区人员跨境流动调研报告

粤港澳大湾区建设是国家重要的区域发展战略，对支撑“一带一路”建设以及促进港澳融入国家发展大局具有重大意义。进一步推进粤港澳大湾区货物、资金、人员、信息、技术等生产要素跨境流动，是当前粤港澳大湾区建设的重点任务。人员跨境流动，是湾区生产要素流动的重中之重，要充分认识到人员流动的重要性和关键性。人员流动受阻，则资金、货物、信息等流动均会受到严重制约。特别对于以高新科技产业发展为重点的“科技湾区”建设，科创企业经营管理人及技术人员跨境流动的便捷程度与高效程度将直接影响科技产业推进。因此，有必要从粤港澳大湾区建设的角度研究人员跨境流动问题，这对推进粤港澳大湾区建设具有重要意义。

一、粤港澳人员流动调研情况及基本结论

（一）基本情况

（1）口岸问卷调查。2018 年，我们委托专业问卷调查公司，一周时间内在深圳福田口岸、深圳罗湖口岸以及珠海拱北口岸对跨境人士进行随机拦截访问，回收总样本为 516 份。样本结构如下：工作日样本占 61.24%，节假日（周六日）样本占 38.76%。受访者港澳居民约占 46%，内地居民约占 54%。

（2）政府机构及企业专题访谈。2018 年同期，课题组曾到深圳市、珠海市及香港特别行政区政府机构进行走访，并在相关政府部门帮助下与在广东

省发展的港澳企业及居民进行深入访谈。走访港澳及内地政府部门超过30个，访谈港澳企业超过20家，访谈港澳居民近50人。

（二）观光购物和休闲旅游仍然是居民跨境往来的主要目的

根据香港特别行政区政府规划署《北往南来——2015跨界旅运统计调查报告》，过去10年内地旅客与香港居民跨境往来的主要目的为“消闲”，其次为探望亲友、商务（公干或上班）等（见图13-1）。

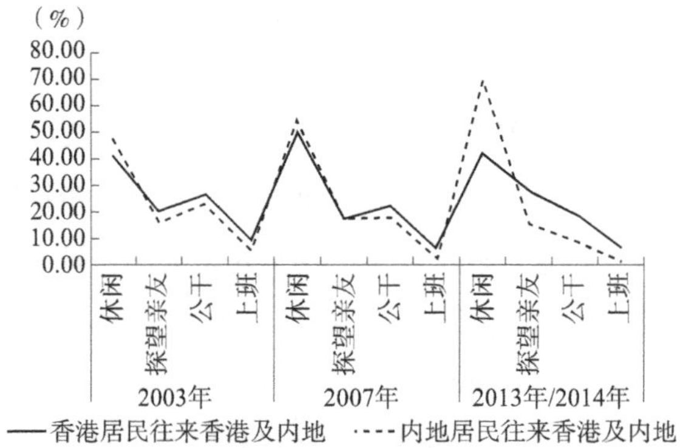

图13-1 按往返目的划分的港澳及内地居民往返香港及内地的旅客人次

问卷调查发现，受访港澳居民以休闲为目的跨境赴内地的比例约为46%，“以观光购物为目的的一次性旅游”比例约为25%，“以日常消费为目的的多次往返”比例约为21%。受访内地居民以休闲为目的跨境赴港澳的比例高达59.5%。这一结果，与2015年香港的统计结果相吻合，表明观光购物和休闲消费仍是内地与港澳居民跨境往来的主要目的。

在237份港澳居民有效回收问卷中，赴内地的主要目的是“以观光购物为目的的一次性旅游”和“以日常消费为目的的多次往返”合计为46%，接近一半。值得注意的是，赴内地的主要目的是“工作”的比例为25.3%，超过1/4，且工作日跨境工作的比例远高于周末（见表13-1）。

表13-1 港澳居民赴内地的目的

赴内地的主要目的	工作日+周末		工作日		周末	
	数量（个）	比例（%）	数量（个）	比例（%）	数量（个）	比例（%）
工作	60	25.3	52	44.8	8	6.6

续表

赴内地的主要目的	工作日 + 周末		工作日		周末	
	数量（个）	比例（%）	数量（个）	比例（%）	数量（个）	比例（%）
以观光购物为目的的一次性旅游	59	24.9	21	18.1	38	31.4
以日常消费为目的的多次往返	50	21.1	15	12.9	35	28.9
不特定	31	13.0	13	11.2	18	14.9
在内地居住	2	0.1	0	0.0	2	1.7
其他	35	14.6	15	12.9	20	16.5
合计	237	100.0	116	100.0	121	100.0

资料来源：课题组问卷调查。

在 279 份内地居民有效回收问卷中，赴港澳的主要目的是“以观光购物为目的的一次性旅游”和“以日常消费为目的的多次往返”合计为 59.5%，接近六成。值得注意的是，赴港澳的主要目的是“工作”的比例为 30.8%，即 3 个人中就有一位是赴港澳工作，且工作日跨境工作的比例远高于周末（见表 13–2）。

表 13–2　内地居民赴港澳的目的

赴港澳的主要目的	工作日 + 周末		工作日		周末	
	数量（个）	比例（%）	数量（个）	比例（%）	数量（个）	比例（%）
以观光购物为目的的一次性旅游	124	44.4	74	36.8	50	64.1
工作	86	30.8	84	41.8	2	2.6
以日常消费为目的的多次往返	42	15.1	26	12.9	16	20.5
不特定	15	5.3	9	4.5	6	7.7
在港 / 澳居住	4	1.4	1	0.5	3	3.8
其他	8	2.9	7	3.5	1	1.3
合计	279	100.0	201	100.0	78	100.0

资料来源：课题组问卷调查。

在“一国两制”框架下，粤港澳属不同关税区，港澳是“国内境外”，广东与港澳人员流动是“一国”之内不同关税区间的往来，不是“国与国”

间的往来。基于地缘优势，每天在粤港澳跨境往来的人是“日常来往者”，有别于内地其他地区口岸的“一次性出入境旅客”。粤港澳之间这种特有的“日常往来者”，具有跨境行为高频率性、跨境目的日常性和多元性、跨境需求生活性和消费性等特点，其现实需求与“一次性出入境旅客”明显不同。这一特点是制定粤港澳大湾区人员流动政策需要重点考虑的问题。

（三）内地居民赴港澳商务签注无法满足实际需求

口岸调研显示，工作日时间以“工作（商务）”为目的的跨境行为比重较大。按受访者主体身份按“内地居民”与“港澳居民”进行划分，内地居民以赴港澳工作为目的的跨境流动比例为41.8%，而港澳居民赴内地工作进行跨境流动的比例为44.8%。对跨境“工作（商务）”为目的的数据进一步分析发现，绝大多数内地居民没有商务签注（占内地居民受访人数的90.55%），约57%的受访者认为没有申请商务签注的需求，其余受访者提出无法达到办理条件。约63%的受访者认为应当放宽商务签注的申请条件。此外，无论是否具有商务签注，赴港澳工作的内地居民都有强烈的放宽商务签注申请条件的诉求。

访谈调研显示，在内地发展的港澳居民，特别是初创企业经营者、专业服务人士等，对降低商务签注申请条件的需求尤为迫切。有初创企业负责人提出，根据目前商务签注申请条件，企业因刚起步无法达到税收条件，若遭遇涉港澳事务对接，只能邀请港澳籍境外人士到内地，不利于海外业务的拓展。课题组调研深圳联营律师所时，专业律师提出当前的签注政策制约了律师前往港澳取证和开庭，严重影响了联营律所壮大发展。

（四）“深珠居住、港澳上班”群体或将增加

对香港各界进行的访谈发现，因粤港两地交易规则、社会文化、商业模式等存在差异，港澳居民难免产生“心理距离”，到大湾区内地城市发展的意愿不强。课题组问卷调查显示，港澳居民对到大湾区发展持观望态度，其中“生活习惯、语言、文化等不适应”“医疗、教育、福利等不能满足需求”“家人希望留港澳发展”是影响港澳居民进入大湾区内地城市发展的主要原因（见图13-2）。课题组在珠海访谈部分住在横琴的澳门商业人士时，

也得到类似的反映，他们对于内地的住宅小区管理、社区服务、教育医疗配套及管理服务水平等，均表达不满并提出相关诉求。

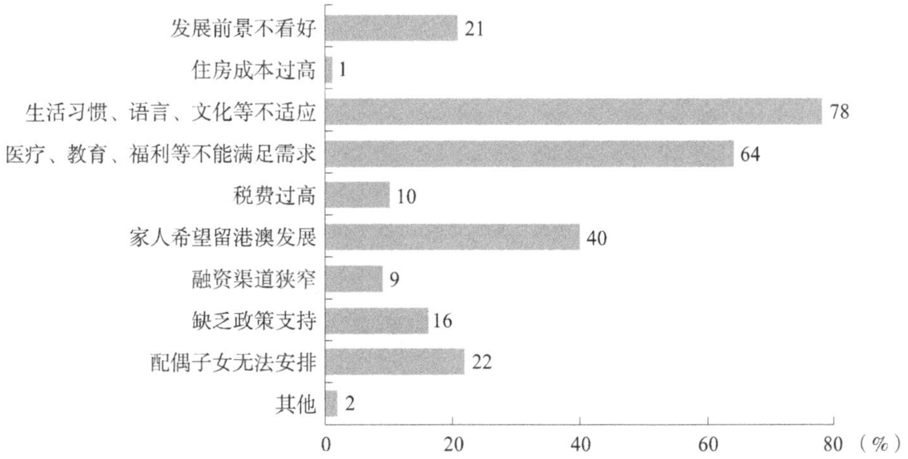

图13-2　影响港澳居民进入大湾区内地城市发展的原因

资料来源：课题组问卷调查。

从课题组对部分香港居民的访谈中了解到，目前较少有香港居民考虑“在珠三角居住，在香港上班”，大部分受访者没有考虑过“深圳居住，香港上班”的可能性。之所以如此，主要是因为他们对于深港口岸通关的便利程度、深圳的居住环境和成本等并不完全了解。课题组问卷调查结果显示，有约 9% 的港澳居民选择“深圳居住，香港上班”，虽然较少，但表明已有部分跨境群体开始尝试这种模式。可以预见，随着粤港澳大湾区建设的推进，“通勤都会区”是必然的发展趋势，“深珠居住，港澳上班”会十分普遍。随着大湾区综合交通基础设施的完善和跨境通关便利化水平的提升，“深珠居住，港澳上班”的可能性将大大增加。

由于居住成本和就业薪金差异，“深珠居住，港澳上班”是效益最高的模式。相关数据显示，即将开通的深圳莲塘口岸周边，房价在 6 万元 / 平方米，约为香港北区上水的一半，香港市区的 1/3。房租方面，深圳每平方米房租占工资的比重为 1.5%，香港则为 2.5%（见表 13-3）。莲塘口岸到新界粉岭行车时间大约 15 分钟，到九龙大约半小时，到香港岛 1 小时左右。无论是距离、房价还是房租，对香港上班一族来说都有一定吸引力。市场力量将引导香港上班群体率先试水“深圳居住，香港上班”模式。

表 13–3　香港和深圳平均房租与平均工资比较

类别	香港	深圳
每月每平方米平均房租（元）	360.5	79.6
每月平均工资（元）	14530	5199
每平方米房租占工资比重（%）	2.5	1.5

资料来源：美联物业（香港）、城市房产（深圳）；《香港特别行政区政府统计处工资及薪金总额按季统计报告》《2018年深圳市薪资水平报告》。

（五）放宽商务签注人员适用范围呼声强烈

商务签注申请门槛高、难度大，难以满足粤港澳大湾区建设的现实需要。特别是对于需要频繁往来内地与港澳的民营企业和中小企业，签注管制制约了企业的发展。

基于此，课题组问卷调查特别针对商务签注设计了相关问题。在回收的279份有效问卷中，只有25份有商务签注，比例不到10%；在“没有办理商务签注的原因”的264份回答中，有98份的回答是“无法达到办理条件”，比例为37%；对于“是否希望放宽商务签注的申请条件”，有174份的回答是“希望”，所占比例为62%；对于应该如何放宽商务签注的申请条件，在回收的174份有效问卷中，四个选项（多选）由高到低依次为“扩大人员适用范围（155，占89%）”“降低企业纳税要求（89，占51%）”“降低企业创汇要求（49，占28%）”“降低减免税企业注册资本要求（36，占21%）”。可见受访者对放宽商务签注人员适用范围呼声之强烈。

二、粤港澳大湾区人员跨境流动的政策障碍

（一）签注政策的单向性管制制约了内地城市人员赴港澳流动

1. 内地居民进出港澳受到限制

内地居民赴港澳受到频率、时间、间隔限制。内地政府主要根据赴港澳

目的、人群特征等划定签注性质，而签注性质决定了内地居民赴港澳的频率、逗留时间、申请间隔等。比如深圳户籍居民每周只能赴港一次，大部分赴港澳签注规定逗留时间不超过 7 天，赴澳签注的时间间隔必须在 2 个月以上等。

港澳居民往来内地则限制较少。港澳居民可以持“港澳居民往来内地通行证”（俗称“回乡证”）进出内地，没有“回乡证”的港澳居民可以持临时的“出入境通行证”前往内地，较少受出入频率、逗留时间、申请间隔的限制。两相比较，内地居民赴港澳非常明显地受到限制。

从历史上看，粤港澳居民流动政策呈现“程度从严格到放松”“程序从烦琐到便利”“路径从单向开放到双向开放”和“标准从全国统一到广东特殊安排”四个特点。从政策松紧度看，新中国成立初期到 2015 年以前，流动政策呈现逐步宽松趋势，但 2015 年开始收紧，标志性事件是深圳户籍居民赴港“一签多行”改为“一周一行”。2003—2007 年，全国共 49 个城市（包括广东全省 21 个城市）开通内地居民个人赴港澳地区旅游[①]，此后再未增加。

2. 内地人员赴港澳商务签注门槛偏高

内地人员赴港澳签注政策长期以旅游消费为主，主要满足内地居民赴港澳一次性跨境旅游消费的需求。即便是对深圳户籍居民实行“一签多行”和“一周一行”政策，出发点也是鼓励深圳居民赴港跨境消费。这种导向的签注政策，使商务签注政策成为旅游签注外的辅助性政策，重要性难以凸显，导致政策偏严，门槛偏高。当前商务签注的申领与企业纳税金额、创汇金额、注册资本和申请人在公司的职位挂钩，高科技企业和中小微企业很难达到商务签注的申请资格和条件，企业负责人和一般员工特别是科技人员难以成功申请到商务签注。此外，部分群体如研发机构人员、高端服务领域从业人员、高校和社科机构专家学者等，则不在商务签注申请之列，由此导致商

① 经国务院批准，目前北京市、上海市、天津市、重庆市（限渝中区、江北区、南岸区、沙坪坝区、九龙坡区、大渡口区、北碚区、渝北区、巴南区、万州区、涪陵区、长寿区、江津市、永川市、合川市），广东省全省，福建省的福州（限市区）、厦门、泉州市，江苏省的南京市、苏州市、无锡市，浙江省的杭州市、宁波市、台州市，辽宁省的沈阳市、大连市，山东省济南市，四川省成都市，江西省南昌市，湖南省长沙市，广西壮族自治区南宁市，海南省海口市，贵州省贵阳市，云南省昆明市，河北省石家庄市，吉林省长春市，安徽省合肥市，河南省郑州市和湖北省武汉市等 22 个省（自治区、直辖市）的 49 个城市已开通内地居民个人赴港澳地区旅游。

务签注难以覆盖需要跨境往来的群体。

（二）以“自由行”为导向的政策设计未考虑深层次的跨境流动需求

长期以来，内地人员赴港澳签注政策以旅游消费为主，主要满足内地居民赴港澳一次性跨境旅游消费的需求。2003 年开放“自由行”后，更多考虑的是刺激内地旅客到港澳旅游、观光、消费等活动支持港澳经济。即便是对深圳户籍居民实行“一签多行”和“一周一行”政策，出发点也是鼓励深圳居民赴港跨境消费。这种自由行导向签注政策，体现的是表面的、浅层次的人员流动，不足以支撑粤港澳大湾区深层次、商务型、国际化的人员跨境流动需求。

当前以自由行为导向的签注政策，无法满足内地居民日益增加的跨境商务过境需求。其原因在于：商务签注存在申请门槛过高的问题，中小微企业的企业负责人和主要业务人员难以达到申请条件。根据相关政策，商务签注的申领与纳税金额、创汇金额、减免税企业注册资本和申请人在公司的职位挂钩。这使得以商务工作为目的的内地居民只能依靠旅游护照进入港澳。需要说明的是，旅游护照对跨境频率的限制，使有跨境旅游需求的内地居民不愿意持旅游签注处理公务事务，不利于跨境事务的推动。

商务签注限制过严，为粤港澳人员商务往来带来诸多不便。调研发现，企业管理人员和专业人士对此颇为不满（见表 13–4）。

表 13–4　调研对象对商务签注的不满

调研对象	申请障碍	带来的不便
珠海横琴某科创企业	企业刚起步，无法达到税收条件	公司负责人无法多次往返港澳，只能邀请港澳及境外人士到珠海
深圳前海某建筑师事务所	内地设计师达不到申请条件	公司职员有去香港的日常需求（如子女读书、日常购物等），不愿意使用因私证照到香港公司开会
深圳某联营律师事务所	仅营业执照持有人达到申请条件	制约内地律师前往香港取证

资料来源：课题组实地调研。

（三）“大门开、小门不开”问题仍普遍存在

CEPA 的落地为港澳居民在内地创业就业提供了一系列开放措施，广东省各地市依据 CEPA 进一步制定对港澳开放的政策，对港澳居民融入国家发展大局奠定政策基础。然而，港澳居民在深圳发展仍遇到很多“大门开、小门不开”的政策掣肘，并制约港澳居民流动到湾区发展。

例如，在 CEPA 框架下，服务业领域 182 个部门中，有 62 个实施国民待遇，另外 120 个保留了限制性措施[①]。在非服务领域，对港澳保留了包括石油和天然气开采、交通运输工具制造、原子能等 26 个类别的限制性措施。部分领域即使对内地投资者也有限制。因此，港澳居民在深圳投资受到限制是不可避免和难以改变的，关键在于如何将限制降到最低。

此外，港澳居民在内地发展也面临就业范围限制和资格难以被认可问题，特别制约港澳专业人士的发展。例如，律师、会计师、建筑师等行业中港澳专业人士在执业范围方面受到限制，港澳居民当公务员因缺乏配套政策面临上升通道堵塞，手持回乡证的港澳学生无法进入内地法院实习等。

（四）通关规则不衔接

尽管粤港澳通关效率和通关便利化有了长足的进步，但在大数据时代仍有较大的提升空间。口岸是国家事权。粤港澳口岸内地一侧目前的主要问题之一是查验人员、设备和空间不足，部分口岸查验部门人手不足，对口岸开放和管理的制约十分突出。粤港澳居民通过一线旅检口岸跨境往来频繁，尽管口岸监管部门采取了一系列应对措施，但监管工作仍然存在较大压力，尤其在监管设施、人力监管资源等方面都面临着瓶颈。以海关为例，海关队伍不断精简与业务日益复杂构成的矛盾则逐步凸显。调研了解到，目前深圳口岸查验部门监管资源极其有限，增口岸、延长通关时间但不增编制，导致口岸人力监管资源与口岸数量和规模严重不匹配，如果编制问题不能得到有

① 广东省与香港、澳门在2014年12月18日签署了基本实现服务贸易自由化的协议，与内地其他地方有所差别。比如，在法律服务上，香港、澳门居民可在广州市、深圳市、珠海市与内地方以合伙方式联营，联营方式按照司法行政主管部门批准的具体规定执行。

效解决，很难满足当前口岸通关服务要求。此外，深圳口岸配套设施有待完善，部分口岸基础设施陈旧、配套设施滞后，已经严重影响了通关效率。

三、促进大湾区人员跨境流动的主导策略

促进粤港澳大湾区人员高效便捷流动是一个过程，不可能一蹴而就，需要根据大湾区的发展和建设的需要，循序渐进，持续改善，成熟一项就推出一项。

（一）统筹大湾区人员流动政策的顶层设计

粤港澳大湾区人员流动涉及一系列公共政策的调整与组合，也涉及政府诸多部门之间的协调与协同，是一个巨大、繁杂的系统工程。建议尽快启动粤港澳大湾区人员流动政策体系的制定工作，责成有关部门牵头，相关部门协作配合，调动内地与港澳行政资源和社会力量，对人员流动主要环节存在的问题和障碍分门别类进行梳理，编制粤港澳大湾区人员流动问题清单，分析借鉴国际湾区或区域人员流动的经验，对政策构想进行法理依据论证和实施效果评估。在此基础上，着手粤港澳大湾区人员流动政策体系的顶层设计，明确路线图和时间表。稳妥、渐进、持续改善粤港澳大湾区人员流动特别是生产要素流动状况，使之与粤港澳大湾区建设进程保持同步。

（二）在特定区域率先探索创新与突破

基于“一国两制”的特殊性，在大湾区全域范围内全面放开人员流动，影响程度可能难以预估，风险难以控制。因此，推进粤港澳大湾区人员流动需要依托有限空间，建立监管沙箱，率先进行制度创新的“压力测试”，形成“小范围安全改革试验、大范围高效推广示范”的良性发展态势。在特定区域选择上，建议在广东自贸试验区前海蛇口、南沙、横琴三个片区以及港深接壤的落马洲河套及周边地区，率先探索大湾区人员流动政策的创新与突破。取得成熟经验后，再逐步拓展至整个大湾区。

（三）以市场化法治化方式柔性推进

充分发挥市场在资源配置中的决定性作用，是建设富有活力和国际竞争力的一流湾区和世界级城市群的基础条件与重要支撑。大湾区人员流动问题，需要用市场化法治化方式予以解决，以市场化法治化方式柔性推进。在“一国两制”框架下，粤港澳实行不同制度，分属不同关税区，各自根据本地法律法规，对人员、货物、资金、信息等要素跨境流动实行管制。要素流动管制，决定了用市场化法治化方式解决大湾区人员流动问题的必要性和重要性。

四、促进大湾区人员高效便捷流动的法制保障建议

需要指出的是，短期内完全实现港澳与内地人员自由流动并不现实，即便在粤港澳大湾区也是如此。如前所述，由于港澳与内地社会制度、法律制度、关税制度不同，对人员、货物、资金、信息出入境的管制将在相当长时期内存在，短期内不可能消除制度藩篱，达致水乳交融，像其他一个国家一种制度内的湾区经济体那样完全无障碍自由流动。本研究认为，就大湾区内地人员而言，关键在于放宽赴港澳商务签注；就港澳居民而言，关键在于完善港澳居民在大湾区内地城市发展政策；就人员跨境通关而言，关键在于提升粤港澳大湾区居民通关便利化水平。针对上述三个方面，提出如下建议。

（一）放宽大湾区内地人员赴港澳商务签注

商务签注是为便利内地居民赴港澳从事投资、贸易、会议、展览和劳务等商务活动事宜而给予的特殊签注。粤港澳大湾区建设的深化将催生更旺盛的跨境商务需求，当前商务签注的高门槛，将对粤港澳商务交流造成严重制约。因此建议审慎评估内地人员赴港澳商务签注政策，调整目前以企业或机构投资额、纳税额、创汇额为主要申请条件的政策导向，突出商务签注作为“专项签注”的功能属性，使商务签注能够覆盖更广大的、有需要的内地人员。建议结合大湾区建设的主要目标和任务，率先放宽科技创新、相关行业从业者、专业技术人员赴港澳商务签注，为大湾区内地企业港澳公司人员办

理工作签注，调整优化现有普通居民赴港澳政策。

（二）完善港澳居民在大湾区内地城市发展政策

切实回应港澳居民的关切和诉求，不断完善港澳居民赴大湾区内地城市发展政策，破解港澳居民在内地发展的“玻璃天花板”，落实港澳居民享受同等待遇，为港澳居民在大湾区内地提供更大空间，推动港澳融入国家发展大局。

（三）推进内地政府跨部门信息共享平台建设

积极与港澳政府沟通，推动粤港澳大湾区跨区域信息共享。遵循先易后难、重点突破、先单边后双向的推进路径，分阶段落实粤港、粤澳人员通关信息数据共享。第一阶段是推进内地口岸联检部门系统横向互联，实现对人员信息的共享。第二阶段是由政府相关部门牵头，建设内地跨部门人员通关信息共享数据库。第三阶段是促进内地与港澳通关信息系统的对接。第四阶段是共建大湾区数据信息中心。

五、探索“通勤式”通关模式

创设对香港居民单边开放的边界管理机制，对香港与外国居民实施差别化通关管理，促进“一国两制”人心回归。

（一）创设服务于香港居民频繁跨境往返的特别通道

创设服务于香港居民频繁跨境往返的特别通道，深圳边境实行“出入不管”的全放开跨境自由流动机制。针对“在深上班、在港居住”“在港上班、在深居住”，以及在内地就业创业的频繁跨境香港居民人群，在现有深圳一类口岸设立至少一条的类似美加边境的快速通道。符合资格人士的备案人士，在特别通道通关时适用人脸识别的无缝通关模式，深圳边境不再进行证件查验。深圳边境有权实施抽检、特殊时期恢复查验等措施。建议探索建立以便利居民跨境为目的的二类口岸，允许香港居民在二类口岸跨境流动。

（二）实行“管出不管进”通关机制

针对持有回乡证的港澳居民，深圳边境实行“管出不管进”机制，即从深圳出境需查验证件、从香港入境深圳可走快速通道。针对没有办理回乡证的香港居民，应与内地居民“同通道”“同手续”，不单设通关通道。

（三）大数据技术推进智能化通关

借鉴“港康码”与广东穗康码系统数据互认机制设计，推动两地海关人员通关信息互转互认。利用大数据技术加快建设人脸识别等技术的“无感通关”设施，长远实现非证件查验式的通关。可以河套深港福临口岸为试点继续探索，成熟后复制推广到其他口岸。

六、粤港澳大湾区人员流动政策问卷结果

课题组委托专业问卷调查公司，对跨境人士开展“粤港澳大湾区人员流动政策问卷调查”。问卷调查对象为跨境往来的粤港澳居民。调查地点主要在深圳福田口岸、罗湖口岸和珠海拱北口岸。调研时间持续一周，采用随机拦截法进行。实际回收有效样本 516 份，其中工作日（周一到周五）回收样本 317 份，周末（周六到周日）回收样本 199 份。其中居住在香港的有 195 人，居住在澳门的有 42 人，居住在广东珠三角的有 279 人。具体调查情况如下。

（一）调查者基本信息

1. 您目前的职业是？

类别	数量		
	总数	工作日	周末
在校学生	11	2	9
公务员	13	7	6
企业管理者（基层及中高层管理者）	81	52	29
普通职员（办公室 / 写字楼工作人员）	147	84	63

续表

类别	数量		
	总数	工作日	周末
专业人员（如医生 / 律师 / 文体 / 记者 / 老师）	65	38	27
普通工人（如工厂工人 / 体力劳动者）	39	29	10
商业服务业职工（销售人员 / 商店职员 / 服务员）	64	37	27
个体经营者 / 承包商	43	28	15
自由职业者	51	38	13
暂无职业	2	2	0
合计	516	317	199

2. 您的居住地点是？

城市	数量	工作日数量	周末数量
香港	195	116	79
澳门	42	0	42
广州	22	14	8
深圳	236	176	60
珠海	5	3	2
佛山	3	1	2
中山	3	1	2
东莞	8	5	3
江门	1	0	1
惠州	1	1	0
合计	516	317	199

3. 您在企业中所处的职务或角色是？

类别	数量	工作日数量	周末数量
营业执照持有人	29	20	9
法人代表、董事、总经理、副总及部门经理	72	55	17
企业主要业务人员	145	84	61
普通员工	231	140	91
其他	39	18	21
合计	516	317	199

4. 您的年龄是？

年龄段	数量	工作日数量	周末数量
20 岁以内	6	2	4
20~25 岁	107	68	39
25~30 岁	130	89	41
30~35 岁	142	80	62
35~40 岁	102	65	37
40 岁以上	29	13	16
合计	516	317	199

（二）问卷调查具体内容

1. 您赴内地的频率大概是？（仅居住地在港澳的居民可选）

选项	数量	工作日频数	周末频数
不适用	279	201	78
约每周一次	42	9	33
约每月一次	56	24	32
每日往返	67	53	14
不定期	52	22	30
极少去	20	8	12
合计	516	317	199

2. 您赴内地的主要目的是？（仅居住地在港澳的居民可选）

选项	数量	工作日数量	周末数量
不适用	279	201	78
工作	60	52	8
以观光或购物等为目的的一次性旅游	59	21	38
以日常消费为目的的多次往返	50	15	35
在内地居住	2	0	2
不特定	31	13	18
其他	35	15	20
合计	516	317	199

3. 您是否具有内地的执业资格，如律师执业资格等？（仅居住地在港澳的居民可选）

选项	数量	工作日数量	周末数量
不适用	456	265	191
是	18	15	3
否	42	37	5
合计	516	317	199

4. 您具有哪类执业资格？（仅具有执业资格的人员可选）

选项	数量	工作日数量	周末数量
不适用	498	302	196
医师执业资格	1	1	0
会计师执业资格	11	9	2
建筑师执业资格	2	2	0
律师执业资格	4	3	1
合计	516	317	199

5. 您是否考虑到广东省发展？（仅居住地在港澳的居民可选）

选项	数量	工作日数量	周末数量
不适用	279	201	78
是	110	59	51
否	127	57	70
合计	516	317	199

6. 不考虑到广东发展的原因是？［多选题］(仅居住地在港澳的居民可选）

选项	数量	工作日数量	周末数量
不适用	253	194	59
A. 发展前景不看好	21	11	10
B. 住房成本过高	1	0	1
C. 习惯、语言、文化等不适应	78	31	47
D. 医疗、教育、福利等不能满足需求	64	27	37
E. 税费过高	10	8	2

续表

选项	数量	工作日数量	周末数量
F. 家人希望留港 / 澳发展	40	16	24
G. 融资渠道狭窄	9	5	4
H. 缺乏政策支持	16	13	3
I. 配偶子女无法安排	22	11	11
J. 其他	2	1	1
非不适用有效填写人次	263	123	140
合计	516	317	199

7. 您认为港澳居民在内地发展，哪方面政策最需要加强？（仅居住地在港澳的居民可选）

选项	数量	工作日数量	周末数量
不适用	389	260	129
降低税负	40	25	15
放宽购房条件	23	7	16
放宽购车条件	26	11	15
落实义务教育	29	14	15
出台融资便利政策	3	0	3
改善出行	6	0	6
合计	516	317	199

8. 您所持通关证件的类型是？（仅居住地在内地的居民可选）

选项	数量	工作日数量	周末数量
不适用	237	116	121
三个月一次有效旅游签注	24	12	12
三个月两次有效旅游签注	22	17	5
一年一次有效旅游签注	16	7	9
一年两次有效旅游签注	89	58	31
一年多次有效旅游签注（深圳市户口）	88	74	14
商务签注	12	11	1

续表

选项	数量	工作日数量	周末数量
港澳回乡证	26	20	6
其他	2	2	0
合计	516	317	199

9. 您赴港或赴澳的主要目的是？（仅居住地在内地的居民可选）

选项	数量	工作日数量	周末数量
不适用	237	116	121
工作	86	84	2
以观光或购物等为目的的一次性旅游	124	74	50
以日常消费为目的的多次往返	42	26	16
在港 / 澳居住	4	1	3
不特定	15	9	6
其他	8	7	1
合计	516	317	199

10. 您是否具有商务签注？（仅居住地在内地的居民可选）

选项	数量	工作日数量	周末数量
不适用	237	116	121
有	25	19	6
没有	254	182	72
合计	516	317	199

11. 您没有办理商务签注的原因是？（仅居住地在内地的居民可选）

选项	数量	工作日数量	周末数量
不适用	262	135	127
没有需求	156	103	53
无法达到办理条件	98	79	19
合计	516	317	199

12. 您是否希望放宽商务签注的申请条件?(仅居住地在内地的居民可选)

选项	数量	工作日数量	周末数量
不适用	237	116	121
是	174	132	42
否	105	69	36
合计	516	317	199

13. 若是,您希望放宽哪个申请条件? [多选题](本题仅居住地在内地的居民可选)

选项	数量	工作日数量	周末数量
不适用	187	65	122
A. 降低纳税要求	89	69	20
B. 降低创汇要求	49	36	13
C. 扩大人员适用范围	155	123	32
D. 降低减免税企业注册资本要求	36	24	12
非不适用有效填写人次	329	252	77
合计	516	317	199

14. 您对目前通关过程是否满意?

选项	数量	工作日数量	周末数量
是	436	258	178
否	80	59	21
合计	516	317	199

15. 若否,哪方面最不满意? [多选题](仅对通关不满意受访者可选)

选项	数量	工作日数量	周末数量
不适用	324	172	152
A. 服务窗口太少	37	27	10
B. 人流疏导不合理	33	28	5
C.D 通道的机器反应速度慢	9	8	1
E. 行李查验轮候时间长	35	25	10
F. 口岸设计不合理	18	13	5

续表

选项	数量	工作日数量	周末数量
G. 接驳交通欠发达	23	14	9
H. 特殊通关通道少	11	9	2
I. 公共设施卫生条件差	9	8	1
J. 口岸公共区域管理欠缺	14	10	4
K. 其他	3	3	0
非不适用有效填写人次	192	145	47
合计	516	317	199

16. 其中最不满意的地方是？（仅对通关不满意受访者可选）

选项	数量	工作日数量	周末数量
不适用	436	258	178
A. 服务窗口太少	20	14	6
B. 人流疏导不合理	14	13	1
C. 通道的机器反应速度慢	4	3	1
D. 行李查验轮候时间长	14	9	5
E. 口岸设计不合理	8	6	2
F. 接驳交通欠发达	10	7	3
G. 特殊通关通道少	3	2	1
H. 公共设施卫生条件差	2	1	1
I. 口岸公共区域管理欠缺	4	3	1
J. 其他	1	1	0
合计	516	317	199

17. 您如何看待大湾区的发展前景？

选项	数量	工作日数量	周末数量
越来越好	368	221	147
一般	106	71	35
不确定	23	11	12
不好说	19	14	5
合计	516	317	199

第十四章　粤港澳高校企业科技创新合作调研报告

粤港澳大湾区建设国际科技创新中心的关键，是推进科技创新要素资源协同化一体化，促进港澳与大湾区内地城市全面深度合作。大湾区四大中心城市在科技创新方面各有优势，也有软肋和不足，需要通过深度合作，更好发挥核心引擎功能。就粤港澳大湾区国际科技创新中心建设而言，深圳与港澳特别是香港的科技创新合作是重中之重。中共深圳市委六届九次全会提出，要“坚定不移推进更紧密更务实的深港澳合作，共建粤港澳大湾区核心引擎”。深圳科技产业发展水平已经初步实现国际化和全球化，更迫切、更适合、更应该、更需要与港澳全球化、国际化水平的高校及科研机构形成协同发展的创新共同体。深化深港澳科技创新合作，是三地自身发展的需要，是发挥大湾区中心城市和核心引擎功能的需要，也是新时代贯彻落实国家发展战略，推动形成全面开放新格局、推动“一国两制”事业发展的需要，意义重大。

一、研究综述及问题提出

谈及科技创新，学术界多从三个视角切入破题：一是从建设创新生态系统角度，提出“粤港澳大湾区应在互惠互利的基础上，合力打造多主体联动、要素充裕且流动自由、制度高效协同的创新生态系统”。二是从主体角度提出构建创新共同体，提出要激发参与主体活力（包括企业、大学、研究机构等）、发挥政府作用、强化项目合作等，建设粤港澳大湾区创新共同体，加强创新要素互动。三是从创新合作的体制机制角度，提出打造方式协同合作机制、空间协同合作机制、资源要素合作机制、创新主体合作机制等。客观而言，做好上述三个方面，粤港澳大湾区科技创新合作必能更加深入。

然而，粤港澳三地科技创新合作正面临着前所未有的新挑战。在中美贸易摩擦、疫情影响以及香港本地发生的政治社会问题等背景下，叠加“一个国家、两种制度、三个关税区、四个核心城市”独特性对科技要素流动的影响，对粤港澳三地科技创新合作的模式和路径提出新要求。鉴于此，本章通过综合比较粤港澳三地科技创新资源优势，结合粤港澳大湾区国际科技创新中心建设面临的新形势、新情况、新挑战，分别从宏观制度环境以及微观主体参与合作两个视角，总结粤港澳三地科技创新合作存在的实际问题。从解决问题的角度出发，提出构建粤港澳大湾区科技创新协同体，加快推动粤港澳大湾区国际科技创新中心建设的策略及建议。

二、粤港澳大湾区科技创新合作的发展基础

创新资源集聚是大湾区发展科技创新产业的重要基础，四个核心城市的科技创新资源要素各异，在大湾区建设框架下高度互补，协同发展空间较大。在国家和地方政策的引导下，高校、研究机构、企业等不同主体互动良好，有利于促进科技成果转化和培育一批国际科技创新企业。

（一）发展历程

得益于内地与港澳更紧密的经济合作，以及 CEPA、《珠江三角洲地区发展规划纲要（2008—2020）》《粤港合作框架协议》等“顶层设计”的不断完善，内地与港澳科技创新合作逐步深化。2004 年科技部与香港原工商及科技局签订《内地与香港成立科技合作委员会协议》，以及 2005 年内地与澳门签订《内地与澳门成立科技合作委员会协议》，标志着内地与港澳科技创新合作机制体制初步建立，对统筹三地科技创新合作起到关键的保障作用。这一时期，三地科技合作互动不强，内地政府承担了激活三地科创合作的重要使命，主要体现为三地政府通过签订政府间区域合作协议、投入专项资金、设立合作项目等行政手段落实和推动跨境科技创新合作。如 2004 年香港特别行政区政府和

广东省政府推出“粤港科技合作资助计划”，2007 年香港特别行政区政府与深圳市政府签订《“深港创新圈”合作协议》，2012 年科技部设立港澳台科技合作专项，推动在生物医药、电子资讯、新能源及新材料等领域的研发合作。

“十二五”规划期间，粤港澳科技创新合作迎来更大发展空间，多个重要合作平台落成（如前海、南沙和横琴建设的粤港澳青年创新创业平台等），大湾区成熟科技企业以在港澳设立研究中心、与港澳企业开展共同研发项目、与港澳高校设立联合实验室等方式积极参与科技创新合作。例如，华为在香港的诺亚方舟实验室、中兴与香港移动通信合作 4G 业务、腾讯—香港科技大学人工智能联合实验室等均是这一时期的合作成果。

2016 年国家“十三五”规划提出“支持港澳在泛珠三角区域合作中发挥重要作用，推动粤港澳大湾区和跨省区重大合作平台建设”，标志着大湾区建设上升成为国家战略。《粤港澳大湾区规划纲要》明确提出建设“广州—深圳—香港—澳门”科技创新走廊，科技创新合作的重要性和紧迫性进一步凸显。

粤港澳建设框架下，内地与港澳科技创新合作工作机制进一步健全，港澳在国家科创体系建设中的地位进一步提升。2018 年，国家科学技术部与香港特别行政区政府签订《内地与香港关于加强创新科技合作的安排》《科学技术部与香港特别行政区政府创新及科技局关于开展联合资助研发项目的协议》，制订“内地与香港联合资助计划”并于 2019 年 4 月正式推出。随后，2019 年澳门特别行政区与科学技术部签订《内地与澳门加强科技创新合作备忘录》，为内地与港澳科技创新合作定下清晰的目标和行动指南。2019 年，中央在粤港澳大湾区建设领导小组第三次会议后公布，符合特定条件的香港大学和公营科研机构在内地设立的分校、医院或分支机构可列为试点单位，独立向科技部申请人类遗传资源过境赴港进行研究。在此背景下，粤港澳三地创新合作无论在合作领域、合作形式还是合作广度和深度层面都有很大提升，在基础建设、项目研究、人才交流、科技奖励等方面合作效果良好。

（二）资源基础

粤港澳大湾区内有较多的国际一流大学、国家实验室、企业研发中心等基础研发机构，会聚了众多国内外高端人才，夯实了科技创新基础资源。以下重点梳理广深港澳科技走廊节点城市科创资源。

1. 广州创新资源

广州高校资源丰富，创新力量集聚。截至 2021 年 1 月，5 所高校 18 个学科入选“双一流”，8 所高职院校 10 个专业群纳入“双高计划”。国家、省重点实验室分别达 21 家和 241 家，分别占全省的 70% 和 61%。高新技术企业从 1919 家增至 1.2 万家，国家科技型中小企业备案入库数连续三年居全国第一。全社会研发投入年均增长 15.6%，占地区生产总值比重由 2.1% 提高到 3%。专利、发明专利授权量比 2015 年分别增长 2.9 倍和 1.3 倍。共获国家级科技奖励 104 项。技术合同成交额突破 2000 亿元，是 2015 年的 8 倍。颁发人才绿卡 7623 张。在穗工作两院院士增加 38 人，总数达 115 人。缔结中小学国际友好学校 88 对、穗港澳姊妹学校 271 对，试点开办港澳子弟班 25 个。2021 年中国城市科技创新指数发布，总量指数的前 5 名分别为北京、上海、广州、深圳和南京。2021 年审议通过的《广州市 2021 年科技创新领域新型基础设施建设实施方案》提出，2021 年广州国家级科技创新平台数量达到 170 个。

2. 深圳创新资源

科技创新型企业、国家重点实验室等是深圳的突出科创资源优势。据统计，2021 年深圳全社会研发投入占地区生产总值比重达 4.93%，市级科研资金投入基础研究和应用基础研究的比重从 12% 提高到 30% 以上，PCT 国际专利申请量连续 17 年居全国城市首位，深圳在国家创新型城市创新能力排名中位居第一。国家级高新技术企业达 1.86 万家，5 年增长 237%。科技创新平台方面，深圳部署了大湾区综合性国家科学中心、鹏城实验室等国家战略科技力量，逐步推进河套深港科技创新合作区、光明科学城等重大创新平台建设，新增肿瘤化学基因组学国家重点实验室和首批国家应用数学中心，新设立 12 家基础研究机构。

3. 香港创新资源

香港在基础研究、融资能力和国际化等方面具有显著优势，成为香港科技创新产业发展的重要支撑。香港高校的科技研究、教学水平受国际认可，《QS 世界大学排名（2021）》显示，QS 全球大学 2021 排名前 50 中，内地共有 8 所大学上榜，香港有 4 所大学，其世界级大学密集度超过中国内地的北京（2 所）和上海（2 所）。泰晤士 2021 全球化大学排名中，香港大学、香港中文大学分别位列第一和第三。虽然香港 R&D 开支总量、占 GDP 比重低于大湾区内地城市，但基础研究支持强度高于大湾区内地城市。

截至2021年12月，香港6所高校先后获国家科技部批准与内地合作成立16所国家重点实验室伙伴实验室。由于香港的知识产权制度建立较早并在介入全球经济体系运行的过程中不断修订完善，目前已经与国际接轨，得到国际认可。科研人才方面，香港特别行政区政府于2018年6月推出科技人才入境计划，为输入海外和内地科技人才来港从事研发工作实施快速处理安排。香港特别行政区政府亦推出大湾区青年就业计划，当中特设创科职位，期望能增强香港青年人对大湾区内地城市的认识。为更好发挥大湾区各城市的优势互补，香港特别行政区政府会继续推动区内人才、资金、物资、信息等科研要素流动，有关工作亦取得了不少重要进展，例如，至今已有超过3.4亿元内地科研资金跨境拨付给本地的大学及科研机构，进行约140个研发项目，参与建立19个粤港澳实验室及建立1个实验室的香港分部。此外，至今已有4所由香港的大学在内地设立的分支机构获国家科技部确认符合特定条件，可列为试点单位，独立申请内地人类遗传资源出境来港进行研究。

4. 澳门创新资源

澳门作为微小经济体，科技创新产业尚未形成规模，科技创新优势主要集中在澳门大学、澳门科技大学、澳门理工学院等高校。澳门现有4个国家重点实验室，均依托澳门高校设立，是澳门参与粤港澳大湾区国际科技创新中心建设的重要载体。澳门高校在计算机工程、月球与行星科学、旅游、酒店管理等方面具有优势。近年来，澳门在微电子领域中的科研成果丰厚，如表14–1所示。

表14–1　澳门高校的部分优势学科及研究领域

高校	优势学科 / 研究领域
澳门大学	电机及计算机工程、机电工程、应用数学、生物医药学、微电子研究、集成电路、中医药
澳门科技大学	中药质量与创新药物、嫦娥卫星月球数据分析及月球与行星科学、系统工程、智慧城市、建筑与城市规划
澳门城市大学	旅游及酒店管理、城市治理大数据
澳门理工学院	资讯科技、卫生护理、机器翻译
澳门旅游学院	旅游及酒店管理
澳门镜湖护理学院	护理学

资料来源：根据公开资料整理。

（三）合作模式

产学研合作对于技术的创新、知识的掌握与传播，以及企业的发展起着至关重要的作用，其优点包括协调各方面的研究计划，加强高校与企业的协同作用，提升地区科技发展水平等。研究表明，产学研合作的频率与企业在科研与创新上的投入之间呈正相关。此外，校企合作可以使高校的研究更加具有实用意义，促进科研活动商业化，并提高劳动力在公共与私营部门间的流动性。高校的科学研究也与区域经济发展水平同步演进、相辅相成，形成一个正循环。总而言之，产学研合作是国家创新体系的基本模式，是实现国家创新的基本途径。《粤港澳大湾区规划纲要》提出，要"加强产学研深度融合""建立以企业为主体、市场为导向、产学研深度融合的技术创新体系"等具体要求。高校、研究机构和企业是产学研结合的重要参与主体，其合作样态多元，难以机械地予以类型化和概念化。大致上，可以从"港澳高校（科研机构）—内地企业""港澳高校（科研机构）—内地高校（科研机构）""港澳企业—内地企业"及"港澳企业—内地高校（科研机构）"四个维度对其相应合作模式进行分析描述，总结不同主体间合作的典型表现以及对科技成果转化或科技创新企业培育的优势。

一是港澳高校（科研机构）与广东省企业之间的合作。主要特征是广东省企业通过与港澳高校（科研机构）合作，借助港澳基础研发优势，满足企业需求，具体方式分为共建实验室、联合研发、委托研发、合办企业、赞助学术研究等。港澳高校（科研机构）与广东省企业之间的企业参与方主要为成熟科技创新企业，其目的在于利用港澳高校（科研机构）的基础研发优势或专业技术攻坚能力，解决企业前瞻性项目难题。对于中小科技企业，寻求港澳高校合作的动力并不足。从成果产出来看，由于企业对市场需求和产品发展方向较为了解，可"精准"采购特定技术或就特定项目进行长期合作，弥补高校资产薄弱和市场开发能力不足的缺点，实现优势互补。

二是粤港澳高校（科研机构）之间的合作。可分为合作开展学位教育（香港高校与内地高校最早的合作方式）、设立分校或独立学院、设立研究机构、设立服务型社会机构或经营实体等。部分高校间（科研机构）合作仅侧重于教学与科研，部分则对"教学、科研、成果转化"三者均较为重视。早在 2000 年前后，香港的各所大学就开始积极地寻找与深圳高校合作的方向，提出港深高校合作的建议。在深圳市政府的大力支持及香港高校急于向高速发展的深圳市场延伸的需求下，两地高校的合作得以实施，并在近年来有了较大的进展与成果。近年来，香港高校在深圳的研究分支在其具有优势的领域十分活跃，例如，香港中文大学深圳研究院的机器人与自动化、香港城市大学深圳研究院的信息与通信技术、香港科技大学深圳研究院的工商管理，以及香港大学深圳研究院的电子商务技术等。基于高校间（科研机构）管理体制相似、科研人员充沛等，这种合作模式有利于攻克前沿基础科学难题及培养人才，但在成果转化方面成效并不明显。

三是港澳企业与广东省高校（科研机构）之间的合作。这种合作模式并不活跃，一方面广东省高校（科研机构）基础研发优势不如港澳高校（科研机构），港澳企业可直接向港澳高校（科研机构）购买技术；另一方面港澳科创企业主要为中小企业，资金、人员、信息流动等均受到制约，与内地高校合作意愿不强。

四是粤港澳科创企业之间的合作。这一模式以商业项目合作为主，利用香港平台“走出去”，如香港电讯与华为合作开展端到端的数字化商业转型项目等。实践中，粤港澳大湾区科创企业间合作的主体主要为大型科创企业，又以广州—香港、深圳—香港合作为主，内地城市与澳门合作以及港澳之间的合作互动不强。

总体而言，粤港澳大湾区科技创新合作更多依托港澳高校（科研机构）带动，从合作范围和内容看仅限于基础科学研发合作，产学研推动作用不大；高校（科研机构）与企业合作模式中企业主体以大型科技企业为主，受惠范围面不广，中小企业难以参与。因此，必须探索多方主体共同参与、共建共享科技创新合作成果的合作模式。

三、调研情况及主要观点

（一）调研情况

为了摸清粤港澳高校民间科技创新合作的现状、问题和需求，选取深圳、香港、澳门三个核心城市进行深入调研。2019 年 1—4 月，综合开发研究院港澳及区域发展研究所课题组共完成深港澳 35 家高校和民间机构的调研。其中香港高校及企业 10 家（包括香港大学、香港科技大学、香港中文大学、香港理工大学、香港科大研究开发有限公司、香港应用科技研究院等）、澳门高校及有关机构 6 家（包括澳门大学、澳门理工学院、澳门科技大学 3 所高校，澳门基金会等 3 个澳门机构）、深圳高校及企业 14 家（包括深圳大学、南方科技大学等 4 所高校，腾讯科技、洲明科技、海王医药等 10 家科技企业），此外，还有其他区域的代表性高校及企业 5 家，调研对象所反映的主要问题和现实需求如下。

（二）港澳高校反映的需求

（1）鼓励教授参与企业科研项目。港澳高校教授及科技创新人员普遍反映，高校行政体制对港澳教授及科研人员参与深圳企业项目造成的影响主要有三个方面：第一，论文发表数量为教授工作的主要考核指标，年轻教职人员需要花费大量时间投入论文写作，无暇顾及参与企业合作。第二，香港多是公立学校，教授是全职人员。按规定，教授每周有一天外出交流时间，一年约 52 天，可根据教授需要自行安排。对于希望邀请教授到深圳坐班工作的企业而言，该时间太少。第三，公众对“教授赚钱”存质疑。例如，港科大 RDC 公司是专门运作知识产权转移的商业机构，但社会中有人认为，“教授赚钱”模糊了教授本职工作。

（2）建立项目资金跨境使用的便利化通道。香港教授的科研团队主要由硕士生、博士生、助理研究员等骨干组成，虽然学校对上述人员有奖学金补贴或科研补贴，但教授需要另外“找钱”补助骨干人才，以保证团队可持续运营。因此，申请内地科研资助是有效路径。目前内地科研资金跨境使用已经不存在政策障碍，但由于未出台具体实施细则，高校教授忧虑可能存在缺乏“证明该资金直接用于支付科研项目”的证据，希望建立财政资金经费跨境使用的便利化通道，加快科研经费落到项目之中。

（3）创新科研人才管理聘用和管理方式。科研合作不等于机构的实体合作。在互联网高度发达的今天，个别科研项目无须人才实体的聚集，就可以通过网络沟通解决大部分问题。目前深圳一些项目或园区关注香港教授或团队必须“人在”，实际上并无必要。建议创新科研人才管理聘用和管理方式，科创人才“不求所在，但求所用”。

（4）为港澳科研团队在深圳住宿、生活等提供配套。港澳教授不愿意带领全部团队在内地进行研究工作，主要涉及成本问题、就业规范问题、科研经费无法直接拨付到团队人头等问题。当前深圳政府及深圳科创企业对港澳科研团队并没有提供住宿配套，生活配套不完善，影响科研团队来深合作。香港目前对科研的财政支持较为充裕，尽管资金使用受到一定约束，但可支撑香港教授研发成本。此外，港澳教授薪资水平较高，使得港澳教授来深就业意愿不强。与教授相比，教授团队内的骨干更有到大湾区发展的动力和活力。但目前深圳房价较高，应重点考虑住房配套，进一步加强吸引力。

（5）加快落实“港人港税、澳人澳税”。虽然港澳人才可以通过申请孔雀计划到深圳企业就职，避开上述时间冲突。但根据现有制度，港澳居民在内地超过 183 天需要缴纳个人所得税，而这部分税负大学不承担，需要教授自己负担。建议加快落实“港人港税、澳人澳税”问题。

（6）搭建与政府的沟通平台。香港高校及科研机构在深科研平台，在申请深圳政府补助时往往因“水土不服”难以摸清申请的渠道及流程，并最终导致不能顺利申请补助。政府应及时将有关的行业政策、信息进行推广宣传，建立良好的沟通机制，以解决由于信息不对称带来的执行效率低下问题，加快项目落地。

（三）港澳企业反映的需求

（1）进一步加大政府对科技创新研发经费投入。港澳科创企业规模小，多为中小型企业。与大湾区内地城市相比，港澳中小科创企业更依赖政府经费投入，但港澳政府对科技创新投入经费支持不足。以香港为例，当前香港政府对科创产业投入的重视程度加强，但仍低于粤港澳其他地区，与发达地区仍有较大差距。据世界银行数据，2016 年研发经费占 GDP 比重同期比较，新加坡、中国内地约为 2.5%，日本、美国约为 3%，以色列、韩国达 4%，中国深圳为 4.13%，而中国香港仅为 0.79%。下一步，香港特别行政区政府应加大科创产业的投入力度，提高整体R&D经费投入，为港澳科创企业提升自主创新能力和国际竞争力给予充分支持。

（2）政府应关注科创全产业链建设。深港高校企业合作更关注产业链末端产品落地环节的合作，对科创链条的前端（基础研发）以及中端环节的引导和支持不足。实际上，技术转化的过程不是简单的某一基础科学成果转化，而是需要融合多种学科的多种原理和技术，因此，需要政策对科创产业全过程支持。

（3）改变政府在科创产业的“小政府”角色定位。特区政府在制定各项产业政策时以市场调节为基本准则，因而有“小政府、大市场”的角色定位。科创产业与其他产业不同，需要有针对性、扶植性、策略性的产业导向政策，科创产业的“小政府”角色定位使港澳在过去发展中错失了机遇期。“大市场”也能为港澳科创企业营造良好的生存发展环境。科创产业本身风险评估以及中小企业风险承担能力偏低等客观原因，使本土及境外资本对港澳初创中小科创企业投资兴趣不大，而内地投资资本因资本管制政策难以通畅进入香港，市场机制未能为港澳中小科创企业扩张竞争生存空间。港澳科创企业迫切需要政府调整角色定位，尽快制定科创产业的专项扶持政策。以香港为例，2017年行政长官施政报告对科创产业提出了多项针对性措施，主要体现在加大科创投入财政预算方面，未提出针对中小科创企业的专项、配套等政策支持。

（四）深圳高校反映的需求

（1）解决科研人员不足的问题。由于硕士、博士招生数量限制，每位教授可招硕博士生有限，不利于开展跨境合作项目。建议学校向相关部门争取，进一步扩大港澳硕士、博士招生名额。港澳高校对硕博士没有名额限制，港澳教授可根据实际需求招聘研究人员。建议探索深圳高校与港澳高校合作，由港澳高校招生、深圳高校教授作为聘用方从项目经费中支出劳务费的方式，这样既可避免内地硕博士招生限制，又可引入高端人才到深圳高校。

（2）简化校内关于深港澳高校合作项目的审批流程。目前深圳高校对深港澳合作项目的审批手续烦琐、时间冗长，项目批准缺乏明确标准，对于境外资金进入高校项目的把关过于严格，不利于开展跨境合作。

（五）深圳企业反映的需求

（1）解决核心技术引进问题。中美贸易摩擦对内地核心高新技术引进的制约，对特定行业可能带来打击。如机器人行业，对国外技术依附性很强。机器人软件依附美国，控制系统、供应链依附日本、德国和美国。类似减速器等核心技术，目前国内尚无法自己生产。希望政府加快制定研究对策，助推科创企业顺利发展。

（2）政府作为深圳企业与境外企业的中间人，应促进境外企业以国际常用的“销售分成”方法销售核心技术。企业购买国外技术有两种方式：一是一锤子买卖，但这种模式销售方叫价较高（因国外知识产权购买成本高）；二是首期款较低，销售方根据产品实际销售营业额分成，但由于国外对国内企业普遍不信任，且销售价格不可追查，因此外国企业不愿意采用这种模式，以至于企业购买国外技术成本过高。对于中国短时期无法实现技术突破且市场大的高尖技术，政府应为企业兜底，作为中间人促使国外企业愿意使用第二种方式销售知识产权给中国企业。

（3）设立高新技术国内外市场的中介服务机构。当前知识产权销售中，国外条款尤为复杂，直接进口中国难以本地化。个别国外专利销售时，会提出程序开放、进入公司进行审计等要求，中国企业可能面临数据外泄风险。建议引入港澳成果转化的专业中介服务机构，为大湾区企业更便利地利用国外高新技术服务。

（4）政府应根据企业发展周期给予全过程、全方位配套政策，加大对企业基础研发的资金支持。当前政府过分追求 GDP，希望投资收益立竿见影，因此主要关注可短期获利的项目以及特别重视行业顶尖人才。事实上，科技创新企业必然要经过孵化期、发展期到成熟期阶段，需要政府根据企业发展周期给予全过程、全方位的配套政策。此外，为摆脱对国外技术的依附性，目前国内科技企业纷纷设立自己的研发部门，但研发成本高、风险大，对企业造成极大资金负担。建议政府加大对企业基础研发的资金投入，提高科技企业自主研发能力。

（5）希望政府解决新业态企业的法律问题。作为新型产业，科技创新企业发展新业态业务时面临“无法可依”或“有法难依”问题。以投屏技术为例，投屏技术作为一项新技术，目前法律没有明确其法律地位和监管政策。国内视频播放主要通过发放牌照，而投屏播放作为新业态不符合发照资格。鉴于没有清晰的法律地位，投屏企业无法进行广泛宣传，也制约了企业与其他大型企业的合作。建议政府设立专门机构，解决深圳科创企业新业态面临的法律问题。

（6）加快政府支持资金的到账速度，缩短深圳市高科技技术企业认定的审批时间。省市区都给科技企业配套很好的资金资助政策，但行政效率太低、资金到账太慢。在企业最需要资金的时刻，政府无法给予实质性帮助，以至于企业只能通过股权融资方式筹集资金。股权融资稀释企业股权，可能对日后经营带来潜在风险。建议政府提高审批效率，加快资金到账速度，切实解决科创企业起步阶段的融资需求。此外，深圳市关于高科技技术企业认定的手续过多、认定时间过长，影响企业借由获得高科技技术企业认定资格申请政府相关税收优惠的进度。建议简化高科技技术企业认定的申请手续、审批程序。

（7）完善高端人才引进配套政策，解决“招聘难”问题。一是解决骨干企业人才问题。科创企业需要众多骨干科技人才支撑产品研发，但很多国内外人才不愿到深圳发展，原因在于其子女无法享受优质教育资源。特别是没有“学位房”的人才，考虑到子女教育问题都放弃到深圳工作，存在人才招聘难、留用难的问题。建议完善人才引进政策，充分考虑人才引进的配套问题（特别是学位问题），保障科创企业人才可持续供应。二是解决通用科创人才问题。项目团队对低中高端人才都有需求，政府也应重视对科技企业引入中低端人才的政策支持。三是促进港澳学生到深圳就业。香港的大学毕业生在香港好工作的机会不多，特别是互联网公司，希望政府出台政策吸引香港大学生到深圳实习和工作。

（8）结合深圳科创企业发展阶段完善知识产权保护体系。《粤港澳大湾区规划纲要》中提到，在粤港澳大湾区实行最严格的知识产权制度。建议政府在优化知识产权制度时，充分考虑深圳草根企业的特殊性，避免对小微科创企业带来不可逆的冲击。

（9）搭建政策信息平台，增强政策透明度。深圳市针对科创企业的政策较多，但透明度低。虽然企业设立专门部门时刻留意相关支持政策，但若缺乏专业中介机构，企业自身很难获得全部政府政策信息。建议深圳市政府建设统一的信息发布平台，或在政府机构内设立专门机构，向企业定向发布相关政策。

四、政策建议

立足粤港澳大湾区科技创新合作面临的新情况、新挑战，粤港澳大湾区应坚持“一国两制”原则、市场化法治化推进原则以及秉持互利共赢原则，构建目标协同、要素市场协同及规则协同的科技创新生态，加快推动粤港澳大湾区国际创新中心建设。

（一）粤港澳大湾区科技创新协同体的概念及内涵

粤港澳大湾区科技创新协同体，是指在“一国两制”框架下，充分考虑粤港澳三地所处不同关税区、适用不同法律制度和行政管理制度的基本前提下，以强化目标协同、推动要素市场协同、推进规则协同的科技创新“共同体＋生态圈”。具体而言，是要求三地科技创新主体之间交叉交融、互补共生，三地科技要素资源流动共享，三地科研体系、产业体系融合发展，从而打造“一国两制”科技创新领域协同发展一体化体系。

（二）强化目标协同，加快推动港澳融入国家科技创新发展体系

目标协同，是推动粤港澳大湾区科技创新合作的关键所在。科技创新是粤港澳大湾区的显著特点，也是粤港澳三地目标高度一致的重点发展产业。当前，落马洲河套地区“港深创新及科技园”是粤港两地政府高度关注的科创平台，香港侧落马洲河套地区“港深创新及科技园”是香港有史以来最大的科创平台，将采取最先进的措施为科技、高等教育、文化创意等服务。2019年11月，粤港澳大湾区建设领导小组会议会后公布的领导小组同意的16项政策措施中，明确提出“中央政府将会在便利人员、资金、货物、信息等要素

流动方面制定配套支持政策”。横琴“粤澳深度合作区”则是澳门积极参与科技创新走廊建设的重要载体，澳门特别行政区政府《2020年财政年度施政报告》指出：“做好横琴大文章，把握大湾区深港澳科技走廊建设机遇，有选择地探索高科技技术产业。”由此，在科技创新产业发展方向以及科创平台建设上，粤港、粤澳已初步达到目标协同，为确保协同目标充分“落地”，需要根据港澳科技创新基础进一步推动港澳融入国家科技创新发展体系。

（三）推动要素市场协同，促进科技创新要素跨境高效便捷流动

欧盟科技体系的发展历程表明，必须在顶层进行科研区域一体化设计，才能推动重大科研活动的跨国跨区实施。因此，“一国两制”框架下，粤港澳大湾区国际科技创新建设中必须设计一套有利于人员、货物、资本、信息、技术等要素市场协同的特殊政策。建议如下：一是畅通科研物资跨境流动的渠道，明确规定对科研物资免税并开辟通关“绿色通道”，对从港澳进入深圳的研发设备、标本、辅材等实行备案管理，实现免检或一次检查快速通关。二是消除科研资金流动跨境限制，明确深港合作科研资金使用规定。对于粤港澳高校科研合作项目，全面放开科研资金流动限制，采用特殊的资金使用安排，涉及外汇结算的，在限额内实行外汇自由结算。对于企业科研合作项目的科研资金流动，建立资金池制度，一定额度内允许企业按需配置资金。三是便利大湾区科技人员跨境流动。对参与内地科创项目的港澳科研人员作出特殊政策安排，允许其不受183天时间约束直接按照港澳税制纳税，试点允许港澳科研人员在港澳的社会福利在大湾区内指定机构使用。对大湾区赴港澳参与科创合作的内地科研工作人员给予特殊签注。

当前粤港澳三地在科技创新的管理体制、法律规则、范式标准等方面都具有一定的差异性，只有做到科创体制机制和规则标准的衔接和协同，才能切实促进协同生态形成。

（四）推进规则协同，调动和激活市场主体推动三地深化合作

一是以对港澳单向认可为抓手，推动科创体制、机制、规则协同。策略上可适用单向认可模式，即中央政府或地方政府直接认可港澳科技创新领域

的规则、监管和法律在内地具备同等效力，允许港澳科创领域国际化、科学化、规范化标准在大湾区内地城市适用。建议争取中央支持，在落马洲河套地区"港深创新及科技园"及横琴"粤澳深度合作区"率先落实对港澳规则制度的单向认可，在守住风险的前提下逐步探索科技创新要素的自由流动。

二是丰富创新科技合作参与主体，推动建立高校、企业强联系的创新企业（见表14–2）。在现有合作模式基础上，充分发挥大湾区内地高校、港澳企业、第三方中介机构、社会团体乃至在科创领域的重要领军人物和企业家等的作用，从而形成"政府+""企业+""高校+""社会+""技术转移中介+"等多方主体参与的生态。特别是，应充分发挥港澳基础科学研发能力优势，从国家科研体系完善与提升角度，进一步激活港澳高校及科研机构的潜能，加快推动粤港澳高校（科研机构）及科技创新企业合作。为进一步推动三地在人才培养、职务、发明产权归属及科研成果商品转化等规则协同，借鉴境外高校、企业融合发展模式，鼓励粤港澳三地高校、企业之间建立创新企业、科学园区等。发挥创新企业市场化"活性"，以市场力量调配和解决技术引进、人才不足、专利权属不清等问题，加快科研成果商品化转化，并利用企业化商业运营模式把商品化科研产品推向世界。同时注重政府引导资金的作用，以设立专项基金或子基金方式，引入市场化基金定投科研项目，助力科创企业孵化。

表14–2　高校、企业合作推动产学研发展的国际借鉴举要

高校名称	核心因素	实施路径
美国麻省理工学院	研究型大学促进大学和基础创新融合	1. 政府是基础性研究经费的主要投入者； 2. 学校组织力量开展技术攻关，培育了一批人才； 3.MIT 师生创办企业，推动所在地区产业结构调整和产业多元化
美国哥伦比亚大学	建立学校科研与企业强联系的创新企业	1.1994 年创立哥大"创新企业"（前身为全美高校最早组建技术转让的机构之一）； 2. 修订科研开发条例，鼓励职务发明； 3. 鼓励师生以技术专利入股，创办高科技企业； 4. 组建跨学科研究中心，为学校应用研究与基础研究注入活力

续表

高校名称	核心因素	实施路径
英国剑桥大学	科研成果商品化	1. 允许专利权利人自主转让专利； 2. 成立具有独立法人地位的“剑桥大学技术服务有限公司”，筹集成果转化资金； 3. 兴办科学园

资料来源：根据公开资料综合整理。

三是推动营商环境协同发展。营商环境是科技创新合作必不可少的“软配套”。建议探索推动营商环境协同发展的路径，广东省与港澳相关政府部门积极沟通，打通三地政府及高校相关行政服务数据和系统，允许港澳市场主体通过行政服务系统办理与大湾区科技创新合作项目有关的行政服务事项。提高政府引导基金及高校科研基金审核和发放的行政效率，彻底解决科研资金“过河”到账慢、到账难、税收高等问题。服务企业“走出去”的中介平台也尤为必要。以知识产权销售为例，国外条款尤为复杂，直接进口中国难以本地化，需要熟悉国际规则、善于国际企业谈判的中介服务企业介入。建议政府支持引入国际专业服务机构，为大湾区企业更便利地利用国外高新技术提供优质服务。

四是探索建立粤港澳大湾区科技创新人才共享机制。科研人才不足是高校、企业突出反映的问题。高校方面，科研项目的主要力量是硕士和博士研究生，目前内地高校每位导师可招硕博士研究生人数有限，因而科研团队人员缺口较大，不利于开展跨境合作项目。企业方面，科创企业需要众多骨干科技人才支撑产品研发，但目前广深房价高、优质学位紧缺等问题使得国内外骨干人才“招聘难、留用难”；此外，企业对通用人才具有较大需求，但政府人才政策一般关注高精尖人才，对通用人才重视不足。科创合作深化必须解决人才缺口实际需求，建议由内地政府牵头，创新人才联合培养造就的体制机制，推动建立粤港澳大湾区科技创新人才交融共享的路径模式。发挥政府引导作用，引入知名招聘网站、人才中介等机构共同推动粤港澳联合招才。制订粤港澳大湾区高校、企业科技创新合作的人才引进和项目引进计划，为引入港澳科技创新团队、推动科技创新产业高质量可持续发展扩容聚才。

参考文献

［1］陈德宁，郑天祥，邓春英．粤港澳共建环珠江口“湾区”经济研究［J］．经济地理，2010，30（10）：1589–1594.

［2］陈俊．欧盟一体化进程中的立法协调［J］．国际经济合作，2011（6）：67–72.

［3］邓小平．邓小平论“一国两制”［M］．三联书店（香港）有限公司，2004.

［4］戴建华．论区域立法协调法制化［J］．求索，2010（4）：35，148–149.

［5］丁旭光．借鉴旧金山湾区创新经验，构建粤港澳大湾区创新共同体［J］．探求，2017（6）：27–30，59.

［6］范剑虹．欧盟与德国的比例原则——内涵、渊源、适用与在中国的借鉴［J］．浙江大学学报（人文社会科学版），2000（5）：95–100.

［7］胡元梓，薛晓源．全球化与中国［M］．北京：中央编译出版社，1998.

［8］胡健．区域立法协调的法治示范意义［J］．政府法制，2006（17）：19–20.

［9］郭玉军．经济全球化与法律协调化、统一化［J］．武汉大学学报（社会科学版），2001（2）：155–161.

［10］辜胜阻，曹冬梅，杨嵋．构建粤港澳大湾区创新生态系统的战略思考［J］．中国软科学，2018（4）：1–9.

［11］韩永红．欧盟竞争法豁免制度及对我国的启示［J］．特区经济，2007（9）：217–219.

［12］荆洪文．粤港澳大湾区法治一体化路径研究［D］．长春：吉林大学，2019.

［13］科尼利厄斯·G，凡·德尔·马尔维，翟寅生．大陆法系与普通法系在

南非与苏格兰的融合［J］. 清华法律评论，2009，4（1）：81-93.

［14］李双元，李赞. 全球化进程中的法律发展理论评析——“法律全球化”和“法律趋同化”理论的比较［J］. 法商研究，2005（5）：155-162.

［15］李靖堃. 从经济自由到社会公正——欧盟对自由流动劳动者社会保障的法律协调［J］. 欧洲研究，2012，30（1）：4，128-142.

［16］李霞. 欧盟竞争法对知识产权滥用市场支配地位的规制［D］. 上海：华东政法大学，2014.

［17］龙建辉. 粤港澳大湾区协同创新的合作机制及其政策建议［J］. 广东经济，2018（2）：62-65.

［18］黄文艺. 法律国际化与法律全球化辨析［J］. 法学，2002（12）：15-20.

［19］刘轶. 金融服务市场一体化的法律方法——欧盟的理论与实践［M］. 北京：法律出版社，2015.

［20］李丽红，杨博文. 京津冀区域性碳排放权交易立法协调机制研究［J］. 河北法学，2016，34（7）：129-137.

［21］骆天纬. 区域法治发展的理论逻辑［D］. 南京：南京师范大学，2016.

［22］马勇，周天瑜. 欧盟科技一体化发展及其科技合作模式研究［J］. 世界地理研究，2013，22（1）：89-96.

［23］聂爱轩. 欧洲标准与欧盟法律的融合［J］. 法大研究生，2018（2）：195-213.

［24］秦学. 特殊区域旅游合作与发展的经验与启示——以粤港澳区域为例［J］. 经济地理，2010，30（4）：697-703.

［25］石佑启，杨治坤. 试论中部地区法制协调机制的构建［J］. 江汉论坛，2007（11）：42-45.

［26］石佑启，潘高峰. 论区域经济一体化中政府合作的立法协调［J］. 广东社会科学，2014（3）：240-249.

［27］谭慧芳，谢来风. 粤港澳大湾区：国际科创中心的建设［J］. 开放导报，2019（2）：61-66.

［28］吴天明. 论欧洲共同体的直接适用与优越性［J］. 外国法学研究，1997（2）：97.

［29］吴乐乐. 社会转型期多元利益立法协调的宪政逻辑研究［J］. 郑州大学学报（哲学社会科学版），2011（1）：45-48.

［30］王万里．从域外经验看粤港澳大湾区的法治统合问题［J］．港澳研究，2018（3）：45-52，94-95.

［31］文雅靖．如何协调粤港澳大湾区法律制度体系［J］．开放导报，2019（2）：56-60.

［32］文雅靖．综合性国家科学中心建设中的法治体系［J］．开放导报，2019（6）：36-43.

［33］文雅靖，王万里．论粤港澳大湾区的规则衔接［J］．开放导报，2021（2）：71-79.

［34］文雅靖．构建粤港澳大湾区科技创新协同体研究［J］．深圳信息职业技术学院学报，2021，19（5）：37-43.

［35］徐崇利．世界经济一体化与晚近国际经济立法的发展趋势［J］．法商研究，1996（5）．

［36］邢毓静，丁安华．粤港澳大湾区金融融合发展研究［M］．北京：中国金融出版社，2019.

［37］王春业．自组织理论视角下的区域立法协作［J］．法商研究，2015（6）：3-12.

［38］叶必丰．长三角法学论坛［M］．上海：上海社会科学院出版社，2005.

［39］叶威．欧盟法律的独特性及对中国的借鉴意义［J］．国际经济合作，2014（12）：75-78.

［40］许桂灵，司徒尚纪．粤港澳区域文化综合体形成刍议［J］．地理研究，2006（3）：495-506.

［41］叶一舟．粤港澳大湾区协同立法机制建设刍议［J］．地方立法研究，2018，3（4）：37-45.

［42］徐静琳，程维荣．宪法与港澳特别行政区有关法律制度研究［M］．上海：上海社会科学出版社，2016.

［43］夏新华．从“非洲法系”到“非洲混合法系”——再论非洲法研究中的法系问题［J］．比较法研究，2014（6）：128-136.

［44］夏新华．混合法系发展的前沿——兼论中国法学家的理论贡献［J］．湘潭大学学报（哲学社会科学版），2008（3）：24-30，42.

［45］雅克·阿达．经济全球化［M］．何竟，等 译．北京：中央编译出版社，2001.

［46］张学哲．德国当代私法体系变迁中的消费者法——以欧盟法为背景

［J］. 比较法研究，2006（6）：37–50.

［47］朱景文 . 欧盟法对法律全球化的意义［J］. 法学，2001（12）：57–61.

［48］朱最新 . 论粤港澳经济一体化中的法制协调［J］. 国际经贸探索，2008（10）：28–32.

［49］张乐柱，曹俊勇 . 粤港澳自贸区建设需要建立需求导向型金融服务体系［J］. 经济纵横，2015（2）：69–73.

［50］邹平学，冯泽华 . 改革开放四十年广东在粤港澳法律合作中的实践创新与历史使命［J］. 法治社会，2018（5）：6–20.

［51］张淑钿 . 粤港澳法律合作二十年：成就与展望［J］. 法治社会，2018（4）：72–80.

［52］臧彦 . 欧盟法律一体化的人权基础［D］. 长春：吉林大学，2007：18.

［53］张玉阁 . 深港合作：粤港澳大湾区建设的关键［J］. 开放导报，2017（4）：3.

［54］张玉阁 . 粤港澳大湾区要素自由流通的制约及改善——以粤港口岸通关为例［J］. 港澳研究，2017（4）：43–54，92–93.

［55］张玉阁 . 粤港澳大湾区发展前景和推进策略［J］. 紫光阁，2018（12）：51–52.

［56］A. Efrat. Promoting Trade through Private Law：Explaining International Legal Harmonization［J］. The Review of International Organizations，2016（11）：311–336.

［57］A. Disdier，L. Fontagne'，O. Cadot. North–South Standards Harmonization and International Trade［J］. The World Bank Economic Review，2014，29（2）：327–352.

［58］Andrew G. Walder. Local Governments as Industrial Firms.an Organizational Analysis of China's Transitional Economy［J］. The American Journal of Medicine，1995.

［59］Andrea Wechsler. China's WTO Accession Revisited：Achievements and Challenges in Chinese Intellectual Property Law Reform［J］. European Yearbook of International Economic Law（EYIEL），2012.

［60］Boatema Boateng. The Hand of the Ancestors：Time，Cultural Production，and Intellectual Property Law［J］. Law & Soc'y Rev，2013（4）.

［61］B. Bickel. Harmonizing Regulations in the Financial Services Industry through the Transatlantic Trade and Investment Partnership [J] . Emory International Law Review, 2014, 29 (3): 557–588.

[62] C. S. Yue.The ASEAN Economic Community: Progress, Challenges, and Prospects. ADBI Working Paper. No. 440, Asian Development Bank Institute (ADBI), Tokyo.

[63] Blackett Adelle. Globalization and its Ambiguities: Implication for Law School Curricular Reform [J] . Columbia Journal of Transnational Law, 1998 (37) .

[64] Barbara J. Fick & Alma Clara Flechas, Social Security for Migrant Workers: The EU, ILO and Treaty–based Regimes, Notre Dame Legal Studies Paper.

[65] Communication from the Commission to the Council, the European Parliament, the European Economic and Social Committee and the Committee of the Regions, Reaffirming the Free Movement of Workers: Rights and Major Developments, (COM) 2010 373 final.

[66] C. Lee, Y. Fukunaga. Asean Regional Cooperation on Competition Policy [J] . Journal of Asian Economics, 2014 (35): 77–91.

[67] C. Blum. Migrants with Retirement Plans: The Challenge of Harmonizing Tax Rules [J] . Florida Tax Review, 2015, 17 (1): 1–44.

[68] Clifford J. Carrubba and Lacey Murrah. International Organization Vol. 59, No. 2 (Spring, 2005), pp. 399–418 (20 pages) Published By: Cambridge University Press.

[69] Guimón J. Promoting University–Industry Collaboration in Developing Countries. Innovation Policy Platform, OECD and World Bank, 2013.

[70] Lehmann E. E., Menter M. University–Industry Collaboration and Regional Wealth [J] . The Journal of Technology Transfer, 2016 (41): 1284–1307.

[71] M. J. Dennis. Modernizing and Harmonizing International Contract Law: The Cisg and the Unidroit Principles Continue to Provide the Best Way Forward [J] . Uniform Law Review, 2014 (19): 114–151.

[72] M. J. Bloomfield, U. Bruggemann, H. B. Christensen, et al. The Effect of Regulatory Harmonization on Cross–Border Labor Migration: Evidence from

the Accounting Profession [J] . Journal of Accounting Research, 2014, 55 (1): 35–78.

[73] J. M. Meier. Regulatory Integration of International Capital Markets. Available at SSRN 2931569, 2019.

[74] J. Menon, A. C. Melendez. Realizing an ASEAN Economic Community: Progress and Remaining Challenges [J] . The Singapore Economic Review, 2017, 62 (3): 681–702.

[75] Keating M. The New Regionalism in Western Eu-rope: Territorial Restructuring and Political Change.1998.

[76] R. Howse. Regulatory Cooperation, Regional Trade Agreements, and World Trade Law: Conflict or Complementarity [J] . Law and Contemporary Problems, 2015, 78 (4): 137–152.

[77] Sharif N., Tang H-H. H. New Trends in Innovation Strategy at Chinese Universities in Hong Kong and Shenzhen [J] . International Journal of Technology Management, 2014 (65) .

[78] Scandura A. University–Industry Collaboration and Firms' R&D Effort [J] . Research Policy, 2016, 45 (9): 1907–1922.

[79] T. J. Bollyky, P. C. Mavroidis. Trade, Social Preferences and Regulatory Cooperation the New WTO-Think [J] . Journal of International Economic Law, 2017 (20): 1–30.

[80] The University of Hong Kong (2011) . Opening Ceremony of HKU Shenzhen Institute of Research and Innovation. Retrieved from http: //www.hku.hk/press/news_detail_6696.html (Asscessed May 6th 2020) .

[81] Zhanna Mingaleva, Irina Mirskikh. The Problems of Legal Regulation and Protection of Intellectual Property [J] .Procedia-Social and Behavioral Sciences, 2013.

结　语

本书由深圳市综研软科学发展基金会于2021年立项。综合开发研究院（中国·深圳）的香港研究可以追溯到香港回归前。1996年，研究院举全院之力开展研究，于当年公开出版《深港衔接　共创繁荣》一书，全面深入研究并提出香港回归后深港合作的具体方案。其中提出的政策建议，在相当一段时期都不过时，具有较强的前瞻性和预见性。近年来，研究院在侧重香港经济社会民生问题，粤港、深港合作研究的基础上，延伸到香港政治问题、内地与香港民商事法律衔接问题等的研究。本书一定程度上体现了这些研究成果。

建设粤港澳大湾区，既是新时代推动形成全面开放新格局的新尝试，也是推动"一国两制"事业发展的新实践。在"一个国家、两种制度、三个法域、三个关税区"的现实宪制结构条件下推进粤港澳大湾区建设，实现区域经济社会融合发展，法制保障至关重要。只有实现了以法律制度为核心体现及坚实保障的体制对接、规则衔接等"软联通"，才能更好实现资金、产业、物流、资讯、人才等要素高效便捷流动及"硬联通"。继2019年2月中共中央、国务院印发《粤港澳大湾区发展规划纲要》后，2021年9月，中共中央、国务院又接连印发《横琴粤澳深度合作区建设总体方案》和《全面深化前海深港现代服务业合作区改革开放方案》，标志着粤港澳大湾区建设向纵深推进。两方案提出"强化法制保障""逐步构建民商事规则衔接澳门、接轨国际的制度体系""探索不同法系、跨境法律规则衔接"，为大湾区建设的法制建构指明了具体方向。

近年来，我们在开展大湾区建设的各类课题研究中，从不同领域、不同侧面对有关法制保障问题进行了一些或深或浅的探析，形成了若干看法和建议。

本书在这些成果基础上进行系统集成和升华提炼，以期能对大湾区建设法制保障问题研究的知识大厦建构起到培土添砖的微薄作用，同时也为实务部门的具体决策提供些许参考启发，并为激发学界进一步深入研究抛砖引玉。

本书分为四篇共十四章。第一篇为理论与借鉴，包括第一章至第三章。主要就区域经济一体化的文献研究、基本理论、欧盟实践以及粤港澳大湾区经济社会一体化发展的宪制结构进行概要阐述。第二篇为制度创新与粤港澳大湾区建设，包括第四章到第八章，选择五种制度创新模式以及数个典型案例，从中我们可以把握大湾区制度创新的实践脉络、问题挑战、前进方向和推进路径。第三篇为法制保障与粤港澳大湾区建设，包括第九章到第十二章，针对大湾区建设迫切需要破解的瓶颈问题，进行法制建构予以促进和保障，为大湾区建设的具体实践提供四梁八柱和一揽子规范指引。重点论述探索推进法治“统合”、建立粤港澳大湾区民商事司法协助机制、建设粤港澳大湾区国际仲裁中心及推进粤港澳知识产权保障机制衔接对接。第四篇为调查研究，包括第十三章和第十四章，展示课题组近年部分调研成果，包括人员跨境流动以及科技创新合作调研。展现各市场主体参与大湾区建设、在大湾区发展存在的问题，及其看法或实际诉求。

本书涉及面较广，呈现形式多样，内容和样态虽稍显纷杂，但确也依附在粤港澳大湾区法制建构这一主枝上绽放。花开数朵，错落缤纷，或含蜜汁数滴，倒也别样芬芳。若能为决策者、研究者提供些许思想和知见营养，或成启迪批评的靶标、引出美玉的砖头，亦足慰也。本书是综合开发研究院（中国·深圳）港澳及区域发展研究所团队全员努力的成果。感谢深圳市综研软科学发展基金会对本书写作与出版的大力支持和经费资助；感谢曾经委托撰写团队进行有关研究的相关机构，这些委托为本书的写作提供了重要支持；感谢综合开发研究院（中国·深圳）樊纲院长为本书作序以及对本书撰写的关心与支持；感谢综合开发研究院（中国·深圳）常务副院长郭万达博士对本书立意、逻辑框架构建、分析视角选择及具体论述的指导。

最后，本书错谬之处，欢迎大家不吝赐教。

文雅靖

2022 年 4 月 30 日